中国农业大学“双一流”文化传承创新图书出版基金项目
中国县域经济研究丛书

县域金融扶贫的田东经验

崔长彬 张正河 著

中国農業大學出版社
CHINA AGRICULTURAL UNIVERSITY PRESS
·北京·

内 容 简 介

本书从田东县县情和贫困情况出发，依托田东农村金融改革形成的“六大体系”，构建了机构、技术产品、监管、基础设施和公共服务、政策支持“五位一体”的田东农村扶贫信贷体系，并就证券市场和保险市场如何在田东精准扶贫中的作用进行了专门论述。

田东以农村信用体系建设为中心的农村金融改革，走在了全国前列，为全国贫困县金融扶贫提供了先进经验。因此，本书也重点关注并对比了国内农村信用体系建设的典型做法，以期进一步完善田东农村信用体系。

田东农村扶贫金融体系建设研究，是对农村金融先进县域建立金融扶贫长效机制的深化探索，对全国县域农村金融扶贫具有一定的借鉴意义。

图书在版编目（CIP）数据

县域金融扶贫的田东经验/崔长彬，张正河著．—北京：中国农业大学出版社，2018.11

ISBN 978-7-5655-1953-6

Ⅰ.①县… Ⅱ.①崔…②张… Ⅲ.①农业金融-金融体系-建设-研究-田东县 Ⅳ.①F832.35

中国版本图书馆 CIP 数据核字（2017）第 307390 号

书　　名 县域金融扶贫的田东经验

作　　者 崔长彬　张正河　著

策划编辑 潘晓丽　　**责任编辑** 韩元凤

封面设计 郑　川

出版发行 中国农业大学出版社

社　　址 北京市海淀区圆明园西路 2 号　　**邮政编码** 100193

电　　话 发行部 010-62818525，8625　　读者服务部 010-62732336

编辑部 010-62732617，2618　　出　版　部 010-62733440

网　　址 http://www.caupress.cn　　**e-mail** cbsszs@cau.edu.cn

经　　销 新华书店

印　　刷 涿州市星河印刷有限公司

版　　次 2018 年 11 月第 1 版　2018 年 11 月第 1 次印刷

规　　格 787×1 092　16 开本　16.25 印张　265 千字

定　　价 88.00 元

总　序

郡县治，天下安。自春秋时代初置，县就成为中国最重要的管理节点和治国安邦的根本所在，历千年而不变。当文明的车轮驶入21世纪第二个10年的轨道，古老的县域在中国国家治理体系中的重要地位愈发凸显。特别是随着“省直管县”体制试点的不断深入和逐步推开，县域正在孕育的新增长点会加速成长，推动县域经济进入大发展时期。

党的十六大、十七大、十八大都提出要壮大县域经济，建设社会主义新农村。县域因政府权力较完整、国土面积较适中、自然条件较一致、城乡发展较密切而成为国家治理体系和治理能力现代化的关键节点和全面深化改革的主要阵地。加之“三农”问题发端于县域，并很大程度上要在县域内解决，县域经济发展质量高低又直接关乎全面建成小康社会目标的顺利实现。因此，在“十三五”开局之年，探究县域经济在宏观经济进入新常态、“一带一路”和“互联网+”战略加速实施背景下的发展路径，具有重要意义。

这套县域经济研究丛书，是中国农业大学中国县域经济研究中心主要研究人员集体智慧的结晶。丛书分两年出版，每年5本，主要聚焦县域经济发展中的10个重要方面，分别为：

1. 县域经济主导产业的甄选、培育与评价
2. 以县为单元的产业经济管理
3. 以县为单元的城乡统筹战略与实施策略
4. 以县为单元的城镇化道路
5. 京津冀一体化战略中的县域经济发展
6. 新常态下县域转型升级
7. “一带一路”沿线县域经济发展战略调整

8. “互联网+”战略与县域经济发展升级

9. 大众创业、万众创新背景下县域创业创新型经济发展

10. 新型农业经营主体普惠金融支持体系建设

近几年来，我在中央党校、国家行政学院、延安、井冈山等干部学院里，培训了全国地市级以上干部3 000多人，县市书记（长）正职4 000多人，副职6 000多人，和他们进行了充分交流。以上所列就是市县领导非常关心的问题，也是中国农业大学中国县域经济研究中心研究的重点和未来探索的方向。由于县一级直面百姓，我们写作的目的就是要为国家战略决策落地提供有益借鉴。

本套丛书注重理论研究与实践操作的有机结合，既注重学术性、理论性，以作为县域经济、农业经济研究者的参考用书，又注重操作性、实践性，因此也可作为各级党校、行政学院、社会主义学院系统县级干部学习培训用书。

本套县域经济研究丛书，总结以往县域经济发展实践，探索规律，并与新常态和国家大政方针相结合，以全面深化改革为抓手，提出县域经济、社会、生态和谐发展的战略方向和基本策略，希望能为探索具有中国特色的县域经济发展道路贡献一点智慧。由于能力和角度所限，错讹之处难以避免，欢迎各位读者批评指正。

张正河

2015年8月

前　言

田东县位于广西壮族自治区西部，是全国扶贫工作重点县。2008年以来，田东县委县政府认真贯彻落实中央、自治区和百色市的决策部署，高度重视脱贫攻坚工作，扎实开展脱贫攻坚战。2016年，田东县顺利通过了自治区和百色市的合验，扶贫成果得到了国务院督查检查组和国务院委托的第三方评估小组的充分肯定，对全市乃至全区脱贫攻坚工作具有重要的示范和引领作用。期间，田东农村金融“六大体系”的建立在金融扶贫工作中发挥了重要的作用。

中国农业大学中国县域经济研究中心长期关注农村扶贫问题。2013—2017年，该中心研究人员先后5次赴田东调研农村金融综合改革和金融扶贫经验，通过和相关部门座谈、对新型农业经营主体和贫困农户访谈、抽样调查等方式，获得了大量一手资料。本书就是在这些资料的基础上，就如何深化田东金融扶贫而开展的政策性研究总结。

本书认为，2017年，田东县将继续面对脱贫攻坚任务，金融扶贫将继续发挥重要作用。同时，要巩固脱贫成果、降低返贫比率，田东县需要建立金融反贫困治理的长效机制，不断重视金融扶贫的重要意义。

本书总结了近年来田东金融扶贫的经验与做法，为百色市、广西壮族自治区甚至全国提供了复制推广的典范。同时，通过分析与调研田东县金融体系现状，发现田东农村金融扶贫过程中存在的问题，并提出可行的意见与建议，为田东县尽快脱贫与今后巩固脱贫成果提供借鉴。

田东县金融扶贫工作的主要做法如下：①构建了组织、信用、保险、担保、支付和村级服务六大金融服务体系。②积极推进农村产权改革，激活了农村生产要素，逐步建立起现代农村产权制度。③以金融改革支持现代农业发展、新型城镇化建设以及扶贫开发，有效推动了农户脱贫致富。④财政上大力支持农村金融改革，相继出台了《田东县涉农贷款奖励暂行办法》《田东县农户小额贷款风险补偿办法》等政策，建立起涉农贷款风险补偿机制和奖励激励机制，激发了金融机构支农动力。

田东农村金融综合改革对扶贫金融体系的贡献如下：①建立了门类齐全的扶贫金融机构体系。②积极发展产权抵押贷款和信用贷款。③建立了相对较强的地方金融服务机构。④建立了扎实的农村信用体系和政策性担保体系。⑤财政政策有利于降低贫困农户贷款成本，包括扶贫贷款贴息政策，建立了“三农”贷款风险补偿专项资金。⑥发展了多种类政策性农业保险。

田东农村金融改革的成果如下：①形成了“六大体系”：实现金融网点全覆盖，建立信用评价体系，完善支付系统，有效覆盖惠农特色保险，发展助农贷款担保和抵押体系，建立基础金融服务体系。②建立了支撑农村金融改革的农村信用体系，其做法包括：对贫困农户实行差异化评级标准，并采用特惠利率；将评级扩展到各类农业经营主体；搭建村级金融服务平台。③取得了良好的经济和社会效果：一是农户收入大幅提高，金融扶贫成效显著；二是县域金融供需空前活跃。④其成果受到了社会各界的广泛重视，引起了新闻界和学术界的高度关注。⑤田东县农村金融服务得到农民公众的认可，尤其是对存取款服务的满意度。

田东县在金融扶贫领域尚存在的问题如下：①金融机构总量不足。②技术产品改善空间较大，包括产权抵押变现存在风险，抵押探索不足，信用贷款额度和利率较低。③地方金融监管职能不清晰。④缺乏批发转贷业务。⑤有待出台支持力度更大的财政政策和货币政策，目前财政政策缺乏长效机制，扶贫再贷款顶层设计需完善。⑥政策性保险品种未完全满足需求。⑦区域性股权交易市场运用不足。

建设田东农村扶贫金融体系，应从以下几个方面着手：

（1）建立更多的微型基层扶贫金融机构，鼓励大中型金融机构网点下沉。一是增加一家村镇银行，如田东北部湾村镇银行；二是鼓励城商行设置网点；三是引入中和农信项目管理公司；四是开展内置合作金融试点；五是探索基于农民专业合作社联合社的农村资金互助合作升级版；六是发展互联网金融为新型农业经营主体服务；七是试点村级担保基金。

（2）创新完善多样化的扶贫金融技术产品。一是开展抵押产权流转交易测试，积累产权流转交易经验，有效降低银行潜在的坏账风险，减轻银行服务新型农业经营主体的后顾之忧；二是探索农业设施抵押和财政资金质押贷款；三是逐步提高信用贷款额度和贷款利率。

（3）增强县金融办编制和人员。

（4）按照政府引导、市场运作、社会参与原则配套健全农村金融基础服务体系，有针对性地建设金融扶贫制度性基础设施，为金融机构扶贫提供辅助条件。一是改进担保服务，政策性助农融资担保公司要主要为生产经营规模较大、财务状况良好、银行信用记录正常的农业产业化龙头企业提供融资担保；二是争取国开行、农发行等大型金融机构批发转贷资金；三是细化金融统计。

（5）在农村信用体系方面，继续发挥自身优势，并借鉴全国其他农村信用体系发展好的地区的做法，完善好、发展好农村信用体系建设。一是继续发挥政府部门的支持和引导作用；二是细化授信梯次，实行市场利率；三是继续坚持整村推进，强化诚信引导；四是积极推动制定自治区农村信用评级标准；五是重视非金融综合信息平台建设。

（6）规范梯次多元的金融扶贫政策，建立平等合理的开放准入政策，继续对开展扶贫业务的基层金融机构实行梯次性财税优惠政策，资金供应更多向开展扶贫业务的基层金融机构倾斜等。一是逐步降低财政贴息比例；二是推行更加科学的风险分担机制；三是提高财政性存款支持的精准性。

（7）利用区域性股权交易所支持带动贫困农户发展的农业产业化龙头企业挂牌交易。一是对企业挂牌交易予以奖励；二是对已挂牌企业进行信贷支持。

（8）完善保险服务体系。一是探索农业保险“联办共保”模式；二是继续深化保险知识普及。

本书写作的主要目的，是以田东这类具有很好农村金融基础的国家级贫困县为例，提出建设金融精准扶贫长效机制的政策建议，为全国贫困县推进金融扶贫提供借鉴。田东农村社会信用体系建设的做法，也可以作为全球解决农户特别是贫困农户信用问题的中国方案。

本书付梓出版离不开众多同仁和朋友的关心、支持和帮助。在这里，我要衷心感谢在本书写作过程中付出辛勤劳动和给予真诚帮助的同仁和朋友们。

首先，衷心感谢恩师中国国际经济交流中心学术委员会副主任刘克崮同志和中国农业大学经济管理学院张正河教授一如既往的指导和支持，共同确定了工作方案和写作大纲。其次，感谢国际关系学院公共管理系杨华锋副教授，为本书的编辑与成稿提供了很好的建议和帮助。最后，感谢各章节执笔人，他们是：清华大学公共管理学院舒全峰博士（全书统稿，第6章），首都经济贸易大学财政税务学院刘天琦博士（第1章1.1，第2章），中国中小企业协会普惠金融研究中心董鹏丽（第1章1.3，1.5，第4章、5章、8章、9章）、高慧（第1章1.2，第3章）、温阳阁（第1章1.4，第7章），首都经济贸易大学金融学院刘建新（第1章1.6，第10章）和王誉霖、罗旭来、常晓萌、高阳、李英、任璐璐等同志，正是由于有了以上同仁们的辛勤付出，《田东农村扶贫金融体系建设研究》才能按时完成写作和出版。特别需要感谢的是中国农业大学出版社的潘晓丽老师，她认真负责的态度也是本书能这么快出版的重要支撑。

由于其他工作事务较多，修改时间有限，可参考的专业著作不多，书中难免存在不足和错讹之处，恳请各位领导、专家和读者指正。

崔长彬

2018年6月

目　录

第 1 章

总　论

1.1 农村金融扶贫的历史情境与时代要求

1.1.1 农村贫困问题的现状及其根源

1. 农村贫困问题现状

经过 30 多年的扶贫开发，我国反贫困事业取得了显著的成效，贫困人口逐年下降、贫困面不断缩小，大大地缓解了农村的贫困状况。从 1978—2016 年，农村贫困人口从 77 039 万人减少至 4 335 万人，年均减贫人口规模达 1 913.3 万人，同时，农村贫困人口收入水平稳步提高，贫困地区基础设施明显改善，农村居民生存和温饱问题基本解决，为世界减贫事业做出重要贡献，提供了宝贵经验。但是，截至 2016 年，我国仍有 14 个集中连片特困地区、592 个国家级贫困县、4 335 万贫困人口，贫困发生率为 4.5%，“多、广、深”的贫困现状依然不容乐观。我国扶贫开发到了“啃硬骨头”的阶段，反贫困事业举步维艰，扶贫任务任重道远，我国农村贫困问题依旧严峻。

第一，贫困人口分布日趋分散，呈现出“大分散、小集中”的基本倾向。由过去自东向西18个贫困地带连接成片的基本走势，改变为“大分散、小集中”的态势，即以大行政区域为单元的贫困区域缩小，表现为乡村级贫困区。这些行政区域由于自然生态环境的恶劣，给政府的扶贫也造成了难以到位的不利影响。

第二，贫困程度深，生存条件差，脱贫难度大。由于我国目前农村的贫困不仅仅表现在经济上的贫困，而且较多地表现在经济贫困与环境贫困、文化贫困、体制贫困并存的一种贫困综合征。形成原因并非单一因素而是由经济、文化、环境、体制等多种因素综合造成的结果。

第三，脱贫人口的抗风险能力弱，农村的返贫现象严重。由于缺乏长期扶贫机制，一些农村脱贫人员一旦遭遇天灾人祸或社会经济环境的波动，又会很快地回归贫困人口队伍之中。返贫现象主要体现在两方面：一是返贫数量大、比例大。国务院扶贫办建档立卡数据显示，截至2016年6月底，因病致贫、因病返贫贫困户占建档立卡贫困户总数的42%。在各种致贫原因中，因病致贫在各地区都排在最前面。因病致贫家庭是脱贫攻坚的一大难点。二是返贫的分布不均匀，贫困面小的东部地区返贫率比较小，“老、少、边、穷”地区返贫率比较高，因为“老、少、边、穷”地区中很大部分处于生产生活条件差、抵御自然灾害能力低的自然灾害多发区，一遇到灾害就容易造成返贫现象。

第四，农村经济产业化程度低，集约性差。改革开放以来，我国农村经济虽然得到了全面的发展，农民生产积极性得到极大提高。但是，一方面，传统手工作业的生产方式仍是农村经济发展方式的主要形式，缺乏先进的大机器生产设备和先进的管理方式，在农业生产上仍然以粗放型的生产方式为主，规模化程度极低，集约性较差。另一方面，我国农业生产单纯以种植业为主，农民只负责生产，不负责产品的加工与销售，因此没有形成产销一体化的现代经济经营模式，缺乏竞争力，在一定程度上阻碍了农村经济的发展。

第五，资金投入不足，农业保险不健全。农业发展缺乏资金是目前影响农村经济发展的重要因素之一。导致农业资金投入不足原因主要体现在以下几点：一是市场经济条件下，农业产业生产特征与资源配置活动准则之间存在矛盾。农业作为一个弱质产业，生产经营和基础建设具有高风险、低收入的特点。以渔牧业和种植业为例，该类产业投资额度大、生产周期长，但利润回报却具有不确定、获利低的特点，因此对市场资本缺乏足够的吸引力，进而形成农业融资难的问题。二是农业保险不发达，农业投资缺乏保障机制。我国农业保险发展起步较晚，且发展缓慢。一方面，由于我国的农业风险保障机制不健全，保险公司基于逐利的本质，不愿意发展利润低的农业保险，从而阻碍了农业保险的发展。保险种类少、运行机制不成熟使得农业保险无法有效降低农业生产经营风险。另一方面，农业保费较高，一些农户无法承担，削弱了农户的自愿购买性。

第六，农村大量的劳动力闲置，结构性失业问题凸显。随着土地的大量流失，失地农民人数的不断攀升，农村闲置的劳动力也不断增加。与此同时，我国正处于经济转型时期，经济的发展需要知识型、技能型人才，而失地农民的知识水平普遍偏低且自身素质较差，其不断提高的就业期望值与现实可提供的就业机会之间的矛盾也越来越突出，增加了失地农民的就业难度。因此，虽然能从事简单劳动的农村剩余劳动力队伍庞大，但其质量远不能适应现代产业结构升级和新兴产业发展对劳动力的需求。

第七，农村市场体系有待完善。目前，我国农村市场不健全主要有以下几方面的原因：一是农民缺乏进入市场的自主性，且农民在进入市场的时候大多数是以个体的形式，不具备组织性，而农产品大多都是由政府统购或者是私人收购，因此很难保障农民的既得利益。二是农产品交易方式不能适应时代发展的需要。目前在农村市场农产品交易方式现代化程度较低，农产品还只是停留在生产阶段，不能达到农民利益的最大化。虽然“村淘”等互联网技术已进驻农村，但是仍处于试点阶段，覆盖率极低，还需要进一步发展与完善。三是农村市场的基础设施尚不完善，影响了市场功能的发挥，而且有很多地方因为交通不便导致农产品难以进入市场，影响了农产品的正常流通。

2. 农村贫困问题根源

地域环境条件是造成贫困的客观原因。农业生产条件差，农村交通闭塞、信息不灵、生产技术和手段落后、生态环境恶化、资源贫乏、资本短缺等客观条件造成了大量的相对集中的贫困区和贫困人口。

一是农村人口素质偏低是造成贫困的深层次原因。我国目前农村人口的素质普遍偏低，不仅文盲、半文盲人口所占比重较大，文化水平和科技水平也较为低下。尤其是近几年来贫困地区留不住人才的现象日益加剧，许多农民涌向城市打工，造成农村人力、智力严重流失。在相当一部分农村除春节以外，平常很难看到适龄的劳动力，农村和农业成为被遗忘的角落。

二是国家政策区域差异是地区贫困的重要原因。由于我国地域辽阔，地区的自然条件差异十分明显，形成了经济概念上沿海地区和内陆地区、经济发达地区和经济落后地区等概念。优越的地理位置使得东南沿海地区位于对外开放的前沿地带。在各方面享有大量的优惠政策，不仅吸引了大批优秀人才，而且吸引了大量的资本、资源和国外先进的生产技术、管理经验。更为重要的是通过对外开放，发达地区人口的观念也明显改变，效益观念、时间观念、竞争观念日益加强。相对而言广大农村，尤其是西部地区的对外开放起步晚，开发程度低，严重地影响了社会经济的快速发展。

三是小农意识是造成农村经济落后的主观原因。由于受客观条件的限制，使许多地区人们的思想观念仍然相当落后，缺乏进取精神，他们习惯了自然经济的生活方式，依靠土地生产家庭所需的基本生活资料。同时，由于我国相对农村贫困户实行纯生活救济的扶贫方法，使一些人产生了严重的依赖思想。加之农村普遍轻视教育，丧失了脱贫致富的机会。

1.1.2 农村扶贫工作的基本策略与趋势

面临新形势、新挑战，特别是针对扶贫开发中存在的扶贫项目效益不稳、扶贫资源难以整合、扶贫政策与其他涉农政策协调不足等痼疾，必须进一步优化扶贫战略，重构扶贫机制，完善扶贫政策。

1. 完善扶贫目标瞄准机制，做好扶贫对象扩大后的识别工作

严格界定、及时调整扶贫对象，确保扶贫资源准确、适度、高效投入和扶贫开发政策惠及真贫。为提高扶贫目标的“瞄准度”，应扩大贫困人口建档立卡的范围，加强动态管理，即时调整评定指标和认定资格，并通过随机抽查、基层调查、标准量化细化等方式，尽可能减少贫困信息的不对称情况。同时，坚持分类指导的原则，对具有劳动能力和开发潜力的贫困人口，帮助其脱贫致富；对缺乏开发条件区域的贫困人口，帮助其易地脱贫；对丧失劳动能力的特困人口，完善社会救济和最低生活保障制度，保证其基本生活。

2. 完善扶贫项目选择机制，减少扶贫资源的错配和漏出

重新界定扶贫项目选择权的归属和选择标准，应走出政府掌握项目选择权的误区，充分发挥贫困农户和扶贫龙头企业的主体功能，建立“依靠市场机制，遵从市场选择，企业掌舵，政府和贫困户搭船”的项目选择机制，政府的主导作用应侧重体现在监督、保障扶贫效益惠及真贫者。同时，为使低收入贫困群体真正受益，应通过加大各级政府投入，降低配套资金要求等途径，降低扶贫项目的准入门槛。

3. 完善扶贫资源管理机制，提高整合使用效益

扶贫资金的分部门管理在一定程度上调动了有关部门的扶贫积极性，但同时也是我国扶贫资源缺乏凝聚力、扶贫效益不理想的制度根源之一。为整合扶贫资源，提高扶贫效益，必须建立部门间联席会议制度，并通过简化环节、划转职能、协调项目等途径，突破部门各自为政、分割管理的利益壁垒。

4. 完善长效扶贫机制，突出产业化扶贫和人力资源开发

要实现稳定脱贫，必须提高贫困地区和贫困人口的持续发展能力，建立农村扶贫开发的长效机制。应把握两个关键环节：一是完善产业化扶贫机制，强化产业支撑。继续推进细胞工程和龙头企业培育，在扶贫项目的安排上，既要坚持到村到户，又要注重打造区域扶贫产业带，形成“小项目、大群体”的发展格局，提高区域产业的集群竞争力。对于特殊类型的贫困地区应进行连片开发，合力攻坚，以片区为单位制定综合发展规划，设立专项资金，加大支持力度。二是完善人力资本开发机制，强化人力支撑。继续加大对贫困地区的教育投入，保障贫困者公平的受教育权利，并完善劳动培训和就业服务体系，发展新型合作医疗和其他社会事业，全力提升贫困人口的基本素质。

5. 完善扶贫政策协调机制，统筹财政、金融、社保、生态等政策设计，形成扶贫合力

扶贫是一项系统工程，扶贫效益的最大化有赖于各项政策之间的协调、配套，以弥补政策疏漏，形成扶贫合力。财政政策应适应扶贫标准上调的要求，加大转移支付和项目倾斜力度，逐步实现各地区公共服务供给的均等化目标，对特殊困难区域加强专项扶持；金融政策应继续深化农村金融体制改革，建立多渠道、多层次筹集扶贫资金机制，通过加快村镇银行、资金互助社、小额信贷公司等新型金融服务机构的发展，满足贫困农户对小额信贷的要求；社会保障政策应极力扩大低保、养老、新农合制度在贫困地区的覆盖面，使之与扶贫开发政策紧密衔接，为贫困人口设立最后一道生存防线；此外，对于生态功能突出的贫困地区，应健全资源和生态补偿的长效机制，提高补偿标准，探索就业、社保、生态移民等多种补偿方式，最终形成一个相互补充、相互衔接、相互促进的多层次扶贫政策体系。

1.1.3　农村扶贫金融体系建设的时代意义

从国际层面来看，贫困问题是世界各国都关注的问题，既是经济问题，又是政治问题。如何消除贫困引起了政府和学者的高度重视，尤其是我国当前贫富差距的进一步扩大，扶贫问题更是成了政府和学者们关注的焦点。而金融是经济的血液，其对于产业扶贫、综合扶贫具有举足轻重的作用，可以说任何扶贫项目都离不开金融资金的介入。因此，金融扶贫成为各国解决贫困问题的有力武器。

从我国国情层面来看，由于我国仍处于社会主义的初级阶段，地区经济发展的不平衡，分配制度的不健全等因素，导致贫富差距也在渐渐扩大，随之而产生的贫困问题变得愈发显著。贫困问题已经成为我国经济持续快速发展迫切需要解决的制约因素。因此，当前的扶贫工作已然成为我国政府进一步发展经济、促进社会稳定和发展所要考虑的首要任务，而金融扶贫更是起到至关重要的作用。我国政府正在从试点逐步推开的农村金融体制改革将直接关系到我国的 2020 年整体实现小康的战略目标的实现，具有极其重要的政治、经济和社会意义。同时党中央、国务院印发了《中国农村扶贫开发纲要（2011—2020 年）》，根据党中央扶贫开发纲要的精神，新十年的农村金融扶贫开发进入到了攻坚阶段。

从我国农村现状来看，我国是一个人口众多，贫困现象普遍存在的发展中国家，贫困人口的绝大多数在农村，所以扶贫开发工作离不开农村，农村的金融扶贫工作任重而道远。解决农村贫困人口温饱问题，减缓并最终消除贫困是新世纪函待解决的重大课题。通过对农村金融扶贫体系的研究，可以为我国政府制定合理的农村扶贫政策提供有说服力的科学依据，同时，又可以促进农村金融扶贫资金的市场化运作和持续性发展，达到“授之以渔”的目的，进而提高扶贫成效。

1.2 金融扶贫在田东综合扶贫工作中占有重要地位

1.2.1 田东县扶贫成果显著

田东县位于广西壮族自治区西部，地处右江盆地腹地，辖9镇1乡167个行政村（街道、社区），总面积2 816平方千米，耕地面积约97万亩，总人口43万人，其中农业人口36.9万人，占总人口的85.8%。田东是一个以壮族为主体的多民族县域，也是全国扶贫工作重点县，截至2015年底，全县贫困人口52 109人，贫困人口主要集中在祥周镇南部布兵片区、思林镇南部坡塘片区、北部龙邦片区、作登瑶族乡片区等四个石漠化片区。由于自然条件恶劣，基础设施薄弱，这些区域经济发展相对缓慢，农民增收和脱贫难度较大。

2008年以来，田东县委县政府认真贯彻落实中央、自治区和百色市的决策部署，高度重视脱贫攻坚工作，统一部署、出台文件、建立制度、狠抓落实，紧紧围绕脱贫攻坚三步走的总目标，精准实施“七个一批”① 和“十大行动”②，确保“不丢一村、不漏一户、不落一人”，开展脱贫攻坚工作。经过不懈探索与实践，取得了显著的扶贫成果。通过精准识别，2016年脱贫摘帽行政村共28个，减贫人口41 637人。2011—2016年，农村贫困人口从14.63万人下降到1.04万

① “七个一批”指：大力培育扶贫产业，发展生产脱贫一批；健全公共就业服务体系，转移就业脱贫一批；有序推进扶贫移民，易地搬迁脱贫一批；加大贫困地区生态保护，生态补偿脱贫一批；深入实施教育精准扶贫，发展教育脱贫一批；完善医疗卫生服务，医疗救助脱贫一批；落实最低生活保障制度，社会保障兜底脱贫一批。

② “十大行动”指：农村综合改革行动、产业发展扶贫行动、教育文化扶贫行动、医疗卫生扶贫行动、就业创业行动、社会保障扶贫行动、基础设施建设行动、移民搬迁行动计划、生态扶贫行动、党建帮扶行动。

人，贫困发生率从 39.4% 下降到 2.66%。2016 年，田东县顺利通过了自治区和百色市的验收，扶贫成果得到了国务院督查检查组和国务院委托的第三方评估小组的充分肯定，对全市乃至全区脱贫攻坚工作具有重要的示范和引领作用。

1.2.2 农村金融综合改革在田东县扶贫工作中贡献巨大

金融服务供给不足是发展农村经济的瓶颈。自 2008 年开启农村金融改革试点建设以来，为解决农民"融资难、融资贵"问题，田东县进行了一系列创新与改革：一是构建了组织、信用、保险、担保、支付和村级服务六大金融服务体系；二是积极推进农村产权改革，激活了农村生产要素，逐步建立起现代农村产权制度；三是以金融改革支持现代农业发展、新型城镇化建设以及扶贫开发，有效推动了农户脱贫致富；四是财政上大力支持农村金融改革，相继出台了《田东县涉农贷款奖励暂行办法》《田东县农户小额贷款风险补偿办法》等政策，建立起涉农贷款风险补偿机制和奖励激励机制，激发了金融机构支农动力。这些改革措施释放的红利效应显著。

一是农村金融得到长足发展。截至 2016 年 9 月末，田东县各项存款余额由 2008 年的 30.45 亿元增长到 112.02 亿元；各项贷款余额由 2008 年的 23.07 亿元增长到 96.49 亿元；涉农贷款余额由 2008 年的 15.37 亿元增加到 72.43 亿元，占全县各项贷款总量的 75%。同时，农户贷款覆盖率、贷款满足率分别由 2008 年的 26%、35%提升到 2015 年的 90%、92.8%，笔均贷款由 2008 年的 1.86 万元提升到 2015 年的 5.84 万元。见表 1-1。

表 1-1　田东县主要金融指标

主要指标	2008 年 12 月	2016 年 9 月末
各项存款余额（亿元）	30.45	112.02
各项贷款余额（亿元）	23.07	96.49
涉农贷款余额（亿元）	15.37	72.43
涉农贷款比例（%）	66.6	75
农户信用评级覆盖率（%）	—	89

续表 1-1

主要指标	2008 年 12 月	2016 年 9 月末
拥有银行机构网点数（个/万人）	0.99	*1.1*
农户贷款覆盖率（%）	26	*90*
农户贷款满足率（%）	35	*92.8*
单笔贷款额（万元）	1.86	*5.84*
农村金融机构不良贷款率（%）	2.36	*0.88*
农业保险综合覆盖率（%）	30	77
金融知识普及率（%）	0.20	92
电子机具（ATM\POS 机、转账电话）数量（台）	170	2 274
银行卡发卡量（万张）	19	84.27
大小额支付系统接入网点数（个）	7	46

注：字体倾斜的数字为截至 2015 年底数据。

数据来源：根据田东县金融工作办公室资料整理。

二是“三农”问题得到有效改善。田东涉农贷款持续、稳定增加，有力促进了农村经济的快速增长和农民收入的稳步提高。全县农业总产值由 2008 年的 21.08 亿元增长到 2015 年的 41.43 亿元，年均增幅 10%；2016 年，第一产业增加值完成 28.34 亿元，同比增长 3.8%。农民人均纯收入由 2008 年的 3 363 元增长到 2015 年的 9 234 元，年均增幅 15.5%，位居广西前列；2016 年，田东县农村居民人均可支配收入达 12 469 元，增长 11.7%。城乡收入比值由 2009 年最高时的 4.2 降为 2016 年的 2.3，实现连续 7 年下降，呈现良好发展态势（图 1-1）。农民生活明显改善，城乡收入差距持续缩小，金融改革使农民真正得到实惠。

三是扶贫工作得到有力支持。农村金融综合改革为贫困农户和带动贫困农户脱贫的新型农业经营主体、小微企业的生产经营提供了有力的资金支持。截至 2015 年底，累计向 9 145 户贫困户发放小额信用贷款 4.16 亿元；截至 2016 年 6 月末，累计为带动贫困农户就业的新型农业经营主体、小微企业等提供担保性融资 8.39 亿元，有劳动能力的农户，尤其是贫困农户均从中受益较大，其中农民专业合作社带动农户 3.83 万户；农业产业化龙头企业带动农户 4.3 万户、贫困

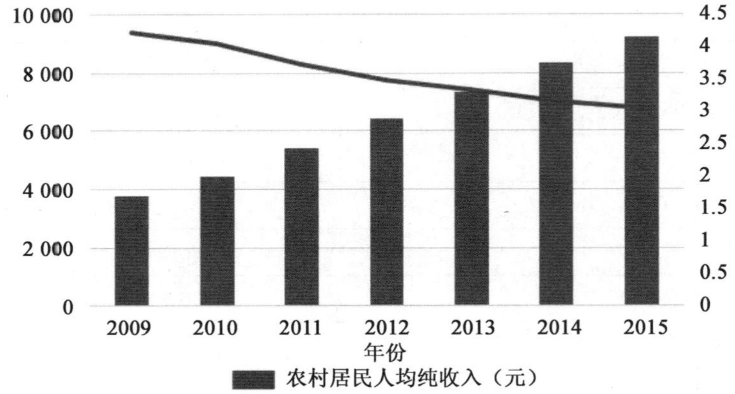

图 1-1　2009—2015 年田东农民收入变化情况

数据来源：根据田东县统计局数据整理。

农户 8 600 户；家庭农场带动农户就业人数 395 人。

可以说，农村金融综合改革成果与扶贫工作的有效结合，为田东县取得显著扶贫成效提供了重要支撑。

1.2.3　金融扶贫将继续在田东反贫困治理中发挥重要作用

2017 年，田东县仍然面临着脱贫攻坚任务。与此同时，防止返贫现象大面积发生也是田东县面临的重大课题。从通过发展生产脱贫的贫困农户来看，这一阶段要更加注意增强已脱贫农户和新型农业经营主体、涉农小微企业带动贫困农户两方面的内生动力，保证稳定性和持续性，这就要求建立起反贫困治理的长效机制，实现反贫困治理的常态化。金融扶贫是田东综合扶贫取得成功的关键环节，必将继续在田东反贫困治理中发挥重要作用。

一是金融扶贫具有农村金融综合改革打下的相对扎实的基础，具备完善为成熟体系的基础。这包括：近 10 年来通过金融教育开启的农户金融认知成果，以及由此引致的持续活跃的农户金融需求；相对齐备的金融机构（组织）体系；多样适用的金融技术引进与本土化及依托这些技术的产品开发；人员配备相对较强的金融办；农村信用体系、政策性担保体系和农村产权交易体系等一系列制度性基础设施建设和转账支付系统“村村通”等物质性基础设施；初具体系的奖励、补助、贴息和政府性存款等一系列财政政策支持；品类相对齐全的惠农特色农业保险。

二是作为一种市场行为，金融是将脱贫农户和带动脱贫农户就业的生产经营主体推向市场、增强内生动力的最佳途径。信贷机制可使脱贫农户努力实现自我发展，到期向金融机构偿还本利，资金实现循环使用，效率较高。保险机制可帮助脱贫农户和带动脱贫农户就业的新型农业经营主体、涉农小微企业抵御自然风险、市场风险和农产品质量风险三大风险。证券机制可帮助带动脱贫农户就业的新型农业经营主体和小微企业加快挂牌步伐，塑造驰名品牌、扩大经营规模和降低经营风险。因此，田东反贫困治理长效机制的建立，应继续巩固近 10 年的农村金融综合改革成果，坚持以金融为突破口，建立完善的，有机的，既立足田东当前农村金融发展实际，又着眼于田东反贫困治理长远能力现代化，同时充分考虑近期可行性措施的农村扶贫金融体系。这是本研究的出发点和落脚点。

1.3 田东农村金融综合改革的主要内容

2008 年开始的田东农村金融综合改革增强了全县农民信用意识，激发了全县农民金融需求，改善了全县农民金融服务，提高了全县农民收入水平。田东县改革从“农村金融”和“扶贫金融”两方面入手，构建了田东农村金融的“六大体系”，确立了田东农村扶贫金融体系的两大支撑与三大补偿模式。

1.3.1 田东农村金融“六大体系”

以组织、信用、支付、保险、担保抵押、村级服务为核心的金融体系建设，增强了农民与银行之间的相互信任感，实现了金融服务的全覆盖。

1. 实现金融网点全覆盖

田东县先后支持成立了北部湾村镇银行、小额贷款公司、政策性融资担保公司等多家金融机构。截至2016年9月，形成了以银行、券商、保险公司、农村金融机构和其他金融服务机构为主体的较为完善的金融体系，覆盖全部10个乡镇和部分村屯。

对一些极端贫困、信用等级太低、有贷款需求而又无法通过银行贷款审查的农户，县政府成立了29个“扶贫资金互助协会”或“贫困农户发展生产互助协会”，解决银行不能满足贫困户短期资金周转困难问题。其运作方式为：县财政通过“扶贫资金互助协会”或“贫困农户发展生产互助协会”向每村投入15万元作为启动资金，用于帮扶贫困农户生产发展。互助资金实行“民管、民借、民用、民还，周转使用，滚动发展”的模式，贷款额度一般不高于5 000元，贷款期限通常在一年以内，利率为3%左右，低于基准利率。该模式既帮扶了银行信贷无法覆盖的最贫困农户，又实现扶贫资金循环可持续利用，使农民拥有了自己的“小银行”，提高了农民创业增收能力。

2. 建立信用评价体系

2009年，田东县启动农村社会信用体系建设，在167个行政村（街、社区）设立了“金融服务室”，对农户和新型经营主体分别采集相应指标数据，构建信用评级系统，将道德品质、邻里关系、履行社会责任等信息考虑到信用评级中，淡化家庭收入的影响，强化信息动态管理，适时调整信用等级，实施精准扶贫。另一方面，田东县积极推进自身信用县建设，全县贫困村已完全转化为信用村，基本实现了让所有贫困户都拥有贷款的权利和资格。

截至2016年底，全县累计向5.9万户农户发放小额信用贷款22.84亿元，户均3.87万元；累计向12 000多户贫困户发放贷款5.7亿元，户均4.75万元。其中，2016年向3 484户贫困户发放小额贷款1.679 7亿元，户均4.8万元。放款时间由过去的3～7天缩短为1天。

3. 完善支付系统

针对农村基础金融服务设施滞后、农村金融支付环境差的问题，田东县广布ATM机、POS机，广泛应用个人网银、短信通等支付方式，2009年完成了大小额支付系统乡镇全覆盖，现代化支付方式行政村全覆盖。此外，农民在村里就可以办理2 000元以下的小额存取款业务，提高了获得基础金融服务的效率和便捷度，降低了支付结算成本，便利了农户。

4. 有效覆盖惠农特色保险

农村生产经营活动易受自然条件约束，对保险需求巨大且迫切，但由于农村地区金融基础设施缺乏、农民金融意识不强，导致农业保险业务开展困难。为此，中央、自治区、县三级财政采取补贴办法，按照险种类别给予农户和新型农业经营主体一定比例的保费补贴，增强了农业抵御自然灾害风险能力。同时，为提高农业保险便捷性和服务有效性，田东健全县乡村三级保险服务网络，设立农业保险县理赔定损小组，制定应急预案，探索构建银保、银政、银信多方合作的立体服务模式，保障贫困群众发展农业产业化及化解贷款风险。

5. 发展助农贷款担保、抵押体系

针对长期以来农民贷款缺乏担保物与抵押物的问题，田东县积极推动银担合作机制，成立由财政出资 3 000 万元的助农融资担保公司，资本金 3 000 万元。截至 2016 年底，累计提供融资担保 1.79 亿元。田东县助农融资担保公司经营信用、管理风险的作用日益增强。广西金融投资集团与田东县人民政府开展战略合作，截至 2016 年 9 月末，田东金融综合服务中心累计为田东小微企业、个体工商户提供融资担保 8.61 亿元。

此外，田东县积极拓展农村有效抵押物范围，建立了农村产权交易中心，并不断探索林权、土地承包经营权、农村房屋所有权抵押贷款。截至 2016 年 11 月末，田东县农村产权交易中心的交易额达 9.03 亿元；农村产权抵押贷款 5.7 亿元。其中贫困村范围内入地流转 3.49 万亩，交易额 2.77 亿元；贫困村产权抵押贷款 9 300 万元。

6. 建立基础金融服务体系

针对农民金融知识缺乏、贷款耗时耗力、金融机构基层信贷人员短缺等问题，田东县在全部行政村设立了“三农金融服务室”，成员由驻村干部、大学生村官、贫困村第一书记、村两委、村里经济能人等组成，设立金融服务指导员，将金融知识宣传、信用信息采集、贷款调查、还款催收、保险业务办理等前置到村一级，同时实现了基层组织建设和金融服务的有机组合，为新时期基层组织建设搭设了新的平台。田东县还积极开展金融知识进农村活动，督促金融机构每年开展不少于4次的“送资金、送信息、送金融知识”服务活动，提升了农民利用金融资源发展生产、改善生活的能力。

1.3.2 田东农村扶贫金融体系的两大支撑与三大补偿模式

1. 两大支撑

（1）农村产权制度改革

田东县已全面完成包括林权等在内的七项权利的确权工作，逐步建立健全的现代农村产权制度和完善的产权交易市场。此外，田东县借助试点优势，成立国有控股的国泰控股公司，在广西率先探索农村土地信托模式，形成土地流转和产权交易的委托代理机制。

（2）农村经营机制创新

经营机制的创新主要有两条渠道。一是面对少资金、缺技术的贫困户建立新型经营模式，提高资金使用效率，建立“新型农业经营主体+基地+农户”的经营模式，实现资本积累与技术提升，调动群众的生产积极性。二是探索农村集体经济股份制，引入股权托管机制。

2. 三大补偿模式

（1）涉农贷款风险补偿基金

田东县出台了《田东县农户小额贷款风险补偿暂行办法》，按照“专款专用、结余留成、滚动使用、超支不补”的原则，专门用于各类金融机构服务“三农”贷款的风险补偿。

（2）农户小额贷款奖补基金

田东县出台了《田东县金融部门信贷支持县域经济发展考核奖励办法》《田东县涉农贷款奖励暂行办法》等政策，并由财政出资设立了贫困户小额贷款奖补基金。

（3）财政性存款与涉农贷款挂钩机制

充分运用公共财政资源，调整财政资金存入稳健经营服务“三农”的金融机构，扩大支农资金来源，增强信贷支农能力，不断推动金融机构服务“三农”的积极性。

1.3.3 田东农村金融综合改革的效果、评价与公众满意度

1. 田东农村金融综合改革的经济、社会效果

一是农户收入大幅提高，金融扶贫成效显著。自 2009 年田东县农村金融综合改革实施以来，全县农民人均收入由 2008 年的 3 363 元增长至 2016 年的 12 469 元，年均增长 17. 8%，增幅显著。县域城乡收入比由 2009 年最高时的 4. 22 : 1 降到 2016 年的 2. 34 : 1，实现连续 7 年下降。2012—2015 年，贫困村农民人均纯收入由 3 418 元增长到 5 506 元，年均增长 17. 2%；农村贫困人口由 2011 年的 14. 63 万人下降到 5. 2 万人，贫困发生率由 2011 年的 39. 4%下降到 14. 5%。2008—2016 年，贫困村贷款余额从 5 938 万元增长到 22. 84 亿元，年均增长 2. 78 亿元。通过农村金融体系建设，有效缓解了贫困户资金缺、贷款难问题，金融扶贫工作得到广泛认可。2015 年 11 月中央扶贫开发工作会议上，习近平总书记高度肯定田东县的金融扶贫工作，指出：广西田东县通过建设机构、信用、支付、保险、担保、村级服务组织等六大体系，有效缓解了贫困户资金缺、贷款难问题；中央、自治区对田东的金融扶贫工作也给予高度肯定。继《中共中央 国务院关于打赢脱贫攻坚战的决定》（中办发〔2015〕34 号），“田东模式”和经验首次写进中央文件之后，2016 年中央一号文件又一次体现了田东农村金融改革综合经验。《广西农村金融综合改革 2016 年工作要点》（桂政发〔2016〕36 号）明确推广田东“农金村办模式”，2016 年 3 月，全区农村金融改革工作会议再次在田东召开，号召在全区全面推广“田东模式”。

二是县域金融供需空前活跃。随着田东农村金融综合改革的不断推进，全县农村金融生态环境得到明显改善，农户金融服务可得性大大提高，信贷需求日益旺盛。2008—2015 年，全县银行网点由 41 个增加到 48 个；全县涉农贷款余额由 15. 37 亿元增长到 64. 72 亿元，年均增幅 22. 8%，占全部贷款余额比重 70% 以上；农村金融机构不良贷款率由 2. 4%降低到 0. 9%；农户贷款覆盖率、贷款满足率分别由 26%、35%提升到 90%、92. 8%；全县保险综合覆盖率也由 30%提高到 73%[①]。

---

① 数据来源：田东县金融工作办公室。

2. 田东农村金融综合改革的社会评价

田东县农村金融综合改革的成果受到了社会各界的广泛重视，引起了新闻界和学术界的高度关注。

2015 年 12 月，由《人民日报》、新华通讯社、中央电视台、《中国扶贫》杂志社、《广西日报》、广西电视台、《右江日报》、百色电视台等中央驻桂、自治区及百色市等 20 家主流媒体 30 多名记者组成的采访团聚焦田东县，集中宣传报道田东县金融扶贫工作的先进做法和经验。这之前和之后，包括人民日报、光明日报、新华通讯社、求是等在内的多个国家级权威媒体均对田东农村金融综合改革创新有所报道。

"中国知网"关于田东县农村金融综合改革收录的主要文献共计 142 篇（文献来源于全国范围发行的 98 篇，省级范围发行的 44 篇）。

3. 本地农民公众满意度

田东农村金融综合改革是为了引导、鼓励金融机构为全县农户尤其是贫困农户提供金融服务，提高农户金融服务获得率。为了了解田东县农户对田东农村金融综合改革的满意度，课题组对田东县部门村镇的农户进行了调研，调研结果显示：农户对田东县农村金融服务的认可度较高，尤其是存取款金融服务。但值得注意的是贷款服务的满意度较低，应进一步引导、鼓励金融击鼓为农户提供贷款服务。

1.3.4 田东农村金融综合改革的时代特征

1. 共享发展理念的切实践行

2008 年田东农村金融综合改革启动以来，田东县委、县政府从全县民众最现实、最关心、最直接的融资难、融资贵问题入手，不断完善县域顶层设计，积极对接并协调全县各政府部门和金融机构为农户、新型农业经营主体等农村经济体提供便捷的金融服务，体现了田东干部群众的首创精神。

2. 建设农村普惠金融体系的先行先试

田东县于 2008 年底正式启动了农村金融改革试点工作，为全国县域金融改革提供了诸多宝贵而先进的经验，也是基层可学习和借鉴的范本。田东农村金融改革的成功归功于构建了完善的农村支付体系、征信体系和惠农综合服务体系。完备的农村普惠金融体系将支农的财税政策和惠农的货币政策有机结合起来，有利于风险分担，有利于农村地区金融宏观环境的建设。

3. 现代农业“三大体系”的支撑探索

现代农业三大体系包括产业体系、生产体系和经营体系，其建设重点之一是加大金融的支持和引导力度。在田东农村金融改革过程中，田东县一方面不断推进政策性保险产品的创新工作，扩大承保范围，发挥了农业保险“稳定器”的作用。另一方面，借鉴国内外实践经验，先后探索了不动产抵押、产权抵押、政策性担保等多种贷款模式，政府还成立了助农担保公司，大力发展涉农贷款，满足农户、涉农生产企业、农业生产的融资需求。田东县自身的不懈探索，加速了县域农业现代化的进程，实现了现代金融服务的全覆盖。

4. 金融供给侧结构性改革的县域示范

田东农村金融改革为县域金融供给侧改革提供了范本。首先，通过开展特色化、常态化的金融知识宣传，努力提高金融知识普及率，实现农村金融供需平衡。其次，田东通过农村信用体系和政策性担保体系建设，推动客户下沉和金融升级，推动了田东农商行和田东北部湾村镇银行这两个内生金融机构的做大做强，盘活了县域农村金融市场。

5. 金融培育贫困农户内生动力的典型案例

田东农村金融改革的成功主要依托于三个方面。一是地方扶贫办和农业局的专业性，切实帮助并指导农户发展生产项目。二是政府颁布的奖励贴息政策极具针对性，为贫困农户解决实际问题，阻断了贫困的代际传递。三是金融机构提供的信贷、保险等服务，保证了带动脱贫的持续性。

6. 加强和创新社会治理的金融试验

田东农村信用体系建设在贫困农户信用等级的评定中，适当淡化家庭收入的影响，将水电费是否拖欠、是否敬老爱老和是否邻里和睦等诚信指标纳入考量。将诚信指标纳入信用体系不仅更加科学，贴合农村的生产生活实际，更有利于推动社会进步，治理有效、乡风文明的和谐乡村建设。

1.3.5 田东农村金融综合改革具有强持续性

1. 六大体系是一个完善整体

相对完善的金融体系的成功构建为田东县解决以农户为主的县域各类经济体融资难、融资贵的问题提供了新方法，推动了信贷技术的迅速普及和政策性保险产品的推出，使农户能以合理价格快速便捷地获取金融服务，推进城乡居民金融服务获取平等机会。

2. 信贷供需持续两旺

随着居民收入水平的提高、农村群众金融素质的增强和特色农业现代化的推进，现代支付工具更加普及，越来越多的新型农业经营主体和农户的生产经营性资金需求不断增加，信贷需求持续旺盛。与此对应，以田东农村商业银行和北部湾村镇银行为代表的县域各类金融机构，积极作为，为贫困户和新型农业经营主体提供贷款，增加信贷供给。供需良性循环形成。

3. 县委县政府始终高度重视和大力支持

田东县委、县政府十分重视农村金融综合改革，在人力、物力、政策等各方面为参与农村金融改革的各类主体提供支持，激发了各类主体的积极性，提供了有力的组织保障。

1.4 农村金融综合改革为田东扶贫金融体系建设提供了坚实基础

1.4.1 农村金融综合改革对扶贫金融体系的贡献

1. 建立了门类齐全的扶贫金融机构体系

田东县在农村金融综合改革中，引入各类金融服务主体，不断完善金融机构组织体系。截至2016年10月末，全县拥有9家银行金融机构，18家非银行金融机构，金融机构种类齐全度居广西县域首位，为建立扶贫金融机构体系打下了坚实基础。特别是以田东农商行、北部湾村镇银行和农发行田东支行为首的银行金融机构，在金融扶贫过程中起到了先锋和支撑作用。

2. 积极发展产权抵押贷款和信用贷款

（1）积极实践农村产权抵押贷款

田东县农商行积极实践产权抵押贷款，抵押贷款种类主要包括：土地承包经营权抵押贷款、林权抵押贷款、农房抵押贷款和农村自建房按揭贷款等，农户可通过田东县农村产权交易中心提供的抵押平台和流转平台办理产权抵押贷款业务。

（2）大力发展信用贷款推进金融扶贫

田东县贫困村先后全部被评为信用村，信用化后的贫困户有利于金融扶贫政策的精准对接，让缺少收入保障支撑的农户依然可以享受到信用贷款的权利和资格。

3. 相对较强的地方金融服务机构

田东金融办是一个独立部门，人员业务能力强、经验丰富，且长期有相关领域志愿者协助工作，在农村金融综合改革中发挥了重要作用。

4. 建立了扎实的农村信用体系和政策性担保体系

田东县自2009年起启动农村信用体系建设，先后获评“信用县”和“全国农村信用体系建设示范区”称号。针对贫困农户因家庭收入较少而产生的贷款难问题，田东县调整了信用评级方式，全面识别贫困户信用状况。扎实的农村信用体系，从根本上提高了农户，特别是贫困农户贷款的可获得性。针对农民缺乏有效担保物的问题，田东县开展多类政策性担保，为种植户、养殖户、个体工商户、农村小微企业等小微经济体融资担保。

5. 财政政策有利于降低贫困农户贷款成本

（1）扶贫贷款贴息政策

按受惠对象划分，已有的贴息政策有两个：一是面向建档立卡贫困户出台的小额贴息政策，二是对带动贫困农户的经营主体（农民专业合作社和专业大户）

出台的贴息政策。财政贴息政策降低了农户、扶贫龙头企业、农民专业合作社及专业大户的还贷成本，有利于促进农户发展产业、增收脱贫。

（2）建立“三农”贷款风险补偿专项资金

田东县建立了风险补偿资金用于各类金融机构服务“三农”贷款的风险补偿，有效地激发了金融机构支持三农贷款的内生动力。

6. 发展了多种类政策性农业保险

田东县目前开展的政策性农业保险包含13个险种，农民可自主选择是否参加，且不同险种实行不同的优惠政策，旨在帮助农户减少自然灾害带来的损失。同时全县还安排了小额信贷风险补偿基金为贫困户购买保险，为银行等金融机构给贫困户发放小额贷款提供保障。

1.4.2 田东在金融扶贫领域尚存在的问题

1. 金融机构总量不足

田东县目前存在的问题之一是信贷供给与需求不平衡，田东的信贷供给能力相对较弱，原因归结于有能力的金融机构数量尚不足够，缺乏在扶贫小额信贷和带动贫困的新型农业经营主体、涉农小微企业金融支持领域有较强能力的放贷机构。

2. 技术产品改善空间较大

（1）产权抵押变现存在变现风险

首先，田东农商行持有的产权抵押贷款从未在产权交易市场流转，缺乏流转测试，当坏账发生时，产权能否合理变现尚不清楚。其次，农户和新型农业经营主体可使用价值不高的附着物作为抵押物，但抵押物处置存在一定的风险隐患。

（2）抵押物探索不足

田东县金融机构创新贷款技术过程中，抵押贷款的实践较少，有些农业基础设施（如火龙果支架等）价值较高，可以探索将其作为可抵押物，为农户发放质押贷款，增加贷款渠道。

（3）信用贷款额度和利率较低

在额度上，目前田东县针对贫困户的贷款授信额度上限为5万元，额度较低不利于贫困农户扩大再生产。在利率上，田东县各金融机构的对小额信用贷款如继续执行基准利率，将不利于发挥市场在资源配置中的决定性作用，不利于资金流向生产力水平高、发展意愿强的农户和各类小微经济体。

3. 地方金融监管职能不清晰

田东县金融办虽然在对县域法人金融机构、放贷机构监管上有地区优势、信息优势和人员优势，但相比中央垂直金融监管机构，其暂不具备明确的监管职能。发展职能与监管职能不对等，不利于在县域金融发展和风险管控两者之间获得平衡。

4. 缺乏批发转贷业务

田东县金融需求十分旺盛，对资金的需求持续不断，田东主要扶贫金融机构具有长期发放小额贷款的成熟经验，农发行、国开行等政策性、开发性金融机构提供的批发资金成本低、数量大，是填补当前县域信贷缺口、促进金融扶贫发挥作用的有效方法之一，目前却鲜有此类批发业务开展。

5. 有待出台支持力度更大的财政政策和货币政策

（1）财政政策缺乏长效机制

在“金融精准帮扶”的过程中，虽然财政全额贴息、实施基准利率、建立农业贷款风险补偿基金和扶贫贷款专项风险补偿基金等政策发挥了重要作用，但非市场化的利息不利于金融生态的形成，对于农户和小微企业也缺乏必要的激励与鞭策；过大比例的风险分担会使银行放松贷款审批标准，可能为今后不良贷款的发生埋下隐患。

（2）扶贫再贷款顶层设计需完善

鉴于田东县扶贫金融需求与供给不对等的问题，中国人民银行会通过再贷款业务适当满足其旺盛需求，但由于人民银行给金融机构的一年期贷款与金融机构给贫困户的三年期贷款存在期限错配的问题，因此顶层设计有待完善。

6. 政策性保险品种未完全满足需求

田东县的农业政策保险是根据自治区全区意义上优势特色农产品选定的，但由于自治区各地区地理范围广、经济发达程度不同、环境差异明显、自然资源禀赋不同，部分田东特色农产品没有得到政策性保险覆盖。

7. 区域性股权交易市场运用不足

按照建设中国多层次资本市场体系的统一要求，广西北部湾股权交易所股份有限公司于 2014 年正式成立。作为区域性股权交易市场，其建立初衷之一是推进带动贫困农户作用明显的农业产业化龙头企业和涉农小微企业挂牌，带动农户就业，巩固脱贫成果。但目前，此工具运用还未有明显成果，是田东金融扶贫过程中缺失的一个重要环节。

1.5 国内县级农村信用体系建设典型案例比较研究

信用体系建设是农村扶贫金融体系建设的主要组成部分，建设好农村信用体系对田东扶贫工作的开展具有重大意义。因此，本研究选取在国内有典型意义的浙江江山、贵州贞丰和广东郁南三个县级代表性案例进行分析，旨在为进一步完善田东农村信用体系的建设提供借鉴经验。

1.5.1 国内县级农村信用体系建设案例分析

1. 浙江省江山市农村信用体系特点分析

江山市位于浙江省衢州市西南部，是以农业经济发展为主的县级市。1999 年，江山农商行开始探索以信用户、信用村、信用乡镇为载体，贷款与信用挂钩的农村信用体系建设。在江山市政府与衢州市农办的指导下，江山农商行三级信用评定方法得以完善，并形成了“政府牵头、银农合作、部门参与、农户为主、三级信用整体联动”的农村信用体系建设工作机制。其主要做法包括以下几点：

一是户、村、乡（镇）联动评级。江山农商行对信用户的评定，采取百分制形式。首先根据农户道德品质、信用记录、经营能力、偿债能力等方面进行基础评定；再依据每笔贷款使用归还的守信、失信状况加分、扣分；最终根据分值，划分为 5A、4A、3A、2A、A、B、C 7 个等级。信用村的评定则是根据辖区农户贷款覆盖面、信用户占比、村级集体经济财务制度完善程度、村风文明、村两委建设等因素进行评级，将信用村划分为一星、二星、三星 3 个等级。信用乡镇是在信用村评定基础上进一步评定的。

二是信用等级与农户授信额度、利率优惠幅度挂钩。首先，将农户的信用等级与农户贷款授信额度挂钩，农户的七个信用等级由高到低分别对应的授信额度为 10 万、8 万、6 万、4 万、3 万、2 万、1 万元。其次，给予信用村的信用户授信额度提升和利率优惠，信用村所辖信用户授信额度分别提升为：12 万、10 万、8 万、5 万、4 万、2.5 万、1.5 万元。再次，给予不同星级信用村差异化浮动利率优惠。在人民银行基准利率的基础上，非信用村、一星级信用村、二星级信用村、三星级信用村利率分别上浮 50、40、30、20 个点。最后，给予省级信用乡所辖信用户额外信贷优惠，将其授信额度进一步提高为 15 万、12 万、9 万、6 万、4.5 万、3 万、2 万元，同时贷款利率在原利率基础上统一下降 25%。

三是对三层次信用评价等级动态调整、动态激励。江山农商行对信用户、信用村（社区）、信用乡镇（街道）的信用状况实行动态管理、年检复评制度，信用户每两年复评一次，信用村（社区）和信用乡镇（街道）则每年进行年检。根据复评年检结果，对户、村、乡的信用等级进行动态调整，并通过利率优惠对守信农户进行动态激励。复评后对已有贷款记录但无不良记录的信用户，可在上次优惠利率基础上再优惠 5 个百分点；四年无不良记录的，可优惠 10 个百分点，依此类推，以人民银行规定的基准利率为下限。

四是建立信用恢复机制与奖惩机制。重新对在限定期限内主动实施整改、纠正失信的信用缺失农户、村（社区）及乡镇（街道）进行评定。建立奖惩机制。对信用良好的信用户等主体通过授予荣誉、给予资金额度倾斜、利率优惠、向社会公示等形式进行正向激励；对有失信行为的农户等主体根据程度不同采取防范、提示、降级、吊销、停止发放贷款、列入“信用黑名单”、撤销“信用村（乡）”等惩罚机制。

江山农商行通过不断提升农村信用体系建设水平，解决了农户因无抵质押物、无担保、无财表导致的贷款难问题。

2. 贵州省贞丰县农村信用体系特点分析

贞丰县地处贵州省西南部，隶属于黔西南州，是 592 个国家级扶贫开发工作重点县和石漠化重点治理县之一，同时也是黔西南布依族苗族自治州首家创建成功的“农村金融信用县”。

为有效解决农户贷款难问题，贞丰农商行 2002 年就已开启信用工程建设，进行信用农户、信用村（组）、信用乡镇、信用县的四级创建工作。其做法主要包括以下几点：

一是成立“三级联创、四位一体”的信用工程创建组织。“三级联创”是指县、乡、村三级内部各自成立创建工作评定领导小组，“四位一体”是指对农户、村（组）、乡镇、县四级进行信用创建工作。

二是浮动利率，差异优惠。贞丰县农商行通过家庭现场调查将农户划分为特优级、优秀级、较好级、一般级和等外级 5 个信用等级，信用等级越高的农户给予优惠的贷款利率，促使农户重视自身诚信培养，以信养信。

三是户村挂钩的评定机制与利率优惠机制。信用村、信用组的评定分别以辖内信用组、信用户的评定情况为基础。此外，为进一步激发农户的诚信意识与荣誉意识，贞丰县对信用村（组）的信用农户实行资金优先安排、贷款优先办理、利率优惠三优政策，让农户更加深刻地感受到信用的可贵。

贞丰县农村信用体系建设使农户更加意识到诚信的重要性，更使农村信用体系建设工作形成以信促贷、以贷养信的良好局面。

3. 广东省郁南县农村信用体系建设

郁南县位于广东西部、西江中游南岸，隶属于云浮市，是粤西重要的农林产区。2009 年 4 月，郁南县正式启动以农村信用体系建设为核心的农村金融改革，大力推广并建立了政府主导、整村推进的“信用镇”“信用村”“信用户”三级信用体系建设。

一是建立户、村、镇三级联动的评定机制。郁南县采取打分制将农户分为优秀Ⅰ级信用户、优秀 Ⅱ级信用户、较好信用等级户、一般信用等级户和较差信用等级户 5 个信用等级。同时，将信用村（镇）的评比与本村（镇）贷款农户总数和不良率挂钩。

二是户村挂钩优惠利率机制与增信机制。为完善农村信用体系的建设，郁南县采取信用村、信用户联动的机制，如信用村所辖信用户可享受更优惠的利率，信用村的优秀Ⅱ级信用户一定时间内无不良诚信记录，可上调为优秀Ⅰ级信用户。

三是首创县级综合性征信中心平台。郁南县依托人民银行总行现有的企业和个人征信系统，由郁南县政府牵头，法院、工商、税务、供水、供电等 14 个单位参加，采集非银行信用信息数据，于 2009 年 6 月率先创办县级综合性征信中心。为农村信用体系的建设提供了良好的信息基础。

农村信用体系建设给郁南县的金融机构带来了发展契机，逐渐改善的社会信用环境亦为郁南农村金融发展注入了新的动力。

1.5.2 四县农村信用体系建设的比较分析

1. 田东农村信用体系建设的优势

一是对贫困农户实行差异化评级标准，并采用特惠利率，体现了精准扶贫的原则。二是将评级扩展到各类农业经营主体，对推动全县现代化农业发展，实现与“精准扶贫”相对接有重要意义。三是搭建村级金融服务平台——“三农金融服务室”。

2. 其他三县市农村信用体系建设的优势

一是通过细化授信等级增强诚信意识，如浙江江山市将信用户划分为 7 个等级、信用村划分为 3 个等级，并根据不同级别给予信用主体不同授信额度与贷款利率。二是利用差异化市场利率激发机构内生动力，差异化的市场利率为借贷双方提供更广阔的选择空间，以激发金融机构服务农村的热情。三是重视综合性非金融征信平台的作用，如广东郁南县通过搭建综合性非金融征信平台，利用各级政府部门的优势将各类经营主体的信息全方位、多层次汇聚，为农村信用体系建设奠定了坚实的信息基础。

1.5.3 优化田东农村信用体系建设的建议

1. 进一步发挥政府部门的支持和引导作用

农村信用体系建设作为农村金融改革的基石离不开政府部门的支持与引导，江山、贞丰和郁南农村信用体系建设的成功与当地政府在政策方针、组织建设和人力物力资源等方面给予的巨大支持密不可分。田东县农村信用体系建设可以成为全国的典范，与当地金融办、扶贫办和人民银行田东支行积极推动关系密切。在进一步完善农村信用体系建设的过程中，田东县各政府部门应继续在自身职责范围发挥支持和引导作用。

2. 细化授信梯次，实行市场利率

为了巩固田东县的扶贫成果，进一步激发脱贫农户的诚信意识和致富愿望，田东县可借鉴江山市细化授信梯次的做法，将信用户的等级在原来三级划分的基础上细化。同时，逐步放开利率管制，使利率定价市场化。一方面，可增强脱贫农户的市场化观念和风险意识；另一方面，可提高金融机构对未来盈利的预期和开拓针对脱贫农户业务的积极性，最终实现金融供需市场均衡的有利局面。

3. 继续坚持整村推进，强化诚信引导

在农村信用体系建设过程中，田东县利用整村推进采集农户信息、集中对农户评级授信的方式符合全国一般性做法，可有效降低成本、提高效率，应继续坚持整村推进的做法。而在授信激励措施方面，为了进一步提高农户的诚信意识，加强村、户挂钩的紧密性，田东县可借鉴浙江江山和贵州郁南的做法：一是实行信用户与信用村挂钩的授信额度与利率优惠机制，即属于信用村的信用户可在享受特定优惠利率和授信额度的基础上，进一步降低利率和增加授信额度。二是采用梯次性的守信激励措施，即对贷款后无不良记录的信用户根据守信次数与守信年限梯次性提高贷款利率优惠程度与授信额度。三是参照浙江江山的经验做法，在信用评级与诚信状况挂钩的奖惩机制基础上，创新奖惩机制以更好的激励与制约信用主体。

4. 引领制定自治区农村信用评级标准

贵州贞丰县农村信用体系建设的成功得益于贵州省在省级层面制定了统一的农村信用评级标准，简化了县域农村信用体系建设层面的操作，使得整套信用评级标准的认可度得以提高。为了更好地复制推广田东农村信用体系建设的经验，并借助自治区的资源优势进一步完善田东县农村信用体系建设，田东县需积极推动以田东农村信用评级为范本的自治区级标准出台，力争成为全区农村信用评级标准的范本。

5. 加快非金融综合信息平台的建设

目前，田东县农村信用体系基础数据每两年更新一次，更新速度较慢，无法实时反映新型农业经营主体和贫困农户信用状况的动态变化情况，导致其参考价值不足。田东县可参照郁南经验，尽快建立完善的非金融综合信息平台，形成政府牵头、人民银行田东支行为依托、税务、工商等单位参与的信息采集格局，全方位、多层次地收集县域各类生产经营主体的信息，实时更新信用主体基础数据信息，反映信用主体的最新状况，为农村信用体系建设向县域各类生产经营主体覆盖奠定坚实基础，并为现有农村信用体系的逐步完善提供借鉴，从而进一步优化农村信用环境，提高农村信贷覆盖面。

1.6 建设田东农村扶贫金融体系

1.6.1 田东农村扶贫金融体系建设的目标

田东农村扶贫金融体系建设的目标可分为短期目标与中长期目标。短期目标即向农村扶贫金融体系建设方向发展完善，以更强有力地支持脱贫攻坚任务完成和扶贫成果巩固提升。中长期目标即形成金融反贫困治理的长效机制。因为，田东县扶贫成果虽然显著，但这仅是反贫困的阶段性胜利，还需高度重视并扎实推动扶贫金融根本制度的建设，形成健康、稳定、可持续的金融扶贫长效机制，为脱贫摘帽奠定扎实基础。

1.6.2 田东农村扶贫金融体系建设的总体框架

田东县扶贫金融体系可按照涉及“金融机构、技术产品、监管措施、基础设施和政府政策”五位一体的建设框架进一步优化完善。一是建立更多的微型基层扶贫金融机构，鼓励大中型金融机构网点下沉；二是创新完善多样化的扶贫金融技术产品，例如土地承包经营权抵押贷款、小额个人信用贷款等；三是下沉金融监管职责、明确县金融办对小微金融机构的金融监管职能；四是按照政府引导、市场运作、社会参与原则配套健全农村金融基础服务体系，有针对性地建设金融扶贫制度性基础设施，为金融机构扶贫提供辅助条件；五是规范梯次多元的金融扶贫政策，建立平等合理的开放准入政策，继续对开展扶贫业务的基层金融机构实行梯次性财税优惠政策、资金供应更多向开展扶贫业务的基层金融机构倾斜等。

1.6.3 田东农村扶贫金融体系建设的对策建议

1. 完善金融机构体系

一是增加一家村镇银行。当前，田东县只有一家村镇银行——田东北部湾村镇银行，作为主要服务三农的新型农村金融机构，难以满足田东农村信贷需求。一方面可在百色乃至广西范围内寻找有较强实力的村镇银行，引入田东；另一方面可积极与银监部门沟通，申请再设立一家村镇银行。

二是鼓励城商行设置网点。城商行是服务小微企业和新型农业经营主体的中坚力量，可引进包括柳州银行在内的城商行在田东设立营业部或支行，为小微企业和新型农业经营主体提供金融服务，带动脱贫农户就业增收。

三是引入中和农信项目管理公司。中和农信项目管理有限公司是一家专注于小额信贷扶贫项目的企业，致力于为农村的贫困人口（特别是贫困妇女）提供无抵押的小额信贷业务，公司秉承中国扶贫基金会小额信贷项目的目标和宗旨，以高效的专业化团队，完善的管理体制和先进的运作模式，始终如一的服务贫困人群，朝着建立中国的“穷人银行”的目标迈进。田东县政府可与其进行合作，引入相关项目，增加当地对新型农业经营主体和农户特别是脱贫农户的信贷供给。

四是开展内置合作金融试点。田东也可考虑在社会信用氛围浓厚、金融认知度较高的已脱贫行政村开展内置金融试点，增加农户的信贷支持可获得性。

除上述方案，还可尝试探索基于农民专业合作社联合社的农村资金互助合作升级版、发展互联网金融为新型农业经营主体服务、试点村级担保基金等方式来增加农村金融服务渠道与手段。

2. 创新多样化技术产品

一是开展抵押产权流转交易测试。针对田东县涉农金融机构产权抵押贷款的坏账率较低，无从知晓产权是否可顺利交易的情况，开展银行抵押产权流转交易测试可提前发现产权流转交易可能存在的问题，从而想出应对之策，以降低银行潜在的坏账风险，使银行更愿意为农户、新型农业经营主体提供信贷服务。

二是探索农业设施和财政资金质押贷款。田东县政府可根据当地质押贷款发展的规模和成熟度，考虑协调县助农担保公司、主要金融机构为农业设施质押贷款提供担保，发展农业设施和机械购置补贴资金质押贷款新模式，鼓励金融机构积极开展大型农机具抵押贷款，仓单、应收账款、补贴资金等质押贷款。

三是逐步提高信用贷款额度和贷款利率。一方面可在积极发展现场调查技术开始相关产品的同时，根据实际信用等级逐步确定无抵押无担保小额信用贷款额度，不仅限于5万元以下的小额信用贷款；另一方面考虑到银行的盈利性和抵御风险的要求，可逐渐将信用贷款利率与市场利率并轨，根据农户自身信用等级及所在村、镇信用情况确定利率水平，培育脱贫农户市场意识。

3. 增强县金融办编制、人员

县金融办代表县政府承担着全县金融监管的主要职责和相应的风险处置责任，工作任务艰巨。为发挥好先金融办的工作职责，应从三点着手加强：一是明确职责；二是增加人员；三是强化素质。

4. 推进基础设施与公共服务

一是改进担保服务。针对农民缺乏有效担保物的问题，田东县开展了多类政策性担保。但政府融资担保公司的担保额度有限，不可能为所有小微经济体提供长期融资担保。因此，政府融资担保公司应有针对性地提供融资担保服务，降低担保风险，以建立政策性担保的长效机制。此外，应积极发展其他融资担保形式，如鼓励新型农业经营主体寻找公务员、医生等公职人员为其提供融资担保。

二是争取国开行、农发行等大型金融机构批发转贷资金。田东县政府应主动与开展过批发转贷资金业务的国开行等大型金融机构沟通，争取国开行、农发行等机构的批发转贷资金支持，充分发挥国开行、农发行资金量大、资金成本低的优势和支农支小使命，鼓励其为田东县农商行、小额贷款公司等放贷能力强而资金缺乏的金融机构提供批发转贷资金，打通、拓宽政策性资金进入农村金融机构的渠道，达到银行和农村共赢。

三是细化金融统计。为了2017年顺利脱贫摘帽和逐步建立金融反贫困治理长效机制，应要求县域内各贷款机构定期向金融办报送支农支小相关贷款指标数据，以督促、指导各机构有效地为农户、新型农业经营主体提供信贷服务。

5. 改进政府政策

一是逐步降低财政贴息比例。贷款贴息是有政策指向性的临时性扶持政策，一定程度上会扰乱市场环境。为提高田东县财政收入支持农村金融的可持续性，应梯次性减少财政贴息比例，培养新型农业经营主体的市场意识和抵御风险的能力。

二是推行更加科学的风险分担机制。田东县按照“专款专用、结余留成、滚动使用、超支不补”的原则建立了涉农贷款风险补偿基金，在发挥支农作用方面起到了很好的效果。但仍存在使用粗放问题。为更好地引导涉农金融机构积极支农，可建立梯次、差异化的风险补偿体系。即遵循业务下沉、有效激励、动态惩戒三大原则，对服务脱贫农户的金融机构给予更多补贴；对单笔坏账损失越多的金融机构给予越少的补贴；对坏账收回低于一定比例的金融机构整体下调补贴比率。

三是提高财政性存款支持的精准性。将财政性资金按照金融机构上一年度对贫困农户和带动贫困农户就业的新型农业经营主体、小微企业的服务情况（2018年起按照金融机构上一年度对脱贫农户和带动脱贫农户就业的新型农业经营主体、小微企业的服务情况）分配财政性存款。

1.6.4 利用区域性股权交易所支持农业产业化龙头企业挂牌交易

一是对企业挂牌交易予以奖励。田东县可与北部湾股权交易所进行战略合作，对本县正式获准挂牌交易的企业一次性给予30万～50万元的资金奖励，引导农业产业化龙头企业和其他中小企业到北部湾股权交易所进行直接融资。

二是对已挂牌企业进行信贷支持。田东县政府可与农行、邮储行等金融机构合作，对已在或拟在股权交易市场挂牌的中小企业提供信贷资金，即“上市贷”，鼓励企业发展壮大以带动农户脱贫就业。

1.6.5 统筹各方有利因素，完善保险服务体系

1. 探索农业保险“联办共保”模式

针对农业保险风险高度集中、矛盾高度集中，保险公司处理大面积灾害和群体事件的能力不够的情况，田东县政府可牵头与人保财险、中华联合保险等有经验的保险公司接洽，采取把政府、农户、保险公司三方的积极性调动起来的农险模式，采取农户与政府按比例支出保费与政府和保险公司按比例联办共保的方式相结合。

2. 继续深化保险知识普及

深化保险知识普及，增强脱贫农户、普通农户和新型农业经营主体对相关保险业务的认知，引导培育各类农业经营主体运用保险资源的意识和能力，促进保险供给与需求的有效对接，为新一轮“联办共保”改革解决观念问题。

第 2 章

我国农村贫困问题概况

2.1 农村经济发展与贫困问题

改革开放以来，我国大力推进扶贫开发，扶贫事业取得了巨大的成就。从1978—2016 年，农村贫困人口从 77 039 万人减少至 4 335 万人，年均减贫人口规模达 1 913.3 万人，贫困数量大幅下降。同时，农村贫困人口收入水平稳步提高，贫困地区基础设施明显改善，农村居民生存和温饱问题基本解决，为世界减贫事业做出重要贡献，提供了宝贵经验。2011 年，中央将国家扶贫标准调整至农民年人均纯收入 2 300 元人民币（2010 年不变价）。按此标准，截至 2016 年，我国仍有 14 个集中连片特困地区、592 个国家级贫困县、4 335 万贫困人口，贫困发生率为 4.5%，“多、广、深”的贫困现状依然不容乐观。目前，扶贫开发已经到了“啃硬骨头”的阶段，实施有效的精准扶贫策略刻不容缓。

2.1.1 改革开放后农村经济发展概况

1. 农村经济发展现状

改革开放以来，我国以“家庭联产承包责任制”为标志的农村改革拉开了序幕。自此，我国农业经营方式发生了极大的改变，由小农经济时代的“自给自足”转变为“包产到户”农业生产经营模式极大地刺激了农民的生产积极性，农产品逐年增收，农村面貌发生了翻天覆地的变化。随着改革开放的不断深入，农民的物质文化生活不断得到改善，农村经济发展取得显著成就。

第一，农村贫困人口数量大幅下降，农民收入显著提高。改革开放30多年来，我国政府十分重视“农村贫困”问题，频频出台惠农、支农政策，扶贫成果显著。据《2015年中国农村贫困监测》报告显示，从1978—2015年，中国农村贫困人口数量已从7.7亿下降到5 575万，贫困发生率由97.5%下降到5.7%①；农民人均纯收入由1978年的133.6元增加到2015年的11 422元，平均每年增加305.1元②（图2-1）。2016年，党中央国务院高度重视扶贫开发工作，积极对进行脱贫攻坚战略部署，全党全国咬定目标苦干实干，取得了显著的成绩：全国农村贫困人口减少了1 240万人，超额完成1 000万人的目标任务，贫困发生率由2015年的5.7%降至2016年的4.3%。

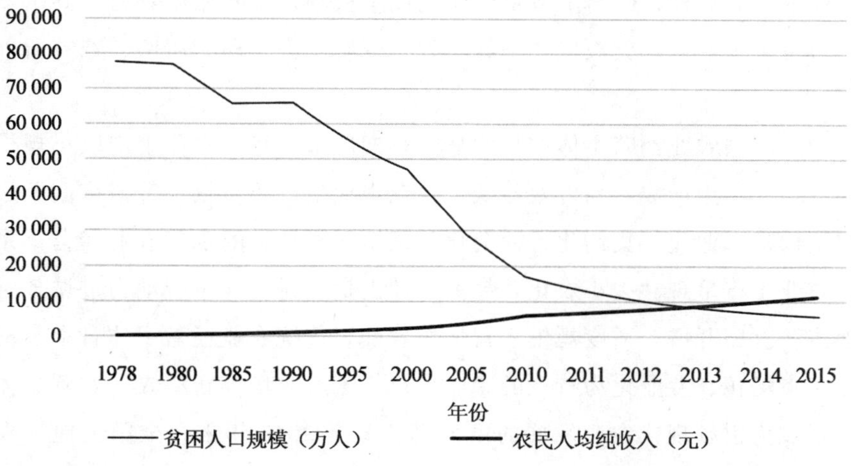

图2-1 1978—2015年我国贫困人口规模与农民人均纯收入

① 此处的贫困人口数量和贫困发生率是按现行农村贫困标准（农民年人均纯收入低于2 300元人民币）衡量所得。

② 数据来源：《2015年中国农村贫困监测报告》

第二，实现传统农业向现代农业迈进。“民以食为天”，农业是国民经济稳定发展的基础。随着农村改革开放的深入发展，传统农业已越来越不适应社会经济的发展，发展“高产、优质、高效、生态、安全”的现代农业已经成为我国农业发展的迫切要求。改革开放30多年来，中国农村社会生产力得到解放与发展，传统农业逐步向现代农业迈进，农业的基础性地位得到巩固和加强。据统计，我国农业总产值保持了高速增长。全国农业总产值由1978年的1 458.8亿元增加到2015年的57 635.8亿元，增长了39.5倍①。

第三，农村基础设施建设不断完善，农民保障制度不断健全。改革开放以来，党中央采取了一系列有效的政策措施，扩大了公共财政覆盖农村的范围，增加了财政对农业和农村发展的投入，把对农村基础设施和环境建设、文化、教育事业、医疗卫生和社会保障体系等作为农村公共服务的重要内容，有效地推动了农村基本公共服务建设和农村公共服务体系建设，切实保障了农民的权益。另外，党中央采取了一系列政策，着力保障和改善民生，保障农民权益。在经济上保障农民的物质利益，政治上尊重农民的民主权利，不断发展农村公共事业，提高公共服务水平，使广大农民“学有所教、劳有所得、病有所医、老有所养、住有所居。”

第四，新型农业经营主体增长明显。长期以来，我国农业生产以小规模分散经营为主，存在生产成本高、效益低、缺乏现代生产要素投入等诸多问题，迫切需要加快构建专业化、集约化、社会化与组织化相结合的现代农业经营体系。近年来，农业生产呈现“去小农化”趋势，即大量农村青壮年劳动力进城务工，农村土地流转有序开展，适度规模经营加快发展，传统农业经营主体日渐衰落，以规模化、市场化、专业化为特点的专业大户、家庭农场等新型农业经营主体逐渐兴起，正成为引领现代农业发展的主力军。截至2015年末，全国土地规模经营面积占比40%，家庭农场、种养大户、合作社及龙头企业已达到250万家。

2. 农村经济发展存在的问题

改革开放以来，尽管农村经济保持了高速增长，但是仍有一系列因素对其发展产生制约。主要体现在以下几方面：

---

① 数据来源：国家统计局。

第一，农村经济产业化程度低，集约性差。改革开放以来，我国农村经济虽然得到了全面的发展，农民生产积极性得到极大提高。但是，以传统手工作业的生产方式仍是农村经济发展方式的主要形式，缺乏先进的大机器生产设备和先进的管理方式，在农业生产上仍然以粗放型的生产方式为主，规模化程度极低，集约性较差。在另一方面，我国农业生产单纯以种植业为主，农民只负责生产，不负责产品的加工与销售，因此没有形成产销一体化的现代经济经营模式，缺乏竞争力，在一定程度上阻碍了农村经济的发展。

第二，资金投入不足。农业发展缺乏资金是目前影响农村经济发展的重要因素之一。导致农业资金投入不足的原因主要体现在以下两点：一是市场经济条件下，农业产业生产特征与资源配置活动准则之间存在矛盾。农业作为一个弱质产业，生产经营和基础建设具有高风险、低收入的特点。以渔牧业和种植业为例，该类产业投资额度大、生产周期长，但利润回报却具有不确定、获利低的特点，因此对市场资本缺乏足够的吸引力，进而形成农业融资难的问题。二是农业保险不发达，农业投资缺乏保障机制。我国农业保险发展起步较晚，且发展缓慢。一方面，由于我国的农业风险保障机制不健全，保险公司基于逐利的本质，不愿意发展利润低的农业保险，从而阻碍了农业保险的发展。保险种类少、运行机制不成熟使得农业保险无法有效降低农业生产经营风险。另一方面，农业保费较高，一些农户无法承担，削弱了农户的自愿购买性。

第三，农村大量的劳动力闲置，结构性失业问题凸显。随着土地的大量流失，失地农民人数的不断攀升，农村闲置的劳动力也不断增加。与此同时，我国正处于经济转型时期，经济的发展需要知识型、技能型人才，而失地农民的知识水平普遍偏低且自身素质较差，其不断提高的就业期望值与现实可提供的就业机会之间的矛盾也越来越突出，增加了失地农民的就业难度。因此，虽然能从事简单劳动的农村剩余劳动力队伍庞大，但其质量远不能适应现代产业结构升级和新兴产业发展对劳动力的需求。

第四，农村市场体系有待完善。目前，我国农村市场不健全主要有以下三方面的原因：一是农民缺乏进入市场的自主性，且农民在进入市场的时候大多数是以个体的形式，不具备组织性，而农产品大多都是由政府统购或者是私人收购，因此很难保障农民的既得利益。二是农产品交易方式不能适应时代发展的需要。

目前在农村市场农产品交易方式现代化程度较低，农产品还只是停留在生产阶段，不能达到农民利益的最大化。虽然“村淘”等互联网技术已进驻农村，但是仍处于试点阶段，覆盖率极低，还需要进一步发展与完善。三是农村市场的基础设施尚不完善，影响了市场功能的发挥，而且有很多地方因为交通不便导致农产品难以进入市场，影响了农产品的正常流通。

综上所述，我国农村经济发展仍然存在许多问题，这将直接影响到农民的收入和生活水平。因此，我国仍应高度重视“农村经济”发展，继续实行对“三农”政策的支持，增加农村基础设施建设资金的投入力度，完善农村基础设施建设。其次，政府还应该加大农村金融体系的建设，完善农村的金融制度，保证农民能够得到金融机构的支持，帮助农民进行融资，改善资金管理不足的问题。同时，大力发展农村合作经济，改善分散经济在市场中的不利地位，提高资源的利用效率，促进农业生产的现代化发展。最后，地方政府应该定期或不定期的为农民提供各种培训项目，提高农民的知识加强农民对外界的认识能力，这样是有益于推进我国农村经济体制改革进程。

2.1.2 农村贫困问题与贫困的标准

1. 贫困的含义

随着人类社会的不断演进，“贫困”几乎成为困扰每个国家发展的痼疾，因此“反贫困”课题一直是学术界的焦点。在此过程中，人类对“贫困”的认识不断深入，但是对其定义始终没有统一的界定。

（1）国际上对贫困的定义

世界银行认为贫困的关键在于“福祉被剥夺”，其中“福祉”是指个人或群体拥有充足的资源满足自身的基本需要。1981 年，世界银行将“贫困”的含义界定为：“个人或群体缺乏充足的资源获取社会公认的，可以享受饮食、舒适和参加某些活动的机会的一种状态”；1990 年，世界银行将“贫困”的定义调整为：“个人或群体缺乏达到最低生活水平的能力”①。

① 世界银行.《1990 年世界发展报告》[R]. 北京：中国财政经济出版社，1990，3.

经济合作与发展组织（OECD）（1976）在最基本的“维持劳动者生理机能”基础上加入了对人生活质量和环境因素的考虑，在贫困标准中加入了对卫生条件、安全用水、交通通信等一系列发展性指标的考虑，提出了一条“基本需求标准”即一种新的最低生存需要的生活水平指标，低于此指标的民众就被认为是穷人。1977 年，国际劳工组织以此为依据制定反贫困策略和发展目标。20 世纪 80 年代起，联合国国际发展问题委员会开始采纳这种以“基本需要标准”为基础的贫困理念①。

国家统计局（20 世纪 90 年代初）对贫困给出的定义：“贫困一般是指物质生活困难，即一个人或一个家庭的生活水平达不到一种社会可接受的最低标准。他们缺乏某些必要的生活资料和服务，生活处于困难境地。”②

欧共体委员会（1998）将贫困界定为：“因为个人、家庭和人的群体的资源（物质的、文化的和社会的）的有限，以致部分人被排除在可以接受的最低限度的生活方式之外”，这些人被称为贫困人口③。

联合国哥本哈根（1995）在“世界发展问题”会议上提出了“绝对”“相对”双层次贫困概念。“绝对贫困”是指人的基本需要无法得到满足的情况，包括食品、安全的饮水、卫生设施、健康、住所、教育、信息咨询；“相对贫困”则相对于绝对贫困而言，更倾向于一种生存状态与社会中等生活状态的比较形式，主要包含劳动收入和生产性资料的缺乏导致人的发展受到限制、可持续的生计没有保障、卫生条件不达标、营养不良、教育、医疗、交通等公共服务的可获得性有限，因生理状态而导致的劳动能力的丧失、疾病所导致死亡率上升、环境的不安全、歧视与社会排斥等④。

专家学者对贫困的定义：诺贝尔经济学奖获得者阿马蒂亚·森在《作为能力剥夺的贫困》一书中对贫困进行了描述：“贫困必须被视为是一种对基本能力的剥夺，而不仅仅是收入低下。”英国学者奥本海姆在《贫困的真相》中指出：“贫困指物质上、社会上和情感上的匮乏。它意味着在食物、保暖和衣着方面的开支

① 王合卫．菏泽市农村扶贫问题研究［D］．山东师范大学，2015.

② 王合卫．菏泽市农村扶贫问题研究［D］．山东师范大学，2015.

③ 欧共体委员会．向贫困开战的共同体特别行动计划的中期报告［R］．1989.

④ 邢浩特．我国贫困标准完善研究［D］．东北师范大学，2015.

少于平均水平。”英国学者汤森在《英国的贫困：家庭财产和生活标准的测量》书中认为贫困是：“所有居民中那些缺乏获得各种食物、参加社会活动和最起码的生活和社交条件的资源的个人、家庭和群体就是所谓贫困的。”美国的劳埃德·雷诺兹在《微观经济学》一书中说：“所谓贫困问题，是说在美国有许多家庭，没有足够的收入可以使之有起码的生活水平。”①

（2）国内对贫困的定义

我国对“反贫困”课题的研究起步较晚，因此，对贫困的定义和内涵的界定也比较晚。

唐均在《中国城市居民贫困线研究》一文中指出贫困体现于三个不同的层面：第一，贫困作为一种社会客观存在的生活状况。是与“落后”或“困难”联系在一起的。第二，贫困作为一种社会上普遍公认的社会评价，是低于“最低”或者“最起码”的社会水准的。第三，贫困作为一种社会环境造成的社会后果，与“缺乏”有关，其实质是缺乏“手段”“能力”以及“机会”②。

国家统计局在《中国城镇居民贫困问题研究》的研究报告中贫困被界定为：“贫困一般是指物质生活困难，即一个人或一个家庭的生活水平达不到一种社会可接受的最低标准。他们缺乏某些必要的生活资料和服务，生活处于困难境地。”③

林闽钢、童星（1994）指出“贫困是经济落后与社会文化落后的总和，是人由于收入匮乏而导致生活物资匮乏以及参与社会活动和发展机会的缺失”。康晓光（1995）指出“贫困是一种无法通过合法渠道来获得基本生存条件、参与社会活动的状态，是一种精神与生理上均得不到社会认同的水准。”④

综合国内和国际对贫困的定义，可以看出，因研究的方向或侧重点不同，贫困被赋予了不同的定义，但有一个特点是始终没变的，贫困是一种落后的状态，是一种困难的生活，是相对于富裕存在的，只是衡量标准存在一些差异。贫困的存在是相对的，它可以逐渐减少，但要彻底消除很难。总结各个时期国内外对贫

---

① 王合卫．菏泽市农村扶贫问题研究［D］．山东师范大学，2015.

② 唐均．中国城市居民贫困线研究［M］．上海：上海社会科学院出版社，2000，35.

③ 国家统计局．《中国城镇居民贫困问题研究》课题组和《中国农村贫困标准》课题组研究报告．北京，1990.

④ 邢浩特．我国贫困标准完善研究［D］．东北师范大学，2015.

困的界定，可以得出以下四点：第一，贫困具有多元性，即贫困可以从政治、经济、文化、社会等角度去分析。第二，贫困具有社会性，即贫困是低于最起码的生活标准，这种标准是社会公认的。第三，贫困具有不完整性，即虽然贫困表现为缺乏物质，表现为低收入，但是实质上却是缺乏能力、机会和手段。第四，贫困具有相对性，即从横向看，各个国家地区的贫困标准是不同的；从纵向看，贫困是一个历史概念，即使在某年或某几年里贫困是静态的，但是在一个比较大的时间跨度里，是动态的。

2. 贫困的标准

所谓贫困标准，又称贫困线，或称“最低生活保障线”，是指在一定的时间、空间和社会经济发展阶段的条件下，维持人的基本生存所必须消费的物品和服务的最低费用。在衡量中国农村的贫困状况时，最为常用的贫困标准有两个：一个是国家统计局制定的农村贫困标准，也称政府贫困标准；另一个是世界银行的国际贫困标准。

（1）国际贫困标准

世界银行是国际上研究贫困问题的权威机构，通常所说的国际贫困标准是指世界银行发布的贫困标准。1990 年，世界银行确定了每年 370 美元的国际贫困标准，按 1985 年购买力平价计算，每年 370 美元的高贫困线很快被简化成“1 天 1 美元”的贫困标准，被各界熟知并广泛接受。1994 年，世界银行对贫困标准重新进行了研究，按 1993 年的购买力平价测算，最贫困国家的平均贫困线约为每天 1. 8 美元。2008 年，世界银行根据 15 个最穷国家的平均国家贫困标准，确定每天 1. 25 美元的标准。同时，世界银行根据其他发展中国家的国家贫困标准的中位数，确定每天 2 美元的标准。因此，长期以来，世界银行主要用每天 1. 25 美元和每天 2 美元标准衡量发展中国家的贫困状况。每天 1. 25 美元的标准是与“基本温饱”对应的极端贫困标准，用来衡量联合国千年发展目标实现程度的极端贫困标准；而每天 2 美元通常代表“稳定温饱”的高贫困线。2015 年 10 月 4 日，世界银行按照购买力平价计算，将国际贫困线标准从此前的 1 人 1 天 1. 25 美元上调至 1. 9 美元。

（2）国内贫困标准

伴随着 20 多年的高速经济增长，中国在反贫困方面取得了举世瞩目的成就，贫困发生率大幅度下降。党的十八届五中全会上，“2020 年要全面建成小康社会”的目标被明确提出，由此，“反贫困”成了十三五期间的工作之重。对此，《公报》提出了新的目标要求：“在我国现行标准下，农村贫困人口全部实现脱贫，贫困县全部摘帽，解决区域性整体贫困。”

历史上，我国所采用的贫困标准的演化可以分为 3 个阶段：1986—2000 年期间，由于我国农村贫困面较大、贫困人口很多，在当时的财力下，我国采用绝对贫困标准来制定扶贫计划，扶贫的主要目的是解决农村贫困人口温饱问题。当时，国家统计局首次确定了贫困人口的标准：每年收入低于 206 元。2000 年，国家统计局根据农村人均纯收入和物价指数的变动对其进行了调整：每年收入低于 625 元。2000—2008 年期间，随着我国经济的迅速发展，国家统计局借鉴国际经验开始制定相对贫困标准，由此，我国出现双重扶贫标准：一个是绝对贫困标准在，2005 年对其做出调整：每年收入低于 683 元；2007 年该标准为：每年收入低于 785 元。另一个是 2000 年制定的 865 元的低收入标准，到 2007 年调整为 1 067 元。2008 年以后国家将绝对贫困线和相对贫困线进行了合并，采用 1 067 元的贫困标准；2009 年国家把扶贫标准上调至 1 196 元；2010 年，农村（人均纯收入）贫困标准是 1 274 元；2011 年，调整到了 2 300 元。见图 2-2[①]。

从 2011 年起，我国将农村扶贫的标准提高到年人均收入 2 300 元。比起 2010 年的标准年人均收入 1 274 元，新标准提高了 80%。当年，按照这个标准，我国的农村扶贫对象增加到 12 238 万人。该标准与国际扶贫标准相比较：按照最新人民币购买力平价美元（1 美元相当于人民币 3. 506 元）计算，2 300 元人民币相当于 656 美元，平均到 365 天，是 1. 8 美元，比世行的新标准少 0. 1 美元；而按照 2015 年的标准现价 2 855 元计算，相当于每天 2. 2 美元，略高于 1. 9 美元的国际极端贫困标准，该标准是符合实际国情的，因为中国作为一个中等偏上收入国家，其贫困标准理应高于基于世界最贫困国家制定的国际贫困线。2011 年，中央财政投入扶贫专项资金 272 亿元，2012 年投入 332 亿元，2013 年投入 406 亿元，2014 年投入 433 亿元，2015 年投入 460. 9 亿元。到 2015 年年底，农村贫困人口下降到 5 575 万人。按前 5 年的平均减贫速度每年减贫 1 332 万人来

① 数据来源：历年《中国农村贫困监测报告》

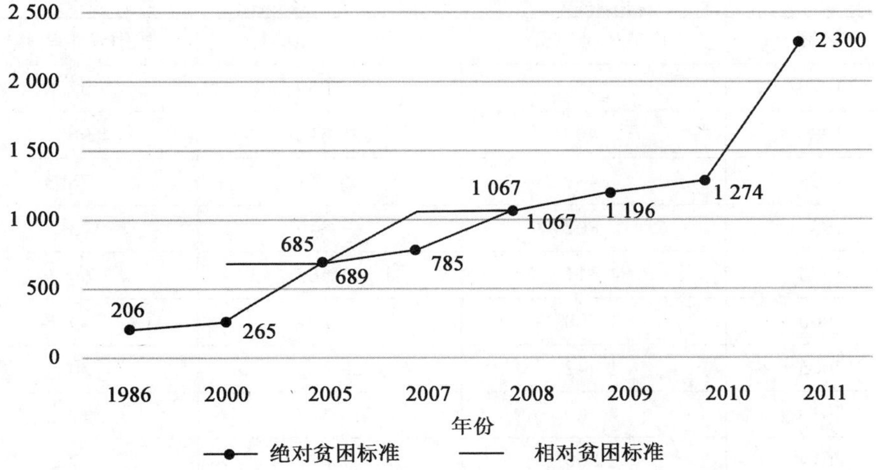

图 2-2　中国扶贫标准变化图（单位：元）

注：我国在 2008 年前有两个扶贫标准，第一个是 1986 年制定的 206 元的绝对贫困标准，该标准以每人每日 2 100 大卡热量的最低营养需求为基准，再根据最低收入人群的消费结构来进行测定。2007 年调整为 785 元。第二个是 2000 年制定的 685 元的低收入标准，到 2007 年调整为 1 067 元。2008 年，绝对贫困标准和低收入标准合一。

计算，“农村贫困人口实现脱贫，贫困县全部摘帽，解决区域性整体贫困”的目标有望在“十三五”期间实现。

3. 我国农村贫困问题概述

经过 30 多年的扶贫开发，我国反贫困事业取得了显著的成效，贫困人口逐年下降、贫困面不断缩小，大大地缓解了农村的贫困状况。但是，扶贫开发到了“啃硬骨头”的阶段，反贫困事业举步维艰，扶贫任务任重道远。

第一，贫困人口逐年下降，但扶贫难度逐渐增加。我国的贫困标准在不断调整，贫困人口数量在不断下降。在同一扶贫标准下，1978—2016 年间，我国农村贫困人口从 77 039 万人减少到 4 335 万人，农村贫困人口减少了 94. 3%（表 2-1）。这一成就是值得骄傲的，但与此同时应该看到，我国农村贫困人口依然还有 4 335 万人，这一人口数量众多，规模依然较大。另外，从趋势来看，我国农村贫困人口规模和贫困发生率的下降趋势越来越平缓，表明我国农村反贫困政策成效呈现出边际递减效应，农村扶贫开发工作面临的形势越来越严峻。

表 2-1　按现行农村贫困标准衡量的农村贫困状况

年份	扶贫标准（元）	贫困人口（万人）	贫困发生率（%）
1978	366	77 039	97.5
1980	403	76 542	96.2
1985	482	66 101	78.3
1990	807	65 849	73.5
1995	1 511	55 463	60.5
2000	1 528	46 224	49.8
2005	1 742	28 662	30.2
2010	2 300	16 567	17.2
2014	2 800	7 017	7.2
2015	2 855	5 575	5.7

数据来源：2015 年《中国农村贫困检测报告》

第二，贫困面逐渐缩小，贫困人口分布日趋集中。改革开放之前，我国农村贫困人口分布在全国各个地区，地区差异并不明显，但是随着我国渐进式改革政策的实施，社会经济发展水平呈现出显著的非均衡性，特别是经过“国家八七扶贫攻坚计划”和“农村扶贫开发纲要”实施以后，我国农村贫困人口快速减少、贫困面逐步缩小，贫困分布发生了显著变化，主要体现在以下几个方面：

从地域分布来看，贫困人口主要集中于中西部地区。当前，我国农村贫困人口主要集中在我国发展较为落后的中部及西部地区，2014 年，一半以上的农村贫困人口仍然集中在西部地区。具体来看，西部地区农村贫困人口 3 600 万人，贫困发生率为 12.4%；中部地区农村贫困人口 2 461 万人，贫困发生率为 7.5%；东部地区农村贫困人口 956 万人，贫困发生率为 2.7%。西部、中部、东部地区农村贫困人口占全国农村贫困人口的比例分别为 51.3%、35.1%和 13.6%（图 2-3）①。

从地势分布来看，贫困人口向高寒山区集中。从地势上来看农村贫困人口主要集中在偏远的经济发展落后的山区，山区贫困人口占农村贫困人口的比重增

① 数据来源：2015 年《中国农村贫困监测报告》

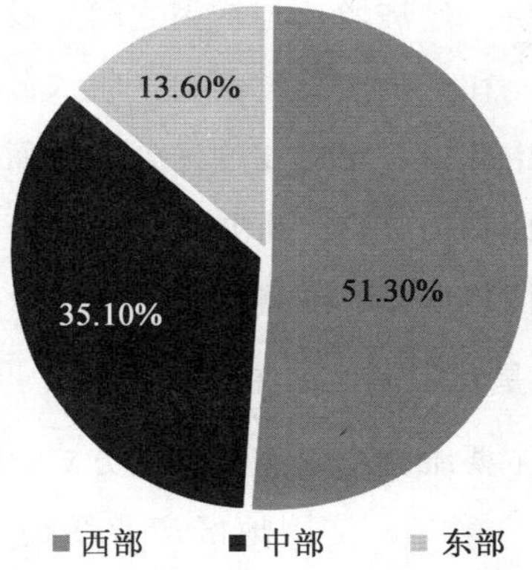

图 2-3 2014 年农村贫困人口的地区分布

加。我国农村贫困分布呈现出集中分布的状态，主要集中分布在山区或高原山区。贫困地区的空间分布与生态脆弱地区呈现出了高度的耦合，相较于传统的18片区已有了较大的变化，在空间分布上呈现出了“大分散、小集中”的基本格局。

第三，生态环境恶化成为贫困地区脱贫的瓶颈。改革开放以来，中国部分农村地区依靠其丰富的资源脱离了贫困，但是随之当地生活水平的日益提高，生态环境问题渐渐浮出了水面。由于基础薄弱，求富心切，这些开发大多建立在环境破坏、浪费资源行为上，基本上都是“竭泽而渔”的掠夺性开发和“有水快流”短期利益行为主导。“越穷越垦、越垦越荒、越荒越穷”正是现在很多贫困地区流传的一句名言，此外，过度放牧、过度砍伐使得我国草地和森林的覆盖率越来越低，风沙化、盐碱化现象严重，种种行为造成了脱贫的农村地区往往生态环境恶化严重，使得贫困地区的脱贫工作雪上加霜。

2.1.3 当前农村经济发展与贫困之间的关系

对经济增长与贫困的关系，国内外学者存在着不同的观点。经济增长论者从“涓滴效应”出发，认为经济增长有利于贫困的减少；而其反对者则以库兹涅茨倒“U”假说为依据，认为在经济发展初期阶段由于收入差距扩大而使经济增长不利于贫困减少。严格来讲，经济增长与贫困之间并没有必然的联系。但是大部分国家经济发展过程表明，在经济增长过程中，收入分配不会急剧恶化，所有贫穷者可以在经济增长过程中获得一定程度的好处，从而减轻贫困。另外，多项研究对不同国家之间的横截面数据进行分析并且表明经济增长与贫困的减少之间有着正相关关系。还有，贫困地区多伴随着经济水平低下，这一点是毋庸置疑的。

1. 经济发展水平低下是贫困地区的主要表现

第一，我国贫困地区主要维持小农经济发展方式，生产方式原始、生产手段落后，导致经济发展缓慢。第二，贫困地区产业结构单一，主要以第一产业为主，很难形成产业链经济，因此无经济附加值的创造。由于我国农产品价格极低，造成贫困人口的生产经营利润率极低，使得农户整体收入水平大大落后于全国平均水平。第三，贫困地区农户职业结构为体力主导型，技术结构层次低，文化结构落后，这都会阻碍农村经济的发展，减缓社会财富的增量，人均收入自然也会处于较低的水平。以上因素都造成了一个结果，即贫困地区的收入水平远远低于全国农村平均水平（图 2-4）。

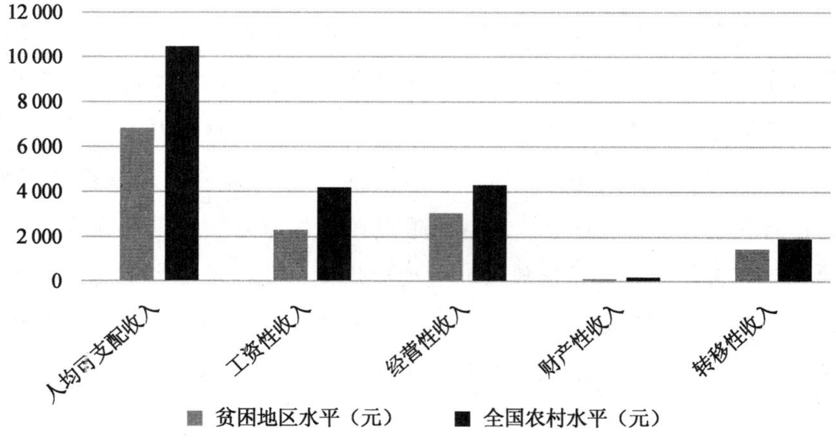

图 2-4　2014 年贫困地区和全国农村分项收入对比

2. 经济增长能有效减少贫困

经济增长对农村脱贫的作用很大。一般地，经济增长会拉动农村居民的收入，而农村居民收入的提高使得贫困人口脱贫成为可能，有效降低贫困人口数量。因此，经济增长是农村贫困减少的原因，且主要通过农村人均纯收入的提高来影响农村贫困的变化趋势。而经济增长在多大程度上能减少贫困至少取决于两个因素：

第一是经济增长速度。经济增速越快，减贫效果越明显。从1980—2015年我国人均GDP与贫困发生率（图2-5）的走势可以看出，二者的变化趋势相反。

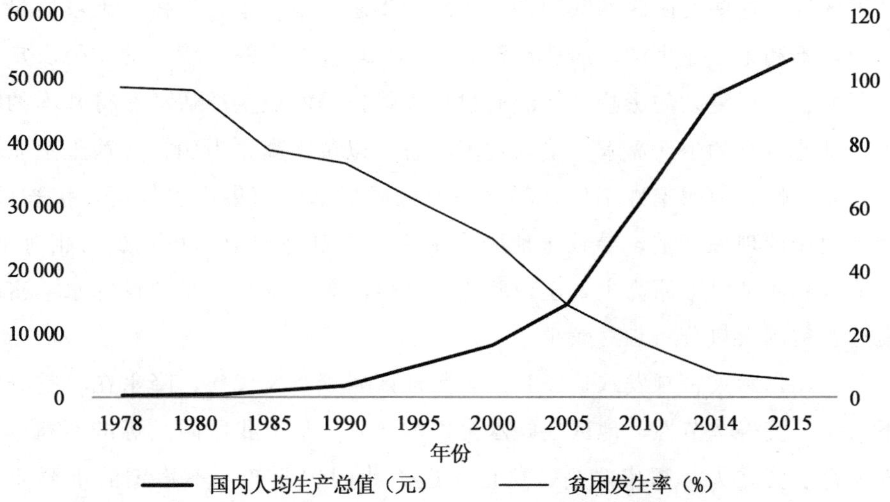

图2-5 1978—2015年我国人均GDP与贫困发生率的情况

第二是收入不平等程度。当收入差距缩小时，经济增长减少贫困的效应更大。

2.2 农村贫困问题的根源分析

2.2.1 环境因素

1. 自然环境因素

自然环境恶劣是造成我国农村贫困的主要因素之一。我国广大农村贫困人口主要分布在地貌复杂、自然灾害频发的地区，自然条件恶劣、生态环境脆弱、可耕种土地规模较小，导致农村人口生存环境严酷，收入来源有限，贫困现象频频发生。

第一，生存环境恶劣致贫。从全国的地理特征上看，我国西部连片的贫困地区可以分为黄土高原贫困区、西南喀斯特山区贫困区、青藏高原贫困区、蒙新干旱贫困区等。这些贫困区的共同特征体现为生态环境较差，气候、土壤质量、地形等因素不利于农业生产。居住在资源匮乏、环境恶劣的环境下的贫困农户，受气候干燥、地形复杂的影响，无法通过从事耕作等农业生产活动获得基本的收入来源，维持自身的生活需求，陷入贫困状态。以黄土高原为例，其黄土土质十分疏松，直立性强但团聚性不好，加之华北区域夏季降雨集中多暴雨，植被破坏、表面土地侵蚀现象严重，导致土地肥力下降，可耕种土地面积减少。相对来说，东部地区总体上以平原为主，土地肥沃、气候温暖、湿润，季节性降水丰富，农业发达，贫困人口分布相对较少。

第二，自然灾害频发致贫。我国多数地区属于季风气候，降水在时空分布上的不均衡，使得季节性、地区性缺水更加的严重，加上我国防洪标准不高，造成洪涝灾害强度之大、频率之高，这也是造成我国农业产量不稳定的重要元素之一。世界上每年的旱涝灾害，导致经济上的损失占各类自然灾害总损失的一半以上，在我国自然灾害中也位列首位。另外，由旱涝灾后引起的虫灾也对农业有着致命性的影响，使得粮食减产数呈明显上升的趋势。以甘肃省为例，甘肃省贫困人口主要集中分布在中部、东部和南部地区，这些地区气候寒冷阴湿，冻、旱、涝、雹、滑坡、泥石流等灾害频繁，十分不利于农业生产和农村发展。其中中部干旱地区、南部高寒阴湿及少数民族地区，不时发生旱灾、霜冻等灾害均会导致作物减产，农户收入下降。

2. 社会环境因素

第一，基础设施落后。贫困地区农村基础设施的建设，是贫困地区农村社会经济发展的物质基础。当前，贫困地区的基础设施仍很落后，农村基础设施建设面临着诸多问题，严重制约了贫困地区农村经济发展。

以南宁市西乡塘区金陵镇为例，2005 年，南宁市西乡塘区委员会对该地的贫困状况进行了调查，全镇共 27 个贫困村，总人口 11 444 人，处于贫困线下的有 8 194 人，占总人口的 72%。其中相对贫困人口 7 906 人，占总人口的 69%，而绝对贫困人口 287 人，占总人口的 3%。该地基础设施建设极为落后，主要表现在以下几个方面：一是交通难。27 个贫困村中，未通汽车的有 21 个。“交通难”导致农副产品流通难，市场占有份额低，农产品收购价格降低，农民增收难。二是饮水难。据统计，全城区贫困村中还有 18 个自然村 6 328 人饮水难问题尚未得到解决。调查的 27 个贫困村中自来水入户仅有 320 户，大多数群众还没用上清洁卫生的自来水。三是用电难。全城区贫困村中虽已不存在无电村，但由于基本未进行农村电网改造，用电损耗大，因此经常缺电。四是通讯难。调查的 27 个贫困村中，尚有些村、屯未通电话，未通广播电视①。

无独有偶，在广西贫困自然村中，基础设施同样严重缺乏。截至 2014 年底，全区行政村到乡镇未通沥青（水泥）路里程 18 797 公里，自然村到行政村未通沥青路村数 30 817 个，占贫困自然村总数的 41. 14%，未通客运班车的贫困村为 3 058 个，占总贫困村的 61. 16%，由于交通条件差，生产生活和物资运输受到严重影响，生产成本大幅增加。另外，未通生活用电的自然村为 658 个，未通生产用电的自然村为 6 217 个；已通电自然村（20 户以上）中通宽带的村数为 24 782 个，仅占总贫困自然村数的 33%；无文化图书室的贫困村有 1 058 个，占总贫困村数的 21%。由此可见，基础设施落后是导致贫困的一大因素。

第二，劳动力缺乏。实现农业和农村现代化是贫困农户脱贫致富的关键，这就需要培养千千万万有技术、会经营、懂管理的新型农民。然而，青壮年劳动力过度流失造成了农村的“空巢化”，使得农村现代化建设主体缺失。农村青壮年劳动力的过度转移，使得许多农村只剩下妇女、儿童和老人，即所谓的“386199 部队”，从事农业生产的人口面临着年龄老化、整体文化素质偏低等结构失衡问题，他们难以接受新的科技知识，影响了农业科学技术知识的普及、良种的推广以及新技术的采用，不利于农业结构调整和农业深度、广度开发，不利于农业的可持续发展与农村经济的改善。

① 数据来源：南宁市西乡塘区贫困村基本情况调查报告。

2.2.2 经济因素

第一，农村经济增长缓慢。贫困地区经济发展落后，无论是GDP总值还是人均GDP，都远远低于全国平均水平。农村经济增长缓慢的直接影响是农户收入低下，导致农户入不敷出，贫困现象加重。以贵州省为例：作为全国的贫困大省，截至2016年6月，其GDP在全国位列25名，经济发展水平落后。从2010—2015年贵州省生产总值来看，一直远低于全国平均生产总值，且人均生产总值不足国内人均生产总值的1/2（表2-2），经济增长缓慢、经济发展落后是导致贵州省贫困的主要因素之一。

表2-2 贵州省和全国的GDP与人均GDP情况

年份	贵州省		全国	
	地区生产总值（亿元）	全省人均生产总值（元）	国内平均生产总值（亿元）	国内人均生产总值（元）
2010	4 602.16	13 119	13 323.56	30 876
2011	5 701.84	16 413	15 783.89	36 403
2012	6 852.2	19 710	17 431.21	40 007
2013	8 086.86	23 151	19 045.88	43 852
2014	9 266.39	26 437	20 773.35	47 203
2015	10 502.56	29 938.54	23 496.17	52 990

数据来源：各年《全国统计年鉴》和《贵州省统计年鉴》

第二，经济结构不合理。从总体情况来看，农村贫困地区中第一、第二和第三产业比例严重失衡。其中，第一产业比重过大。据统计，国家贫困县的第一产业增加值所占比重比全国县市的平均水平要高出10%左右，尽管近几年有所下降，但仍然要高出6%～8%①，所以从经济增长结构的角度看，农村贫困地区的经济增长中第一产业贡献了更多的份额，这显然是不利于脱贫的。更为严重的是，在第一产业中，种植业比重大而养殖业比重小。一方面，在种植业中，能带来较高附加值的经济作物比重低而粮食种植比重大，但是，由于受国际粮价以及

① 数据来源：历年《农村贫困监测报告》计算所得。

气候等因素的影响，近十几年来我国粮食价格一直在低位徘徊，如果考虑通货膨胀因素，甚至粮食价格是在下降的，而粮食单产却没有明显提高，导致那些以种粮为主的农民的实际收入下降，无法成为脱贫致富的助力；另一方面，少量的养殖业也因为过于分散无法形成规模效益，对于农民脱贫意义不大，尤其是很多农民养殖牲畜并非是为了增加自己的收入，而仅仅是为了自家食用，这种自给自足的小农意识也成了脱贫的障碍。

第三，资金缺乏。资金作为两大生产要素之一，是经济增长的内生动力。贫困地区之所以难以脱贫，主要因素之一是受到资金的制约，难以满足生产的基本条件。贫困地区资金缺乏主要表现在两方面：

一是财政扶贫资金投入规模小，效益低。从财政扶贫资金规模看，近年来中央财政投入的专项扶贫资金逐年增加，从 2005 年的 130 亿元增加到了 2015 年的 461 亿元，年均增长 13%；但从扶贫投入占财政支出比重来看，仅占 1.5%左右，且 2014 年后有所下降（表 2-3）。从扶贫资金人均占有来看，增长极不稳定，且增长率有下降的趋势。

表 2-3　2005—2015 年中央财政专项投入情况表

年份	中央财政支出		中央财政扶贫专项支出		扶贫投入占财政支出比重（%）	贫困人口人均占有资金（元）
	金额（亿元）	增长（%）	金额（亿元）	增长（%）		
2005	8 776	11.2	130	6.6	1.5	549.7
2006	9 991	13.8	137	5.4	1.4	637.8
2007	11 442	14.5	144	5.3	1.3	973.8
2008	13 344	16.6	167	16.0	1.3	416.8
2009	15 256	14.3	197	18.0	1.3	547.7
2010	15 990	4.8	223	13.4	1.4	829.6
2011	16 514	3.3	270	21.1	1.6	210.9
2012	18 765	13.6	332	22.1	1.8	335.4
2013	20 472	9.1	406	22.3	2.0	492.2
2014	22 571	10.3	427	5	1.9	603.9
2015	25 549	13.2	461	8	1.8	826.9

资料来源：根据历年《统计年鉴》和《农村贫困检测报告》计算得出。

从扶贫资金的使用效益上看：一方面，扶贫对象并不明确。我国历年的贫困人口数量并不是一个精确的统计数据，而是根据抽样调查推算得出的，使得扶贫工作没有明确的指向性，导致扶贫资金使用效益大打折扣；另一方面，我国的扶贫县退出机制不健全。十几年来，我国贫困县只增不减，其中很多贫困县只是名义上的，只是为了能获得扶贫资金，即使实际上早已摆脱贫困的境地，却仍然不愿意摘下贫困县的帽子，这使得本来就不充裕的扶贫资金不能全部用于真正的贫困者，其使用效益可想而知。

二是金融发展落后，融资困难。农村金融不发达，不能为农业生产技术的改进、规模的扩大提供初始资金，极大地制约了农户增收。另外，农业生产周期长，资产周转速度慢，且容易受到自然灾害等不确定因素的影响，一旦造成损失，对于单个农户来说很有可能将难以翻身的。当下虽然取消农业税后，农户的负担减轻，且政府给予农户补助，但是补贴金额不高，难以从实质上改变农户的生活，也不能解决农户启动资金以及应对自然灾害等风险。因此资金缺乏严重制约贫困地区经济发展，不利于贫困地区脱贫发展。

2.2.3 制度原因

1. 户籍制度存在弊端

随着我国经济发展和改革开放的不断深入，现行农村户籍制度的弊端和滞后性逐渐显现出来。首先，户籍制度阻碍了农村剩余劳动力的合理流动。现行户籍制度将城乡分割，劳动力流动受到严格限制，大量农村人口被迫留在土地上成为农村剩余劳动力。其次，二元户籍制度导致公民权利不平等。与户籍制度相匹配的一系列，如住房、医疗、教育制度等附加制度只有城镇居民被赋予享受的权利，对农民利益构成极大损害，极度不公平。最后，制约了中小城镇的发展。公民自由居住和迁徙的权利被取消，人口城市化的自然历史过程被延误，同时城镇建设的劳动力需求与户籍制度的劳动力限制迁移的矛盾，城镇化发展缓慢。户籍制度在城镇和乡村之间架起了一条难以跨越的劳动力、技术、资金、市场壁垒，阻碍了生产要素在城乡之间流通，城市相对充裕的资金没有进入农村，同时农民参与进入市场和资本市场的渠道都十分有限，阻碍了农产品市场的扩张和农业产业化的进程，使得农业生产难以持续增长，对农村居民收入增加造成了严重影响，严重制约了农村经济的发展。

2. 农村社会保障制度不健全

城乡社会保障的差异使农村居民无法享受充分的社会保障。现行社会保障的不足直接影响了农村生活质量，甚至因无法获得基本社会保障而间接致贫。我国社会保障呈现城乡二元状态，城乡社会保障无论是在覆盖率、保障水平还是保障项目上城乡不均等化。

一是养老保险。目前，我国农村面临着青壮年人口的大规模转移，加之农村人口的老龄化，农村老年人的规模越来越大。由于传统的城乡分治与二元结构造成许多农村老年人因病致贫或缺乏足够养老资源而陷入贫困，老年农民老无所养的问题越来越严重，因此发展养老保险尤为迫切。近年来，尽管养老保险已经在农村大面积推行，但仍然存在着一系列问题：首先，内容设计不够合理。我国农村养老保险制度推广采取的由点及面试点方法。然而，农民的基础养老金实质上是老年福利性质，而采取完全积累的个人账户形式，这种账务模式并不符合社会保险十足互助共济与分担风险的基本原则。其次，农民参保意识低。目前从试点地区的实施情况看，农民普遍选择 100 元或者 200 元的低缴费档次，这一方面反映了农民对新农保试点方案推行的顾虑，另一方面也反映出方案对农民选择高缴费档次甚至是参保本身的激励性不足。最后，政府扶持力度小，农保保障水平低。以当前年龄为 46 岁的农户为例，假设该农户每年按 100 元标准缴费，连续缴费 15 年，个人共计缴费 1 500 元，年满 60 周岁时每月可领养老金也 72. 39 元。按照现在的物价和经济水平来看，根本无法满足其日常开支。

二是医疗保险。我国长期实施的二元经济体制致使城镇和农村在居民保障上存在严重差距，致使农村医疗存在财政投入不足、基础设施薄弱、设施简陋、医疗器械破损和医疗人才缺医疗机会及能力有限等多方面的问题。这些都使得农民的健康得不到有效的保障。农民生不起病，因病返贫、因病致贫的问题极其突出，这在很大程度上加重了农民生存和生活的负担，严重制约了农村经济和社会的稳定发展。2004 年，我国开始实施新型农村合作医疗制度，在一定程度上减轻了农户的负担，但由于缺乏激励机制，农民参保热情不高。由于新型农村合作医疗制度是以大病统筹为目的的，主要是解决农民的大病医疗负担，而患大病具有偶然性，因此，农民会因为患大病的概率小而不愿意保险费参加统筹。2016年，国务院发布《国务院关于整合城乡居民基本医疗保险制度的意见》，提出整合城乡居民医保制度，统一覆盖范围、统一筹资政策、统一保障待遇，该政策的实施对贫困农户的生存发展具有极大的意义。

3. 农村金融制度不完善

一是农村金融主体支农积极性不高。一方面，中国农业银行、农村信用社和农业发展银行是我国服务于农村的主要金融机构，但在体系结构、业务范围、服务对象方面一直存在向城市转移的倾向。以农业银行为例，农业银行作为国有商业银行，关注点已经从农村转向了城市，业务范围也逐渐从农业转向工商业，对农领域范围的服务逐渐弱化。另一方面，小额信贷具有瞄准精度高、还款率高等优点，成为扶贫开发的主导方式之一。但是小额信贷就其本身性质而言，也有其制度上的缺陷。首先，小额信贷要进行经常性的小组会议，需要每周或每月定期还款，这对贫困农户和管理者而言管理成本都很高。其次，小额信贷在改善贫困地区农民生产、生存条件方面的效果不显著，被扶持的农户抵御市场风险和自然灾害的能力很弱。再次，出于项目成功率的考虑，目前国内大多数小额信贷项目瞄准的并不是真正意义上的贫困农户，而是具备还款能力的“亚贫困农户”。由此可见，小额信贷无法满足绝对贫困人口的脱贫需求。另外，民间的各种金融组织虽然活跃，但是还缺乏正规的管理，存贷款利率较高，金融风险依然较高。

二是金融体系的运行效率较低，无法满足金融市场的需求。我国农村金融制度运行效率不强，主要表现为：农村金融市场还不发达，农村信用社金融服务相对落后，产品服务不完善且品种单一，缺乏多元化；缺乏完善的联行系统，导致工作衔接不顺畅；农村企业的投资渠道选择比较单一，间接融资是农村金融市场的主要手段。

三是农业保险覆盖面较窄。我国农业保险发展速度缓慢，而且各保险公司开展农业保险的积极性不强。现有的保险险种主要集中于人身险、财产险等比较简单的保险业务，产品服务种类比较单一，结构也比较简单，在农业生产中的风险规避效果不明显，越来越不能满足农业保险日益增长的需求。

4. 就业制度缺乏公平

随着城乡预期收入差距扩大和农业技术的进步，农村转移就业不断增加，这虽然增加了农民的工资性收入，增加了城市劳动力供给，但是现行的就业制度不足成为农民工的发展和农村脱贫产生的阻碍。在农民工保障方面，农民工并没有获得与他们所做贡献相对等的各种社会保障，增加了农民工“疾病致贫”“意外致贫”的可能。城乡二元就业制度造成了城乡劳动力就业机会和劳动权保障的不均等，限制了农村劳动力的流动，缩小了就业范围。

5. 农村土地产权制度存在缺陷

农村地区长期陷入“贫困陷阱”的主要根源之一在于农村土地产权制度缺陷导致的经济“外部性”和“搭便车”行为。20 世纪 70 年代后期，我国确立了以家庭联产承包责任制为核心的农村土地经营制度，该制度替换了原来的人民公社制度，使广大农民获得了部分土地使用权和处置权，极大地激发了农民从事农业生产经营的积极性和主动性，从而促进了农村生产力的发展和农户家庭收入的增长。但是，经过二十多年的发展，当原先被压抑的生产力被完全释放出来之后，隐藏在该制度深处的一些弊端和缺陷逐渐暴露出来，使该制度日益成为阻碍农村经济发展和农民收入提高的障碍。主要体现在以下几点：

一是产权主体不清。虽然我国《宪法》和《土地管理法》都明确规定农村土地属农民集体所有，但是，在实践中，村民小组、村委会、乡政府和一些集体经济组织都有可能成为农村土地的支配者，他们行使着土地所有者的权利，而农民则处于多方博弈的弱势地位，难以保护自身拥有的土地使用权和处置权，从而导致现实中大量农地流失，“土地寻租”现象时有发生，一些失地农户陷入贫困生活状态。

二是土地规模化经营不足。以家庭为基本单元的经营模式，必然要求农村土地按照家庭人口规模重新进行划分，从而导致土地细碎化。细碎化的土地无法适应现代化和机械化生产工具的运用，广大农民仍然保留着传统式农耕方法，他们无法从低级的生产模式中摆脱出来，致使农村劳动生产效率低下。

2.2.4 个体因素

1. 因病、因残、因学致贫现象严重

一是因病致贫。一方面，我国大多数贫困地区是地方病的多发地区，例如克山病、大骨节、碘缺乏症、氟中毒等。地方病持续时间长、发病率高，而消除致病因素难度大、防治较难，根除尤为困难。这些疾病给贫困地区人民的健康造成严重威胁，损害着贫困地区人口的智力和体力。这种低质量的人口状况，消耗掉大量的物质生活资料，造成社会沉重的精神负担和经济负担。同时，医疗资源大多集中于大城市，使得难以及时有效地对地方病进行预防治疗。一场大病往往会耗尽农户多年的积蓄，使得部分贫困户即便脱贫后，也仍然面临着巨大的返贫的风险。另一方面，农村青年选择外出打工，老人则留在农村，造成农村的人口老龄化问题较之城市更为严重。老年人口年龄增长、身体素质下降以及生理的自然老化，不仅使得劳动能力下降，一旦患病还将给家庭带来沉重的经济负担。

二是因残致贫。在我国分布于农村的残疾人口多于城市。根据第六次人口普查的结果显示：截至 2010 年底，中国残疾人口约为 8 502 千万，占总人口的 6.34%，其中大约有 75%分布于农村。目前全球有超过 10 亿的残疾人，其中 6 亿是在亚洲，中国的残疾人口达 8 500 万[①]，残疾人缺乏劳动技能，进而减少了创造财富的能力，使得农村贫困问题更加严峻。大量老弱病残人员滞留于农村，不能提供更多的生产力，却占据了有限的农村经济资源，进而影响农村扶贫工作的进展。

三是因学致贫。“因学致贫”是近几年为社会各界广为关注的问题，贫困的原因在于现在的教育成本越来越高，高额的学费让许多家庭难以承受，从而陷入贫困的深渊；另一方面，教育的预期收益率越来越低，投入与收益不成正比，使得很多贫困家庭依靠教育脱贫的愿望落空。

2. 农村人口受教育程度偏低，缺乏必要技术

当前，农村贫困人口面临着受教育程度低、缺乏改善生活的技能等问题。贫

① 数据来源：《关于使用 2010 年末全国残疾人总数及各类、不同残疾等级人数的通知》

困农户所具备的技能仅仅为部分种植技能、养殖技能，除此以外只能通过出卖体力劳动获取收入，鲜有其他生存技能。外出打工可以使农户获得相对于务农较高的收入，是摆脱贫困的重要途径之一。理想情况下农户可以进城后参与某一项工作，积累经验，成为熟练工种后，自然会获得较高收入，摆脱贫困；同时也可以积累资金、人脉，万事俱备后回乡创办民营企业，带动当地更多农户摆脱贫困。然而，这对农户往往难以实现。贫困农村更多的分布于贫困省份，提供的就业岗位、工作机会较少，即便到附近的城市进城务工，获得的就业机会也十分有限。而北上广深大城市每年均有大量的大学生、技术工人涌入，农户通常只能进行简单的重复性的劳动，鲜有提升自己的空间。

3. 贫困农户通过自身努力脱贫的意识淡薄

由于历史问题和自身原因，我国相当部分贫困农户形成了“等靠要”的思想，缺乏勤劳致富、努力脱贫的动力，这一点在领取低保的贫困户中尤其突出。贫困农户没有强烈的意愿通过自身努力脱离贫困，而是一味地等待政府的援助以及社会力量的救济，是导致贫困农村难以脱贫的根本原因。除了农户素质低，部分贫困农村的领导干部也存在消极扶贫思想严重的问题。由于政策原因，部分贫困县、贫困乡的领导不仅不积极寻找对策，帮助贫困户摆脱贫困，还以贫困县、贫困乡为荣，以获取更多的财政补助。上不行、下不效，起到了不好的带头作用，导致农户有相同的思想，得过且过，仅仅想凭借获取低保金而不想通过自身劳动摆脱贫困。

2.3 农村扶贫工作的历史与未来

2.3.1 我国农村扶贫工作的发展历程

新中国成立以来，我国农村扶贫开发工作经历了一个不断演变的历史过程，大致可以划分为5个阶段：基本消除了农村绝对贫困现象，大幅度提升了贫困地区和贫困人口的自我发展能力。

第一阶段 小规模的救济式扶贫阶段（1949—1978）

新中国成立初期，广大农村面临着普遍的生存性贫困问题。由于贫困人口数量庞大，财政状况又较为困难，这一时期的扶贫战略主要是小规模的救济式扶贫，即依托自上而下的民政救济系统，对边远落后地区、因灾致贫人口和战争伤残人口实施“输血式”生活救济。这种救济式扶贫战略，虽然保障了贫困人口的临界生存需要，却难以提高贫困人口的发展能力，不能从根本上摆脱贫困，“救急不救穷”。同时，传统计划经济体制的弊端和一系列错误指导方针的实施，进一步加剧了当时的农村贫困问题。到 1978 年，以农民人均纯收入 100 元为贫困线，我国农村贫困人口规模高达 2.5 亿人，占全国人口总数的 25.97%，占世界贫困人口总数的 1/4，农村贫困发生率达到 30.7%[①]。

第二阶段 农村经济体制改革推动下的发展型缓贫阶段（1979—1985）

1978 年召开的党的十一届三中全会，拉开了我国农村经济体制改革的伟大历程，也带动着农村扶贫事业步入一个崭新的历史阶段。当时，按中国政府确定的贫困标准统计，我国共有贫困人口 2.5 亿，占农村总人口的 30.7%。而导致农村普遍贫困的根本原因是农业经营体制不适应生产力发展的要求，束缚了农民的生产积极性，为“放权搞活”，我国推行了以家庭承包经营为基础、统分结合的双层经营体制，实施了提高农产品价格、发展农村商品经济等配套改革，极大地激发了农民的劳动热情，解放了农村的生产力。农村经济体制的深刻变革，促进了国民经济快速发展，并通过农产品价格的提升、农业产业结构向附加值更高的产业转化以及农村劳动力在非农领域就业三个方面的渠道，将利益传递到贫困人口，为这一时期我国农村经济的超常规增长和贫困人口的急剧减少提供了强劲动力。从 1978 年到 1985 年，农村人均粮食产量增长 14%，棉花增长 73.9%，油料增长 176.4%，肉类增长 87.8%；农民人均纯收入增长了 2.6 倍；农村居民人均纯收入从 133.6 元上升到 397.6 元，年均增长率接近 17%；农村绝对贫困人口由 2.5 亿下降到 1.25 亿左右，年均减少 1 786 万人；贫困发生率也由 30.7%下降到 14.8%[②]。

---

① 数据来源：国务院扶贫办，网址：http：//www.cpad.gov.cn

② 数据来源：国务院扶贫办，网址：http：//www.cpad.gov.cn

第三阶段：以贫困县为重点的区域型扶贫开发阶段（1986—1993 年）

20 世纪 80 年代中期，在改革开放政策的推动下，中国农村绝大多数地区凭借自身的发展优势，经济得到快速增长，但少数地区由于经济、社会、历史、自然、地理等方面的制约，发展相对滞后。贫困地区与其他地区，特别是与东部沿海发达地区在经济、社会、文化等方面的差距逐步扩大。此时，农村区域发展不平衡问题开始凸显，贫困人口呈现出明显的区域集中特点，主要分布在“老、少、边、穷”地区，需要推行有组织、有计划、大规模的帮扶措施。为缓解严峻的扶贫形势，我国于 1986 年成立了专门的扶贫机构——国务院贫困地区经济开发领导小组（国务院扶贫开发领导小组的前身），使农村反贫困步入规范化、机构化、制度化轨道。为帮助贫困地区从根本上摆脱贫困，我国推行了区域型扶贫和开发式扶贫战略，划定了 18 个集中连片的贫困带和一批国家级、省级贫困县，安排专项资金，出台优惠政策，通过基础设施建设和特色产业培育，增强其自我发展能力，建立“造血”机制。从 1986 年到 1993 年，592 个国家重点贫困县的农民人均纯收入从 206 元提高到 483. 7 元，年增长率在 13%左右；农村绝对贫困人口由 1. 25 亿下降到 8 000 万，年均递减 6. 2%；农村贫困发生率由 14. 8%进一步下降到 8. 7%[①]。

第四阶段：以特殊困难区域为重点的攻坚型扶贫开发阶段（1994—2000 年）

随着农村改革的深入发展和国家扶贫开发力度的不断加大，中国贫困人口逐年减少，贫困特征也随之发生较大变化，贫困人口分布呈现明显的地缘性特征。这主要表现在贫困发生率向中西部倾斜，贫困人口集中分布在西南大石山区、西北黄土高原区、秦巴贫困山区以及青藏高寒区等，导致贫困的主要因素是自然条件恶劣、基础设施薄弱和社会发育落后等。1994 年，以《国家八七扶贫攻坚计划》为标志，我国农村扶贫开发进入到全面攻坚阶段。对于特殊困难区域的贫困人群来说，经济体制改革和区域经济发展的扶贫带动效应弱化，必须采取更有针对性的攻坚战略。为此，中央政府大幅度增加扶贫开发投入，明确资金、任务、权利、责任“四个到省”的扶贫工作责任制，建立东部沿海地区支持西部欠发达地区的扶贫协作机制，并推行了入户项目支持、最低生活救助、科技扶贫、劳动

① 数据来源：国务院扶贫办，网址：http：//www. cpad. gov. cn

力转移、生态移民等多元化扶贫措施。到 2000 年底，国家“八七”扶贫攻坚目标基本实现，贫困县农民人均纯收入由 1993 年的 483.7 元增加到 1 321 元，农村绝对贫困人口由 8 000 万下降到 3 209 万人，贫困发生率减少到 3.4%①，基本解决了贫困人口的温饱问题，使我国农村贫困从普遍性、区域性、绝对性贫困向点状分布和相对贫困发生了转变。

第五阶段：以农村小康社会建设为目标的综合型扶贫开发阶段（2001 年至今）

进入 21 世纪，以《中国农村扶贫开发纲要（2001—2010 年）》（以下简称《纲要》）为标志，我国进入到综合扶贫开发阶段。《纲要》的出台，进一步肯定了加快贫困地区发展，促进共同富裕，实现到 2020 年全面建成小康社会奋斗的目标，到 2020 年，稳定实现扶贫对象不愁吃、不愁穿，保障其义务教育、基本医疗和住房。贫困地区农民人均纯收入增长幅度高于全国平均水平，基本公共服务主要领域指标接近全国平均水平，扭转发展差距扩大趋势。这一时期，我国农村扶贫开发具有许多新特征：第一，从扶贫对象看，将低收入农户纳入工作范围，公布了低收入贫困标准。第二，从扶贫瞄准看，由于农村贫困人口有近一半分布在重点贫困县之外，为提高扶贫资金的瞄准性，全国认定了近 15 万个贫困村，将瞄准重点转移到贫困村、贫困户。第三，从扶贫任务看，不仅是解决贫困人口的温饱问题，还要解决返贫问题；不仅强调经济开发，还要推动贫困地区教育、文化、环境等社会事业的全面进步。第四，从扶贫措施看，由于农村剩余贫困人口中许多是缺乏劳动自救能力的残疾人员、孤老和孤儿，依靠开发式扶贫很难使这些贫困群体脱贫，为此，政府加大了社会保障体系和生活救助的扶持力度。到 2007 年底，我国农村绝对贫困人口从 2000 年的 3 209 万人下降到 1 479 万人，农村贫困发生率下降到 1.6%；低收入贫困人口减少到 2 841 万人，占农村居民总人口的 3%。2008 年，我国为了尽快稳定解决扶贫对象温饱并实现脱贫致富的目标，规定从 2009 年起取消农村绝对贫困人口和低收入人口区别对待，将贫困线标准从人均年收入 786 元提高至 1 067 元。届时，我国扶贫对象由 1 479 万人增至 4 300 多万人，占全部农村人口的 4.6%。至此之后，我国政府高度重

① 数据来源：国务院扶贫办，网址：http：//www.cpad.gov.cn

视扶贫开发工作，截至 2016 年，贫困人口已降至 4 335 万人，扶贫成效显著。

综上所述，中华人民共和国成立以后，特别是改革开放以来，我国农村的大规模贫困得到了极大缓解，农村贫困发生率大幅度下降，贫困地区的基础设施和生产生活条件显著改善，各项社会事业发展较快，为国民经济持续健康发展，为缓解区域、城乡发展差距，为政治稳定、社会和谐、民族团结、边疆巩固发挥了重要功能。同时，我国的扶贫开发成效也多次得到国际社会的高度评价，联合国开发计划署在《2005 年人类发展报告》中指出，“中国在全球千年发展目标中所做的贡献，给予再高的评价也不过分。如果没有中国的进步，整个世界在减贫方面从总体上说是倒退了。”中国的扶贫开发对全人类反贫事业做出了重大贡献：一方面，我国的成功减贫加速了世界减贫进程，扭转了过去 50 多年世界贫困人口持续上升的趋势；另一方面，我国创造的政府大规模减贫计划的经验，也为其他国家提供了借鉴的榜样。

2.3.2 我国农村扶贫工作面临的问题

1. 绝对贫困人口脱贫难度加大

经过多年的扶贫开发工作，我国广大农村贫困地区的贫穷落后状况明显改观，那些处于自然资源条件相对较好地区的贫困群众也大多摆脱贫困，解决了温饱问题。但不可否认，我国多数贫困地区经济、社会、文化落后的状况仍未得到根本改变，特别是居住在地域偏远、交通不便、生态环境恶化、自然灾害频繁地区的绝对贫困人口，脱贫致富的道路依旧漫长而艰难。具体而言，上述状况的出现主要源于以下几点因素：一是这些地区的贫困群众观念相对落后、文化技术素质较低，自身脱贫能力有待提高；二是人口分布相对分散，生存和发展的自然环境欠佳，生产生活条件难以根本改变；三是基础设施和社会服务功能很差，教育、医疗、卫生和文化设施等建设落后。总之，主客观因素的叠加，加大了剩余绝对贫困人口脱贫的艰巨性。21 世纪以来，我国在不断增加扶贫开发资金，不断加强扶贫开发措施的情况下，贫困人口脱贫速度不增加反而逐年减缓的现象，也充分说明农村绝对贫困人口的脱贫难度日益增大。

2. 脱贫人口脆弱，返贫现象易发

在解决绝对贫困人口问题的同时，反返贫成为我国扶贫开发工作中的新课题。统计数据显示，我国现有的贫困人口当中，近 2/3 属于返贫性质。另外，在已初步脱贫的几千万人口中，由于多种不利因素的掣肘，他们仍然存在很大的脆弱性，并处于极不稳定的状态，甚至稍有冲击就会重返贫困境地。这种脆弱性主要体现在：一是贫困人口多处于自然灾害多发或生态环境脆弱的地区，土地等资源质量较差，防灾抗灾能力相对不足，在特殊情况下，这些人极易返贫；二是当前我国农村社会保障体系尚不完善，这也部分导致初步脱贫的低收入人群抗风险能力较差；三是诸多尚未稳定解决温饱的群众自身综合素质较低、能力不高，以致很难迅速提高家庭收入和物质积累；四是由于我国人口基数较大，在今后相当长的一个时期将面临极大的就业压力，这必然会影响到贫困人口的就业，使他们的生活蒙上阴影。此外，市场冲击、经济波动等也是导致低收入人口返贫的重要因素。

3. 非收入贫困现象比重趋高

截至 2016 年，城镇居民人均可支配收入 33 616 元，农村居民人均可支配收入 12 363 元，二者差距为 21 253 元，城乡居民收入水平差距比为 2. 73 : 1[①]。同时，农村内部收入差距也呈扩大趋势。无疑，城乡之间、农村内部收入差距的逐年拉大，导致了“马太效应”的凸显，即在经济社会发展过程中，部分贫困人口非但没有脱贫致富，其相对弱势地位反而更加突出。日益严重的“贫富差距”，一方面源于居民之间收入水平分布的不均等，另一方面也与当前多种非收入因素的存在密不可分。中国在几十年的扶贫开发过程中，在收入贫困减少方面成绩显著、在非收入贫困减少方面成绩欠佳的事实，就恰恰印证了这一点。近年来，城乡、区域之间基本公共服务水平差距拉大等非收入因素的存在，导致了农村返贫率提高和农村非收入贫困比重增加，具体表现为：由于农村养老、医疗、教育等方面制度不健全，诸多家庭因病致贫、因病返贫的现象时有发生，子女教育投入过大陷入贫困的境况屡见不鲜，另外，因未参保而产生的养老问题也日益突出。这些问题越来越引。发我们的困扰与担忧。

① 数据来源：《2016 年国民经济和社会发展统计公报》

4. 扶贫资源投入效益递减

近几年，我国扶贫开发资金投入数目逐年增大，2016 年中央财政安排专项扶贫资金 667 亿元，比上年增长 43.4%，但扶贫开发边际成本加大、扶贫资源投入效益递减的趋势越来越明显。导致这一现象的原因主要体现在两方面：一方面，当前以贫困区域为单位的扶贫开发战略，使国内贫困人口呈现出“大分散，小集中”的分布格局，这就直接造成了扶贫开发综合体系的分割，以及扶贫工作实际开展的“各自为政”。另一方面，全国各地贫困人口的离散布局，也对农村扶贫开发工作提出了新的要求，首要的就是必须面对过高的监督成本问题。在扶贫开发“规划到户、责任到人”方案的具体实施中，存在着极难操作的复杂问题。此外，当前我国在扶贫资金的分配、管理和使用中尚未形成严格规范的制度，各级政府、中介机构、农户之间不可避免地会开展多重博弈，甚至出现挤占和挪用扶贫资金的现象，致使扶贫资源利用效率低下。

5. 市场风险致贫、返贫现象凸显

经济发展过程中，市场风险致贫、返贫现象日益凸显，对此，我们务必要给予足够的重视。当前，导致农民贫困或者返贫的市场风险主要分为两类：一是农民承包经营中的市场风险。该类风险虽然源于市场本身固有的变化，但却与农产品生产经营特性密不可分。通常而言，由于农业生产周期相对较长，且生产决策与农产品上市销售在时间上被分割，由此所造成的农业生产周期性波动，就使得农产品生产经营的市场风险变得难以避免。二是农民非承包经营中的市场风险。科技进步、社会分工、市场经济及其各类产业的发展，给市场主体提供了广阔的经济活动空间和无限的商业机遇。改革开放后，许多农民正是利用上述空间和机遇，通过自主地支配和使用家庭所拥有的各类生产要素，独立地从事非承包经营范围的经济活动，而取得了可观的非承包性经营收入。但是，市场竞争的残酷事实表明，这些经营活动同样具有很大的市场风险，特别是对于那些所从事的非承包经营活动规模较大的农户，因其筹措和投入的资本数量较大，故他们一旦遭遇市场风险，就很可能会背上沉重的债务，导致贫困或者返贫。

6. 反贫困主体单一，社会力量参与有限

一直以来，我国反贫困的主体只有中央和各级地方政府，上级政府下达政策方针，下级政府便去执行，而少有其他非政府部门的参与。由于换届、执行效率等问题，政府主导的扶贫在连贯性、灵活性等方面不足。随着我国贫困形势从绝对贫困到相对贫困的转变，也随着我国经济的发展、政府职能的转变，以政府为单一扶贫主体的反贫困模式已经难以适应新时期的反贫困需要，反贫困模式需要改变。这样一方面能够减轻政府负担，提高效率；另一方面还可以动员各方面的力量，共同努力，使反贫困工作取得更大成效。

2.3.3　我国农村扶贫工作的发展趋势

1. 我国农村扶贫工作的新形式

第一，扶贫重点从反绝对贫困到反相对贫困。随着经济的发展，人类基本生活需求的内涵不断扩大，贫困的相对性特征开始显现，相对贫困的概念随之产生。相对贫困标准要明确的是相对中等社会生活水平而言的贫困。它的产生主要源于两方面：一方面是指由于社会经济发展，贫困线不断提高而产生的贫困；另一方面是指同一时期，由于不同地区之间、各个社会阶层之间及各阶层内部不同成员之间的收入差别而处于生活底层的那一群组人的生活状况。在当今发达国家，随着经济的发展，绝对贫困已经在很大程度上得到了缓解。但由于贫困的相对性，消除相对贫困是非常困难的。所以，这些国家已适应贫困演变趋势，将反贫困工作的重点逐渐从消除绝对贫困转移到治理相对贫困上来。因为贫困的相对性永远存在，治理相对贫困将是一个长期的过程。同时，解决相对贫困的过程也是一个缩小贫富差距、促进社会融合的过程。因此，反贫困政策从反绝对贫困到反相对贫困的转变不仅体现了全球经济的发展、贫困的缓解，更体现了社会的进步。

第二，扶贫主体从政府为主到主体多元。政府虽然在各国的反贫困行动中发挥着重要作用，但政府并非唯一的行动者，贫困人口、市场组织、民间组织等都是反贫困中不可或缺的行动主体。首先，作为贫困人口本身，其不但是反贫困中的工作对象，更是重要的反贫困主体，反贫困工作不能缺少贫困人口的积极参与。其次，市场经济发达国家如美国，在价值取向上强调政府不干预贫困问题，而是通过对私营企业减税、产业结构调整等手段增加就业，这一政策曾在克林顿执政前三年就创造了800万个就业机会。这种增加就业、减缓贫困的方式多依赖于市场组织即企业。以企业行动为主的促进就业反贫困模式不仅有助于长期改善贫困，还可以减少政府的负担。另外，很多国家的民间组织也将扶助贫困作为工作内容，通过慈善捐助等一系列形式为反贫困做贡献，并取得了显著的成就。各国反贫困经验表明，以政府为主导的多元反贫困主体组合，基于政府社会政策通过不同方式各自发挥自己的作用，多管齐下，使贫困得到了显著改善。

第三，扶贫内容从反物质贫困到反文化贫困。随着反贫困工作的进展，研究者们发现：贫困从表面上看是经济性的、物质性的，而实际上是深层的社会文化在起着作用。这种社会的、文化的或心理的因素长期积淀后就形成落后的心态和一成不变的思维方式、价值取向，进而形成顽固的文化习俗和意识形态，即贫困文化。这种文化实际是对贫困的一种适应。一旦形成贫困文化，陷入其中的人将不自知，在外人看来他们就是“安于贫困”，缺乏“进取精神”。基于这一认识，当今发达国家反贫困的内容已不仅仅限于救助生活的反物质贫困，更注重贫困人口的心理层面和文化氛围，将其从“自甘堕落”的贫困文化的泥沼中拯救出来，正所谓“扶贫先扶志”。只有先从心理上摆脱贫困的习惯，才能在行动上去努力改善贫困。

第四，反贫困方式从生活救助到资产建设。随着经济社会的发展，发达国家对于贫困人口的帮助除了直接给予食物和津贴，更试图推动穷人的资产建设，以使其不仅从生活上摆脱贫困，更能够获得长远的发展。迈克尔·史乐山（Sherraden Michael）教授就是资产社会政策的积极倡导者，他倡导“资产”为基础的社会救助机制，通过政府、家庭及就业三项经济来源来鼓励贫困户家庭累积金融性的资产，并提升其理财技能，其所形成的福利效果在短期内不但可以提升贫困家庭的基本消费水准，在长期的福利效果上还可以由累积的资产衍生出更多的所得收入继续提升其消费水准或累计更多的资产。资产建设强调个人进行长期的资产积累，以推动个人和家庭的发展。作为一种反贫困方式，其主要适用于以相对贫困为主的发达国家。例如，美国于1998年明确了资产社会政策的法律地位，并开展了被称为“美国梦”的个人发展账户示范工程；英国也为低收入家庭儿童建立了终身账户；此外，在加拿大、澳大利亚、乌干达、秘鲁和中国台北也都陆续建立起了资产社会政策的试点或示范工程。资产建设不仅能改善贫困人口的长期生活状况，更能促进人的独立与自足，从而为社会的长期发展奠定基础。

第五，扶贫方法从传统方法到专业方法。西方社会工作的理论和方法较为发达，在当今反贫困工作中他们也很好地运用了这点，以克服传统的行政式反贫困方法的不足。在美国鼓励贫困人口就业的过程中，社会工作者及相关组织就做出了很大贡献。社会工作者通过专业的方法和组织对贫困者进行就业辅导和职业训练，并为他们提供大量的就业信息。另一方面，通过这些培训和与社会工作者的交流，也有助于贫困者摆脱自己的贫困文化，促进其脱离贫困。因此，注重社会工作方法在反贫困中的运用也是发达国家重要的反贫困经验。

2. 我国农村扶贫工作的未来趋势

面临新形势、新挑战，特别是针对扶贫开发中存在的扶贫项目效益不稳、扶贫资源难以整合、扶贫政策与其他涉农政策协调不足等痼疾，必须进一步优化扶贫战略，重构扶贫机制、完善扶贫政策。

第一，完善扶贫目标瞄准机制，做好扶贫对象扩大后的识别工作。严格界定、及时调整扶贫对象，确保扶贫资源准确、适度、高效投入和扶贫开发政策惠及真贫。为提高扶贫目标的“瞄准度”，应扩大贫困人口建档立卡的范围，加强动态管理，即时调整评定指标和认定资格，并通过随机抽查、基层调查、标准量化细化等方式，尽可能减少贫困信息的不对称情况。同时，坚持分类指导的原则，对具有劳动能力和开发潜力的贫困人口，帮助其脱贫致富；对缺乏开发条件区域的贫困人口，帮助其易地脱贫；对丧失劳动能力的特困人口，完善社会救济和最低生活保障制度，保证其基本生活。

第二，完善扶贫项目选择机制，减少扶贫资源的错配和漏出。重新界定扶贫项目选择权的归属和选择标准，应走出政府掌握项目选择权的误区，充分发挥贫困农户和扶贫龙头企业的主体功能，建立“依靠市场机制，遵从市场选择，企业掌舵，政府和贫困户搭船”的项目选择机制，政府的主导作用应侧重体现在监督、保障扶贫效益惠及真贫上。同时，为使低收入贫困群体真正受益，应通过加大各级政府投入，降低配套资金要求等途径，降低扶贫项目的准入门槛。

第三，完善扶贫资源管理机制，提高整合使用效益。扶贫资金的分部门管理在一定程度上调动了有关部门的扶贫积极性，但同时也是我国扶贫资源缺乏凝聚力、扶贫效益不理想的制度根源之一。为整合扶贫资源，提高扶贫效益，必须建立部门间联席会议制度，并通过简化环节、划转职能、协调项目等途径，突破部门各自为政、分割管理的利益壁垒。

第四，完善长效扶贫机制，突出产业化扶贫和人力资源开发。要实现稳定脱贫，必须提高贫困地区和贫困人口的持续发展能力，建立农村扶贫开发的长效机制。应把握两个关键环节：一是完善产业化扶贫机制，强化产业支撑。继续推进细胞工程和龙头企业培育，在扶贫项目的安排上，既要坚持到村到户，又要注重打造区域扶贫产业带，形成“小项目、大群体”的发展格局，提高区域产业的集群竞争力。对于特殊类型的贫困地区应进行连片开发，合力攻坚，以片区为单位制定综合发展规划，设立专项资金，加大支持力度。二是完善人力资本开发机制，强化人力支撑。继续加大对贫困地区的教育投入，保障贫困者公平的受教育权利，并完善劳动培训和就业服务体系，发展新型合作医疗和其他社会事业，全力提升贫困人口的基本素质。

第五，完善扶贫政策协调机制，统筹财政、金融、社保、生态等政策设计，形成扶贫合力。扶贫是一项系统工程，扶贫效益的最大化有赖于各项政策之间的协调、配套，以弥补政策疏漏，形成扶贫合力。财政政策应适应扶贫标准上调的要求，加大转移支付和项目倾斜力度，逐步实现各地区公共服务供给的均等化目标，对特殊困难区域加强专项扶持；金融政策应继续深化农村金融体制改革，建立多渠道、多层次筹集扶贫资金机制，通过加快村镇银行、资金互助社、小额信贷公司等新型金融服务机构的发展，满足贫困农户对小额信贷的要求；社会保障政策应极力扩大低保、养老、新农合制度在贫困地区的覆盖面，使之与扶贫开发政策紧密衔接，为贫困人口设立最后一道生存防线；此外，对于生态功能突出的贫困地区，应健全资源和生态补偿的长效机制，提高补偿标准，探索就业、社保、生态移民等多种补偿方式，最终形成一个相互补充、相互衔接、相互促进的多层次扶贫政策体系。

2.4 小结

扶贫开发事关巩固党的执政基础，事关国家长治久安，事关社会主义现代化大局。深入推进扶贫开发，是建设中国特色社会主义的重要任务，是深入贯彻落实科学发展观的必然要求，是坚持以人为本、执政为民的重要体现，是统筹城乡区域发展、保障和改善民生、缩小发展差距、促进全体人民共享改革发展成果的重大举措，是全面建设小康社会、构建社会主义和谐社会的迫切需要。必须以更大的决心、更强的力度、更有效的举措，打好新一轮扶贫开发攻坚战，确保全国人民共同实现全面小康。

第 3 章

农村扶贫金融体系建设概况

实现 2020 年全面建成小康社会目标，关键在于补齐“短板”，其中必须补好扶贫开发这块“短板”。没有贫困地区的小康，没有贫困人口的脱贫，就没有全面建成小康社会。但随着经济进入新常态，财政收入增长趋缓、支出压力增大。这就需要在坚持政府投入在扶贫开发中的主体和主导作用基础上，增加金融资金对扶贫开发的投放。

习近平总书记指出，打好扶贫攻坚战，要采取稳定脱贫措施，建立长效扶贫机制，把扶贫工作锲而不舍地抓下去。所以，金融扶贫不能仅仅是开拓扶贫资金渠道，而更要形成稳定的、长效的机制，形成助推脱贫、脱贫巩固和脱贫致富的反贫困治理能力。这就需要建立机构、技术、监管、基础设施和政策支持五位一体的、多元多层的、具有中国特色的农村扶贫金融体系，并自觉内化为党的十八届三中全会《中共中央关于全面深化改革若干重大问题的决定》提出的“国家治理体系和治理能力现代化”的重要组成部分。

3.1 农村扶贫的理论探索与实践导向

3.1.1 农村金融扶贫的相关理论

1. 金融抑制与深化理论

金融抑制理论是 20 世纪 70 年代美国经济学家麦金农（McKinnon，1973）

和肖（Shaw，1973）两人基于不同角度论述和分析了“金融”与“经济”二者之间相互制约、相互影响的关系，并根据研究发展中国家的实际情况，提出了金融抑制和金融深化的观点。金融抑制是指政府在整个社会的经济活动中，采用了过多使得利率、汇率扭曲的金融政策及金融工具，对市场上的金融活动乃至金融体系进行了较为过度的干预，使金融体系的发展出现“畸形”，而金融体系的畸形发展又阻碍了经济发展，造成了金融抑制和金融活动的不良循环。

解决金融抑制的唯一途径就是进行金融深化，金融深化就是要充分发挥市场本身的调节作用，通过利率和汇率，来使供求状况得到充分的反映，并对通货膨胀进行有效的控制。尽可能减少政府对金融活动的影响。

2. 农业信贷补贴理论

20世纪80年代以前，农业信贷补贴理论是当时流行的主导学说。该理论的假设条件是农民尤其是农村贫困人口没有储蓄能力，投向农村的资金不足问题普遍存在，这也是由农业的风险性较高和收益性较低等产业特性导致的，因此金融机构不愿意把农业作为服务对象。要想缓解贫困人口的贫困的问题，进一步增加农民收入，就必须从农村外部注入政策性资金，就必须由政府出面去引导建立一种非盈利性的金融机构进行资金分配。此外农村中也存在着地下金融，农民借款时的利率要高很多，就导致了农民越来越穷。为了消灭高利贷，就需要所在农村的银行支行机构和农信社一起发挥作用，需要向农村投入了大量低息的贷款。同时，还必须实行以扶贫为目标的专项小额贷款。

3. 农村金融市场理论

20世纪80年代“农村金融市场理论”被提出逐渐取代了“农业信贷补贴论”。与农业信贷补贴论的假设前提相反该理论强调市场机制的作用。该理论假设农民和贫困人口是有储蓄能力的，由外部对农村内部进行资金注入是没有必要的。许多发展中国家的经验表明，如果存在储蓄机会和激励机制，大多数贫困者会进行储蓄，贴息贷款政策很难实现其促进农业发展和对穷人倾斜的收入再分配目标。贷款用途的可替换性使得贴息贷款不一定用于农业生产中，且贴息贷款也为富农通过不合理方式占有提供便利。

该理论强调农村金融对市场的依赖性，它不支持政府对金融实行干预，正是由于利息补贴的存在才导致了补贴信贷活动的缺陷。它认为金融机构可以根据市场的变化来决定利率，这样就能降低它的经营成本，使它能够持续发展。实行利率市场化也能有效的动员农村进行储蓄，这就会使他们更不依赖外部资金，在对待资金上，农户也会具有责任意识，会自己去管理资金。农村金融市场理论的功效比我们想象的要小。利率自由化对农户来说，他们可能仍然借不到他们期望的资金数额，这是因为借款的成本要比以前高了。所以政府仍需要介入来照顾小农户的利益。在一定情况下，对于发展中国家来说，政府介入农村金融还是有一定道理的。

4. 不完全竞争市场理论

自20世纪90年代以来，人民普遍意识到有效率的金融市场需要政府参与进来。以美国经济学家斯蒂格利茨为首研究提出的不完全竞争市场理论逐步被理论界所接受，其核心主要是指发展中国家的金融市场是一个不完全竞争的市场。金融领域的信息具有一定的“外部性特性”，存在严重的信息不对称，借款人的信息不能被作为贷款方的银行等金融机构充分了解，如果完全依靠市场配置金融资源，金融市场则会存在缺陷，不能有效地发挥作用。因此，为了补救市场失灵这一问题，有必要采用如政府适当介入金融市场、借款人的组织化等非市场要素对这一情况进行一定的改善。

同时，不完全竞争市场理论为小额信贷参与农村金融扶贫也提供了一定的理论基础，使得小贷公司进一步参与到农村金融市场指明了方向，突出了小贷公司参与到农村金融扶贫中所存在的问题——农村金额市场的信息不对称、较高的交易成本，为小贷公司参与农村金融扶贫的可持续性做了一定的贡献。

3.1.2 金融扶贫的特点

对于金融扶贫，目前我国仍在探索阶段，尚未有准确的定义。通常情况下，将金融扶贫定义为通过促进农村金融体系的发展，为农户提供贷款、担保、农业保险等金融服务，使农户改进种植、养殖技术，扩大生产规模，实现收入增长。

金融扶贫具有主体性、可持续性、市场性、创新性、商业性等特征，可以有效地弥补传统意义上财政扶贫中的不足。

1. 主体性

与财政扶贫的主体不同，金融扶贫的主体是金融机构。政府在其中可以通过财政补贴、政策支持等方式起到促进作用，但是在实际操作中的主体是金融机构而非政府。主体的不同会带来不同的影响。金融机构的经营以营利为目的，会更加关注农户的生产状况，甚至指导农户改进技术、增加产量，以保证农户有足够收入还本付利。由于与农户有着更加紧密的联系，金融扶贫会起到更好的效果。

2. 可持续性

金融扶贫的资金通过在农户与农村金融机构间的循环不断创造收益，以达到持续扶贫的目的。财政扶贫的资金由政府划拨，靠国家的政策支持以及地方政府的财政税收作为保障，一旦政府政策出现变动或财政紧张，财政扶贫很有可能被迫中断。但是金融扶贫依靠的农村金融机构，只要农户在生产中有金融服务的需求，且可以持续盈利，金融扶贫就能够不断地通过“银行放款—农户生产—收回放款”的循环持续下去。

3. 市场性

不同于财政扶贫的政府干预，金融扶贫由市场进行干预。农户与市场的脱节，不能参与到市场的分工中来一直是农村经济发展面临的重大阻碍，金融扶贫可以加强农户与市场的联系，由市场进行资源的配置效率更高，更有助帮助农户提高生产效率，进而脱离贫困。

4. 竞争性

参与金融扶贫的金融机构同样面临来自市场中其他金融机构的竞争，在竞争中便需要不断地改进经营方式、提升效率、降低成本，以保持在市场上的竞争力。在竞争中也会不断寻求更好的方式，与贫困户达到互利双赢的目的，帮助贫困户脱贫。

5. 创新性

财政扶贫实现的是政府转移支付的功能，通过从财政中划拨款项，补贴那些极度贫困的或丧失劳动能力的人口。而金融扶贫关注的是比较贫困的且有能力、有意愿通过自身努力摆脱贫困，实现自我增值、自我发展的贫困人口。同样是帮助贫困人口，但二者的帮扶对象不完全相同，可以互为补充。且部分贫困人口实现自我增值、脱贫致富后，还可以带动地方产业增收，帮助改善其他贫困人口的生活福利。

6. 商业性

财政扶贫具有杠杆和政府指向职能，具有无偿性的特点；但是金融扶贫中，金融机构以营利为目的，而落脚点在扶贫，因而对金融机构的经营方式也是挑战。

总体而言，金融扶贫通过贫困户与金融机构间的良性互动，动态的、持久的给予贫困户资金上的支持，帮助贫困户通过自身收入的增长、参与市场的分工，最终摆脱贫困。

3.1.3 农村金融扶贫的必要性

1. 金融扶贫的作用

从国际层面来看，贫困问题是世界各国都关注的问题，既是经济问题，又是政治问题。如何消除贫困引起了政府和学者的高度重视，尤其是我国当前贫富差距的进一步扩大，扶贫问题更是成了政府和学者们关注的焦点。而金融是经济的血液，其对于产业扶贫，综合扶贫具有举足轻重的作用，可以说任何扶贫项目都离不开金融资金的介入。因此，金融扶贫成为各国解决贫困问题的有力武器。

2. 我国国情的要求

从我国国情层面来看，由于我国仍处于社会主义的初级阶段，地区经济发展的不平衡，分配制度的不健全等因素，导致贫富差距也在渐渐扩大，随之而产生的贫困问题变得愈发显著。贫困问题已经成为我国经济持续快速发展迫切需要解决的制约因素，因此，当前的扶贫工作已然成为我国政府进一步发展经济，促进社会稳定和发展所要考虑的首要任务。我国政府正在从试点逐步推开的农村金融体制改革将直接关系到我国 2020 年整体实现小康的战略目标的实现，具有极其重要的政治、经济和社会意义。同时党中央、国务院印发了《中国农村扶贫开发纲要（2011—2020 年）》，根据党中央扶贫开发纲要的精神，新十年的农村扶贫开发进入到了攻坚阶段。

3. 农村是金融扶贫工作的重点

从我国农村现状来看，我国是一个人口众多，贫困现象普遍存在的发展中国家，贫困人口的绝大多数在农村，所以扶贫开发工作离不开农村，农村的金融扶贫工作任重而道远。解决农村贫困人口温饱问题，减缓并最终消除贫困是新世纪亟待解决的重大课题。通过对农村金融扶贫体系的研究，可以为我国政府制定合理的农村扶贫政策提供有说服力的科学依据，同时，又可以促进农村金融扶贫资金的市场化运作和持续性发展，达到“授之以渔”的目的，进而提高扶贫成效。

3.2 农村扶贫金融体系建设是全面建成小康社会的重要路径

3.2.1 贫困人口如期脱贫是全面建成小康社会的历史要求

党的十八届五中全会提出了全面建成小康社会新的目标要求，强调“到 2020 年，我国现行标准下农村贫困人口实现脱贫，贫困县全部摘帽，切实解决区域性整体贫困问题。”习近平总书记在 2014 年底召开的全国经济工作会议上指出：“小康不小康，关键看老乡，关键是贫困老乡能不能脱贫。”因此，全面建成小康社会是农村居民和城镇居民一道迈入全面小康社会。

按照我国现行的年人均纯收入 2 300 元人民币（2010 年不变价）的农村贫困标准计算，截至 2016 年底，我国仍有 4 335 万贫困人口。实现 2020 年农村贫困人口全部脱贫，贫困县全部摘帽，每年仍需减贫 1 000 多万人。因此，全面建成小康社会最艰巨最繁重的任务在农村，特别是在贫困地区。没有农村贫困地区的小康，是不完整的小康。

3.2.2 稳定脱贫是全面建成小康社会的必要前提

我们要实现的脱贫，不是某一时点的暂时脱贫，而是稳定脱贫、全面脱贫，进而走向致富。稳定脱贫是全面脱贫和走向致富的前提，需要长效机制的支撑。脱贫和致富的主体是贫困农户，扶贫的主导和主责是政府，在脱贫工作进入攻坚拔寨阶段后，建立扶贫长效机制，更要处理好政府和市场的关系，建立健全产业扶贫和金融扶贫等长效机制，发挥好长效机制的反贫困治理作用。

1. 稳定脱贫难度加大

近年来，随着大规模扶贫开发的推进，我国贫困问题发生了相应的变化，突出表现在三个方面：一是农村贫困人口的分布日益分散。我国的贫困人口约有10%零星分布于东部地区，约28%相对集中分布在中部地区，其余的约62%主要以集中连片形式分布在西部地区①。划定的592个国家重点贫困县仅覆盖了全国62%的农村贫困人口和52%的低收入人口②。二是农村贫困人口的贫困性质呈现阶层化特征。具体表现为，与这些贫困地区的非贫困人口相比，贫困人口往往是那些在地区经济资源和政治资源分配格局中处于不利地位的人，而且在贫困人口中少数民族人口的贫困问题日益突出，占有较高比例。三是贫困人口脱贫的脆弱性大。农村低收入人口的收入波动很大，贫困地区的低收入人口每年的返贫率都在30%左右。这些在贫困线附近徘徊的低收入人口，一旦受到不利的自然或经济因素影响，很难摆脱再次陷入贫困的境地，脱贫的脆弱性很大。

2. 稳定脱贫需要政府和市场共同作用

目前，由于城乡二元结构问题由来已久和地区非均衡发展战略的实施，城乡和地区基本公共服务供给处于失衡状态。农村基本公共服务供给的严重缺失使农村居民，尤其是农村贫困群体难以享有基本的公共服务，制约他们脱贫和发展能力的提高。因此，需要政府加大对贫困地区基础公共服务的投入。国家优惠政策也应向农村地区、边远地区、贫穷地区倾斜，重视对贫困人口的支持和保护。财

① 国家统计局农村经济社会调查总队，2001.

② 刘坚. 中国农村减贫研究 [M]. 中国财政经济出版社，2009，35.

政资金应优先向社会发展的薄弱地区倾斜，缩小发展差距。要逐步构建和完善农村基本公共服务体系，加大对农村公共卫生和基本医疗、农村最低生活保障、农村基础教育和培训的支持力度。

扶贫工作是一响复杂的社会系统工程，短时间内检验扶贫成果并不科学，在很长一段时间后，若扶贫成果仍保持稳定，才算扶贫工作的真正成功。过去的扶贫政策只是给予资金上的援助以及适当的项目开发，而贫困居民依旧没有掌握脱贫致富的技巧，一段时间后又出现了返贫现象，脱贫工作没有取得实际意义上的成功。由此可见，为实现稳定脱贫必须建立有效的返贫机制，这不仅需要政府的引导支持，还需要发挥市场的调节功能。“授之以鱼不如授之以渔”，贫困农户要实现真正的稳定脱贫，需要稳定的产业带动和持续的金融支持，以便其在脱贫过程中和脱贫后不断提高自我发展能力，主动适应市场、运用市场，成为合格的市场主体。

在反贫困治理中，政府与市场的关系是既相互补充又相互促进。在贫困地区的扶贫开发中，政府的财政资金投入快速有效地改善了贫困地区基础设施，为市场作用的发挥奠定了长期的物质基础，如道路、通讯等基础设施建设为市场配置资源提供了便利，提高了农产品的商品化率，也为农村剩余劳动力外出务工创造了有利条件。而农户主动利用市场机制，在产业发展和金融支持下将本地资源禀赋转化为经济收入，则可加快稳定脱贫进而致富的步伐。

3.2.3 稳定脱贫需要金融资金的有力支持

目前，政府在扶贫投入中占据主导地位，但是在经济下行压力下，中央和贫困地区地方政府财政均增长趋缓，需要金融资金的支持。此外，2016 年底之后，贫困县陆续摘帽，从扶贫阶段进入脱贫巩固阶段。脱贫巩固阶段既要保证基本脱贫农户不返贫，又要实现脱贫农户自我发展能力提升，为致富奠定基础。这需要脱贫农户逐步从政府关怀中独立出来，具备在市场条件下开展生产经营的能力。

因此，新时期的扶贫开发工作，应充分认识到，金融资金支持扶贫工作，既是资金压力之下的现实选择，也是扶贫工作从脱贫攻坚到脱贫巩固阶段的必由之路。只有将财政资金和金融资金有机结合起来，将政府支持和金融支持两种机制结合起来，充分发挥金融资金在扶贫脱贫工作中的作用，才能有力推动全面小康社会的建成。

3.2.4 金融扶贫将在反贫困治理中发挥越来越大的作用

金融是货币流通和信用活动以及与之相联系的经济活动的总称。作为市场经济的产物，金融已经进入到了经济社会生活中的各个角落，金融已经成为当代经济社会不可或缺的重要组成部分。金融支持农户脱贫致富，实质就是以扶贫富民为出发点，以财政扶贫资金扶持为主导，以信贷资金市场化运作为基础，以建立有效风险防控机制为支撑，以扶贫机制创新为保障，解决农民贷款难问题，放大资金效益，做大做强扶贫特色优势产业，引导贫困、脱贫农户提升自身发展能力，主动适应市场经济，加快贫困地区、贫困农民增收致富步伐，为扶贫攻坚打下坚实基础。

金融扶贫有利于放大扶贫资金总量。通过扶贫资源的合理配置，促使金融机构放大对贫困地区和贫困人口的信贷投放，用财政扶贫资金撬动金融扶贫资金，发挥滚雪球效应，逐步增加扶贫资金总量，扩大扶贫覆盖面，加大扶贫力度，加快扶贫进度。

金融扶贫有利于提高农户的思想认识。金融扶贫资金的有偿使用，可使农户转变“等、靠、要”的思想，增强自我发展的动力和积极性，培育主导产业，让扶贫工作从“输血型”向“造血型”转变。

金融扶贫有利于充分发挥政府和市场两方面的作用。合理有效配置扶贫资源，将有限的资金用于支持和鼓励贫困户发展生产脱贫工作上，集中力量解决突出问题，最大限度地激发和调动贫困地区干部群众的积极性和创造性。

总之，开展金融扶贫工作，对改革创新扶贫工作体制，加快转变扶贫开发方式，构建政府、市场、社会协同推进的扶贫大格局，促进贫困地区经济社会发展，具有极其重要的现实意义。

3.2.5 农村扶贫金融体系建设的重要意义

建设农村扶贫金融体系是推进我国反贫困治理体系和治理能力现代化的重要举措，也是国家治理体系与治理能力现代化的重要组成部分。改变我国贫困状况不是一朝一夕的事情，需要持续不断地改善金融服务，必须探索并建立适合我国国情的扶贫金融体系，共同发挥金融机构、政府与被扶贫对象的作用，才能保证金融扶贫真正取得效果，助推贫困人口真正实现全面小康。

农村扶贫金融体系的构建对我国反贫困治理意义重大：

第一，农村扶贫金融体系的发展有利于在我国农村形成多元化的金融体系，更好地解决广大农户尤其是贫困农户的资金困难问题，提高其收入水平，加快脱贫步伐。

第二，农村扶贫金融体系的发展有利于引导脱贫农户主动提升自我发展能力，巩固好自身脱贫成果，并逐步走向致富。

第三，扶贫金融机构可以从贫困农户、脱贫农户和带动贫困农户的新型农业经营主体需求出发，创新金融技术产品，降低单位交易成本，实现转型升级，并在与农户的持续发展中形成良好的互促关系，培养客户忠诚度，实现持续盈利。

第四，可实现从政府主导到市场主导的转变。从政府为主、市场为辅的脱贫攻坚阶段到政府和市场并重的脱贫巩固阶段，再到市场为主、政府为辅的致富发展阶段的扶贫、脱贫、致富三阶段来看，于贫困县陆续开始摘帽的当前系统建立农村扶贫金融体系，形成金融扶贫的长效机制，逐步使市场在脱贫致富中发挥决定性作用，恰当其时。

第五，发展农村扶贫金融体系还有利于加快农村金融发展，缩小城乡经济水平的差距，改善我国经济发展中的贫富差距状况，使更多的人享受到金融服务并以此促进国民经济的健康发展；农村扶贫金融体系还有利于在广大贫困农户中树立“人人平等”的金融服务理念，促使金融服务机构更加关注贫困人员的金融服务，扩大农村金融服务覆盖面，促进“三农”工作的有序健康开展，把以农为本的理念贯彻到经济活动的全过程；农村扶贫金融体系还可以拓宽金融服务行业的业务范围和盈利空间，促进金融业的全面健康发展。

3.3 国内金融创新对扶贫金融体系建设的积极意义

3.3.1 金融机构创新为构建农村扶贫金融体系奠定了现实基础

一是国家开发银行在吸取国际经验和结合中国国情的基础上，通过与地方政府和金融机构合作，为农商行提供批发资金，并辅导农商无抵押无担保小额信用贷款技术。国家开发银行和中国农业发展银行还都在2016年建立了扶贫金融部，专门从事金融扶贫业务，特别是加强了对易地搬迁和农村基础设施建设的支持力度。

二是农行、邮储行两个在农村网点较多的大型商业银行都成立了“三农金融事业部”支持农业发展和农村基础设施建设。

三是银监会于2006年推出了村镇银行、贷款公司和农村资金互助社三类新型农村金融机构，增加农村金融供给，满足农村地区多元化融资需求。

四是中国人民银行于2005年推出了小额贷款公司，对接农村市场需求。

五是各具特色的民营银行获批设立，其中不乏希望银行、网商银行这样深度介入农村金融业务的基于互联网技术的新型银行。

六是与农村贷款业务相匹配，很多地方政府建立了以助农、兴农为目标的政策性担保公司，解决农业经营主体融资缺担保问题。

七是新三板和区域性股权交易市场丰富了农业产业化龙头企业的融资渠道，利于其更好带动贫困农户脱贫。

3.3.2 金融技术创新为扶贫金融体系提供了技术保障

传统金融技术一般要求资金需求方提供抵质押物、第三方担保、财务报表和历史活动记录（含生产记录和借贷记录）等条件，然后在此基础上进行少量分析。而无论是贫困农户、普通农户还是带动贫困农户发展的新型农业经营主体普遍都缺乏以上要件。在这种情况下，传统金融技术无法真实、准确、快速、全面掌握农户的信息，金融机构也就没有意愿为其提供金融服务。这便出现了信息不对称，从而导致了农业经营主体融资难。可喜的是，目前部分金融机构通过创新抵质押和担保，并采用的现场调查、打分卡和大数据等普惠金融技术，契合了农业经营主体“缺抵押、缺质押、缺担保、缺报表、额度小、用款急”的融资需求特点，有效满足了农村各方面经济体的需求。

3.3.3 地方金融监管破冰为农村扶贫金融体系提供了外部风控保障

随着农村金融不断发展，无论是农村金融机构的种类、数量，还是农户贷款的额度及产品的数量，都呈迅猛发展之势。与此同时，农村金融风险也不断显现。目前“一行三会”的垂直监管体制在服务大中金融机构、培育金融市场、防范金融风险、促进金融服务实体经济方面发挥了重要作用，但由于缺乏足够力量和手段掌握“规模小、分布散”的农村小微金融机构、小微经济体的局部知识，导致对农村金融机构的垂直监管和农村金融业务的发展存在明显的不适应性。

地方金融监管正是在这样的背景下发展起来。2000 年，辽宁省、上海市率先成立省级金融工作办公室，目前全国所有省级政府都建立了金融管理机构。全国很多地级市和县也成立了金融办。北京、天津和山东等省市已正式设立省级“金融工作局”。温州市金融办采取“一套班子、两块牌子”的方式于 2012 年成立了温州市地方金融管理局。前者对接中央及上级部门，负责贯彻执行金融运行法律法规及政策，掌握全市金融运行情况；后者负责承担地方新型金融组织和各类资本运作市场主体的管理、监测和检查工作。各级金融办（局）多年来的持续运转为地方政府参与地方金融监管奠定了良好的组织和人员基础。同时，地方政府可渗透到县级层面的金融监管机构设置机制，为地方政府因地制宜实施农村金融监管提供地利人和的优势。河北省已经率先在保留金融办队伍、职能的基础上，加挂了“河北省金融监督管理局”牌子，明确了地方金融监管职能，为构建农村金融和扶贫金融监管探索了道路，也为更好平衡地方金融发展与监管关系、防控地方金融风险提供了组织保障。

3.3.4 农村金融基础设施与公共服务创新为农村扶贫金融体系建设奠定了物质基础

以支付结算体系、农村信用体系、政策性担保体系和基层农村金融工作体系为主要代表的农村金融基础设施和公共服务建设，有助于便利农村金融消费者享受基本金融服务，为各类涉农涉贫金融机构降低信息不对称水平，从而提高工作效率，降低运行成本，扩大业务规模，减少经营风险，增加经济效益。

3.3.5 支持政策创新为农村扶贫金融体系提供了制度基础

各级政府充分考虑农村金融业务成本高、收益低、风险大，金融机构服务意愿低的特点，已经出台了大量支持政策，包括适当放松农村金融业务准入政策，提高农村金融业务不良容忍度的监管政策，对金融机构涉农业务奖励、补助、贴息（费）、风险分担和财政性存款支持的财政政策，对一定额度以下贷款减免增值税和所得税的税收政策，扶贫再贷款、差别化存款准备金等货币政策，贫困农户贷款实习特惠利率的利率政策等多项政策，积极引导各类金融机构和业务下城，为建立农村扶贫金融体系提供了制度基础。

3.4 我国农村金融扶贫存在的问题及改进措施

3.4.1 金融扶贫存在的问题

金融扶贫有诸多优点，但在实际操作层面也面临很多问题。以广西为例，广西百色市田东县在金融扶贫工作中取得了显著的成效，由于广西的金融基础较差，延缓了扶贫工作的进程。金融基础差主要表现在以下方面：

1. 参与机构少

从当前广西参与金融扶贫的机构来看，还相对较少。大机构中参与较多的是国家开发银行和中国农业发展银行，小机构中主要是农村信用社（农村商业银行、农村合作银行）。主要原因在于：

各县普遍缺乏系统性扶贫开发融资规划，对大机构缺乏吸引力。当前广西的贫困户建档立卡工作为精准扶贫打下了一定基础，新一轮更精确的建档立卡工作也已经准备就绪。但综合各县情况来看，普遍缺乏符合各县实际的、系统的、特色的融资规划和设计，特别是在县域基础设施建设和产业配套扶持领域，导致当前金融扶贫的点状开发和开发方向与县域资源禀赋不匹配现象多有存在，影响了各类大型金融机构参与的积极性。

小微金融机构扶贫贷款“两高一低”问题突出，小机构望而却步。金融机构对贫困农户服务本身就存在比较效益低下的问题，加之贫困农户普遍无抵质押物和第三方担保，又大多分布在交通不变、位置偏远的农村，风险和成本都很高。再加上一些地区只允许基准利率上浮固定比例，自然令各类小微金融机构望而却步。目前，广西仅有农信社系统参与扶贫开发工作较多，但全区 2011—2014 各年度服务户数均未超过 5 万户。其中，2013 和 2014 年分别为 43 053 和 54 565 户，仅占缺资金贫困户的 9.45%和 14.30%。

2. 信贷技术创新基础薄弱

广西的技术创新主要是信用体系建设和“两权”抵押。其中“两权”抵押存在前期工作基础不扎实问题。评估、抵押登记手续不规范。广西 16 个县是土地承包经营权、9 个县是农民住房财产权抵押贷款设点县。“两权”抵押盘活了农户手中“沉睡”的资源，是信贷技术在我国农业生产走向适度规模经营过程中的重要创新。但由于缺乏正规的农村产权交易中心，在土地产权评估和抵押登记手续办理过程中存在诸多不规范之处，不能满足正规金融机构放贷要求，影响了这一创新的试点工作，滞阻了其完善进程。

3. 准入和监管脱节

当前广西的部分准入和监管实践已经与扶贫金融体系的发展相脱节，主要表现在：

（1）村镇银行发展受阻

一是村镇银行准入条件激励性不足。村镇银行是参与金融扶贫的重要的小微金融机构。根据2007年发布的《村镇银行管理暂行规定》，村镇银行的主发起人和最大股东或唯一股东必须是银行业金融机构。但由于小微业务对大中型金融机构没有吸引力，因此它们也就没有积极性设立。这在一定程度上遏制了村镇银行的发展。二是隐形的规则限制。我们在广西调研时发现，对已经有了一家村镇银行的县，均未获批第二家，原因居然是有的县还没有设立村镇银行，本县无论是否有需求均暂停审批，这种不考虑实际需求的做法非常令人费解。

（2）金融风险加快积聚

农村资金互助社是合作金融的重要组成部分，在贫困农户发展互助上发挥着重要作用。由于贫困户需求多，全国各地乡村纷纷建立起互助社。但按现行体制，银监会负责农村资金互助社的准入与监管。由于互助社设在村里，而且很多还在非常偏远的农村，银监会在县里的办事处很难监管，因此审批非常严格，导致了严重的供不应求。在这种情况下，各地纷纷采用变通方式，在名称上规避“资金”二字，转而向民政、农业、工商、商务等部门报批开业。而这些部门并无金融监管专业知识和队伍，导致金融风险快速积聚，非法集资后“跑路”事件时有发生，社会压力增加。

（3）考核标准缺乏扶贫金融业务针对性

当前，扶贫金融的高风险并没有在考核评比中反映出来，金融机构依然执行一套更适合大金融业务的统一标准，从而消解了金融机构参与扶贫的积极性。截至2015年6月末，广西石漠化连片特困地区不良贷款余额37.95亿元，同比增长82.84%，不良率2.43%。受此影响，基层信贷人员放贷积极性减弱，金融机构出现了“慎贷”现象。

4. 基础设施和公共服务体系滞后

小微金融机构的健康持续发展，需要借助外力解决IT系统、资金供应和统计等一系列公共服务问题。目前广西在这方面还存在明显不足。

一是IT系统建设滞后。当前，广西扶贫办的建档立卡贫困户数据系统与区内各金融机构信息系统尚未实现数据实时共享，彼此之间信息传递效率低下，无论是扶贫办实时监测贫困户脱贫进程，还是金融机构评级、授信、放贷、收贷，都受到制约。甚至，还有很多县以下金融机构没有实现信贷服务全流程的信息化。

二是县域资金供应不足。县域是金融扶贫的主战场。但由于历史的原因，县域生产要素配置效率低，资金收益率也不高。金融机构自身的逐利性使县域资金向城市流动成为一种自然结果，导致用于扶贫的金融资源紧缺。截至2014年底，广西全金融机构县域贷款发放4 092.71亿元，仅占全区县域贷款发放的25.47%，与县域GDP占全区GDP的比重差距悬殊。同时，广西农村合作金融机构64.89%的贷款放在了县域，是县域贷款发放的最重要力量，但是当前公积金、社保资金存款还未对农村合作机构开放，财政性存款获取也存在很大困难。

三是统计标准模糊。当前的金融统计，主要用“涉农贷款”“三农贷款”这类包含面广的概念。“涉农”和“三农”概念包括农村基础设施建设、农村环境治理、中低产田改造、农业技术研发、大宗农产品收购、农业企业、农户等多个方面的内容。简单地以“涉农”“三农”概念进行金融统计，不能区分基础设施、生态移民、农业企业、农民专业合作社、家庭农场、专业大户、普通农户、贫困农户的金融支持情况，不利于及时掌握扶贫金融业务的准确情况和针对性政策的精细化。

5. 政策支持未形成科学体系

一是贴息力度过大。广西的农户小额贷款和农业企业、农民专业合作社贷款，在核定的数额范围内给予全额贴息。这种做法需要消耗海量的财政资金，且相当于借款主体不需付出任何价格就可获得一定期限内的资金使用权，这与原来直接送生产资料的思路如出一辙。即使农业经营主体对资金的使用可以实现增值，没有任何成本或很低成本的资金使用效率也不会高。更有甚者，出现了一部分人低息收购农户贷款转手放高利贷的情况，这极易爆发金融风险并向社会领域传导。

二是风险分担资金和担保资金缺乏。为了鼓励和引导金融机构积极参与扶贫，切实解决融资成本高、农户贷款风险高等因素造成的融资难问题，广西很多县级政府都建立了风险分担机制，成立了担保公司。但各县重视程度不一，风险分担资金规模和担保公司实力也参差不齐，总体上能够支撑的贷款规模相对有限，银行从事扶贫小额贷款的积极性不高。已经建立的风险分担机制一般也缺乏梯次性，为贫困户提供金融服务并不享受更多的优惠政策，难以有效引导信贷资金向贫困农户倾斜。

三是税收政策引导性不足。按照财政部、国家税务总局联合下发的《关于延续并完善支持农村金融发展有关税收政策的通知》，自 2014 年 1 月 1 日至 2016 年 12 月 31 日，对金融机构 10 万元以下的农户小额贷款的利息收入免征营业税，并按 90%计入收入总额。这样的政策有利于吸引更多资金进入小额信贷领域，支持农户发展。但由于贫困农户的笔均贷款额度一般低于 5 万元，所以可能导致金融机构“嫌贫爱富”，反而不利于贫困农户信贷需求满足。

四是利率压制破坏市场机制。广西在一定程度上存在利率压制问题，如对治病、上学需要的小额农户贷款，利率上浮幅度不超过 20%；在一些县域，政府要求县农商行基准利率放贷。这些做法均不利于扶贫金融机构弥补成本和补偿风险，破坏了市场机制，不利于金融扶贫的持续性。

五是缺乏对扶贫金融的专门货币政策。这包括信贷规模控制、定向降准、再贴现和再贷款。目前，尚没有专门针对扶贫贷款的单独信贷规模控制政策，也没有对金融机构扶贫业务达到一定比例的定向降准政策，没有扶贫再贷款、再贴现政策。扶贫金融放在“三农”金融中，信贷资金总量难以保证。

3.4.2 金融扶贫的改进措施

1. 不断创新和发展金融扶贫模式

随着我国金融扶贫工作的不断推进，扶贫效果已初步显现。而想让农村摆脱贫困，传统的金融扶贫模式显然不够，因此，创新和发展金融扶贫模式是农村脱贫的必然选择。国际上许多国家金融扶贫效果显著，值得我们借鉴、总结和推广。

一是金融支持贫困地区旅游开发新模式。我国的集中连片贫困地区大多是革命老区、自然风景区，旅游开发潜力巨大。金融机构以贫困地区旅游资源为依托，积聚和利用社会各方面力量进行旅游扶贫，通过分析、调查、规划等程序，适度开发贫困地区的自然旅游资源和人文旅游资源，并通过旅游行业带动相关服务业的发展，提高农民就业率，增加农民收入，实现贫困地区脱贫致富目标。

二是借鉴国际经验，引入“低碳扶贫”新机制。“碳金融”的概念来自于 1997 年在日本签订的《京都议定书》，泛指应对气候变化的一切金融活动，包括碳排放权交易以及与限制碳排放相关的直接投融资等活动。近年来，国内外一些学者的研究表明：基于农林业的碳融资项目具有显著的经济利益，能提高农民的人均收入水平，具有一定的减贫潜力（Antle 等，2007；Chen 等，2011）。在我国的偏远贫困地区，因地制宜，大力发展“新能源和可再生能源”“节能和提高能效”“甲烷回收”“造林和再造林”等项目，比较契合当地新兴产业和新农村发展的需求。同时，在国内开发自愿减排机制，推动自愿交易市场，促进社会多方力量参与“低碳扶贫”。“低碳扶贫”模式一方面可以为扶贫注入一定的资金和技术，使当地贫困农民在项目中获得额外的收益，另一方面也借此形成当地产业雏形，进而发展成当地的优势产业。

2. 金融扶贫模式与其他扶贫模式协同发展

一是扶贫模式多样化成必然趋势。除了金融扶贫模式以外，在我国的扶贫实践探索中，还有财政扶贫模式、以工代赈扶贫模式、整村推进扶贫模式、产业化扶贫模式、劳动力培训转移扶贫模式、科技扶贫模式、文化扶贫模式、对口帮扶扶贫等诸多模式。在金融扶贫模式的实施过程中，结合其他扶贫方式，提高扶贫精准效率，建立商业可持续的金融扶贫机制是未来的发展趋势。

二是扶贫模式协同作用，提高扶贫效率。扶贫贴息贷款能否真正帮助贫困农户实现脱贫致富，资金的支持固然重要，但扶贫项目的选择、技术的支持以及市场信息的提供等同等重要。在选择扶贫贴息贷款户时，围绕产业扶贫项目，结合科技扶贫和劳动力培训转移扶贫等形式，为金融扶贫提供配套服务是关键。在开展金融扶贫时，可以探索将龙头企业引进贫困地区，实行“龙头企业 + 金融 + 贫困农户”方式，由龙头企业带动贫困户致富，有效降低贫困农户创业风险。

三是建立风险补偿和激励机制。在有条件的地方，可以探索试行“贴改保”，探索将财政贴息资金用于建立担保基金或缴纳农业保险，从而完善贫困地区的担保基金制度和农业保险制度，逐步建立起扶贫贴息贷款的风险补偿和激励机制，不断提高金融机构发放扶贫贴息贷款的积极性，逐步建立起商业可持续的金融扶贫体制机制。

3. 金融扶贫参与单位发挥协同作用

一是政府相关部门和金融机构要统一目标。在开展金融扶贫的同时加强银政合作，积极探索金融扶贫新机制，既要实现金融扶贫良好的社会效益，又要使金融机构实现自身的可持续发展。从扶贫政策的具体实施过程入手，使扶贫资金充分发挥作用，避免只“输血”不“造血”。

二是要发挥财政、银行、保险等各部门的协同作用。建立健全抵押担保机制，完善征信系统建设，进一步发挥农业保险在金融扶贫中的积极作用，共同营造一个适合金融扶贫发展的环境。可以考虑增加担保公司的注册资本金，满足银行对担保公司的最低资本金要求，推动银行与涉农担保公司之间的互信合作，调整担保放大倍数，增加金融扶贫资金的投放量。政府可以通过税收优惠等政策促进农业保险机构发展，成立政策性农业保险公司，适当引入再保险机制以分散保险业务风险。

三是不断探索不同类型金融机构之间建立联合扶贫的新机制，继续探索和完善大型金融机构与小额贷款组织、扶贫基金会的合作，发挥各自的优势，形成共同扶贫的局面。

4. 扶贫领域资金形式多样化发展

放宽贫困地区金融机构的准入门槛，推进农村金融机构的多样化发展，鼓励金融机构在贫困地区发起设立村镇银行等新型农村金融机构，引导资金互助社等组织健康发展，积极引导民间资本进入贫困地区的农村金融领域。

一是建立大型金融机构与贫困地区微型金融机构之间资金的对接机制，鼓励大型金融机构向贫困地区的微型金融机构发放委托贷款、批发贷款。

二是在贫困地区建立扶贫互助资金。扶贫互助资金是个新生事物，必须创新机制，强化监管，把帮扶贫困户培育发展产业、增收脱贫作为扶贫互助资金的一项主要任务，使贫困户选准项目、掌握技术、提高经营管理能力和自我发展能力，促进贫困户早日脱贫致富。

三是继续大力发展村镇银行、农村资金互助社等新型农村金融机构发展，鼓励和支持贫困地区县域法人金融机构将新增可贷资金的70%以上留在当地使用。

5. 创新金融产品，提高农村贫困地区金融服务水平

2013 年的中央“一号”文件明确了我国未来农村经营体制等多项改革措施，这些措施的出台也为未来金融扶贫工作开辟了更广阔的空间。

一是探索开展农村土地承包经营权抵押贷款和宅基地使用权抵押贷款等新的信贷支农新模式，有效扩大农村贫困地区的抵押担保品范围。

二是继续鼓励金融机构在网点空白的乡镇设立金融服务点。截至目前我国农村仍存在金融机构空白乡镇，这些空白乡镇大多位于贫困地区，应继续推进金融机构在这些地区提供金融服务，加大对扶贫工作的支持力度。

三是不断改善农村支付结算环境建设，鼓励金融机构在贫困地区开展电子化金融服务。对于贫困农户来说，除了资金需求以外，存取汇兑等基础金融服务对提高其生产生活效率的作用也非常明显，金融机构应继续加强在贫困地区的基础金融设施建设，为贫困地区提供优质高效的基础金融服务。

3.5 农村扶贫金融体系建设的总体框架与发展趋势

3.5.1 农村扶贫金融体系建设的总体框架

农村扶贫金融体系的服务对象，包括贫困农户、普通农户（脱贫农户和可能返贫的农户）、带动和吸纳贫困农户生产经营和就业的新型农业经营主体与农村小微企业，以及承担贫困地区基础设施建设的主体。其中主要面临融资难问题的，是贫困农户、普通农户新型农业经营主体和农村小微企业。

要解决以上经济体的融资难问题，仅靠一些浅层的单项措施是难以发挥作用的，必须从体系上构思、设计、谋划，从根本制度入手建设一个机构众多、技术可靠、产品多样、监管分层、服务便利、政策规范、运行高效的多层次农村扶贫金融体系。

总体来看，农村扶贫金融体系的框架设计可以概括为“三支柱、两支持”，其中“三支柱”包括机构、技术（产品）和监管三个方面，构成农村扶贫金融体系的核心；“两支持”包括基础设施（社会服务）和政府政策两个方面，是对“三支柱”的辅助和必要支持。“三支柱、两支持”所包括的机构、技术、监管、服务和政策这五个方面，向广大的农村经济体提供丰富、适用、快捷和优质的现代金融服务。

1. 农村扶贫金融机构体系

农村扶贫金融机构是三大支柱之首。伴随着农村金融改革的深入，目前我国形成了由国开行、农发行等开发性、政策性金融，农行、邮储行等大型商业性金融，农商行（农信社、农合行）、村镇银行、小贷公司等小微商业性金融，村级资金互助组织等合作性金融以及区域性股权交易市场、新三板和各类涉农保险公司等初步构成的扶贫金融机构体系。

（1）国开行、农发行等开发性、政策性金融

目前中国主要有国家开发银行、中国农业发展银行和中国进出口银行三家开发性、政策性银行，其中国家开发银行和中国农业发展银行对农村经济发展的支持作用尤为明显。开发性、政策性金融机构应在基础设施建设、特色主导产业和易地扶贫搬迁、助学等方面积极发挥引导作用，同时承担起为农商行（农信社、农合行）、村镇银行、小贷公司、农村资金互助社等基层金融机构面向农户的业务批发供应低息资金和微型金融业务辅导的任务。

（2）农行、邮储行等大型商业性金融机构

农行"三农"领域的贷款投向主要是大型农业产业化龙头企业和农村城镇化、流通体系和基础设施建设等，真正面向农民专业合作社和农户特别是贫困农户的贷款很少。2009 年，农行"三农事业部"的成立也是以县域为维度设立的。但"三农事业部"作为股份制商业银行的内设机构，其提供的金融服务必然会向县域内中高端市场倾斜，处于县域各类经济体低端的农户难以得到应有的服务。因此，农行的"三农事业部"应加大对广大农户的贷款支持力度：增加农户贷款总量；提高农户贷款覆盖率；降低农户笔均贷款规模。

邮储行是我国网点数量最多、县及县以下农村地区网点占比最多的银行机构，具有发展小额贷款的先天优势和技术支撑，其小额贷款在全国县域范围内已实现全覆盖。2016 年 9 月 9 日，邮储行正式成立三农事业部，利用其发达的网点和网络可进一步为农户尤其是贫困农户提供金融支持。

（3）农商行（农信社、农合行）、村镇银行、小贷公司等小微商业性金融

作为信贷支农的主力军，农商行（农信社、农合行）在县域内不仅占有最高的市场份额，也是农户获得贷款的主渠道。因此，一要明确农商行（农信社、农

合行）是农户放贷主力机构的责任。通过行业监管政策和财税、金融政策，要求和引导农商行以普通农户和较高比重的贫困农户为主要服务对象。二要倡导国开行、农发行、农行和邮储行等大型金融机构增加农村基础设施建设资金的比重，引导农商行降低基础设施建设资金的比重，转而提高对贫困农户、普通农户和四类新型农业经营主体的比重。三要严格限制农商行（农信社、农合行）存款流出所在县域。四是要从政策监督和引导上，使村镇银行和小贷公司回归支农初衷，增加支农业务比重，与各类支农金融机构形成良性竞争。

（4）村级资金互助组织等合作性金融

合作金融是满足农村金融需求的有效形式，资金互助社是合作金融的具体形式之一。在中国，除银监会批准的农村资金互助社和扶贫部门推动的贫困村村级互助资金外，还存在大量的农民专业合作社内部资金互助。农村资金互助社在一定程度上解决了农户生产经营中的资金难题，能够借助农村地区熟人社会的亲缘、地缘、业缘关系，较好弥补商业性金融和政策性金融的不足。

（5）区域性股权交易市场、新三板等资本市场服务农村经济的初步探索

区域性股权交易中心是多层次资本市场的重要组成部分，对于促进农村企业股权流转和持续融资、鼓励科技创新和激活民间资本、加强对实体经济薄弱环节的支持具有积极作用。

新三板是为创新型、创业型、成长型中小微企业提供挂牌、公开转让股份、股权融资、债权融资、资产重组等服务的场外市场。新三板市场多元、灵活、小额以及便捷的特征决定了其能够较好地满足农业企业的多层次融资需求。

（6）涉农类保险公司

当前我国农业保险已初步形成政策性、商业性和合作性保险多层次发展的框架。越来越多的政策性和商业性保险公司分支机构在农村扎根，合作性保险组织在部分地区得到发展。保险产品涉及寿险和财险。值得注意的是，支持农业生产经营的财险已经覆盖自然灾害、市场价格和农产品质量三大领域，实现了对财务可持续和商业可持续农业保险的初步探索和经验积累。

2. 农村扶贫金融技术产品体系

农村扶贫金融技术产品是金融服务主体为农村经济体提供服务的手段，主要指如何识别农户信用基础，以及如何进行相关信息的采集、分析、判断和贷款决

策，包括农户的组织、选择、评估及风险控制等。它是区别于传统信贷方法、适应农村经济体融资需求和信用特征的放贷技术。农村金融技术在我国的发展时间不长，尚处在传播普及阶段，但在与传统金融技术并行发展的过程中，日益展现出它与农村经济体的高度适应性和强大生命力。

（1）小组联保贷款技术

小组联保贷款技术是基于地缘、人缘、血缘形成的以圈子内部的熟人面子为信用核心，将一定数量有共性的个体组成小组，以小组名义借款，通过小组成员间的互相监督制约，形成连带担保责任，实现各自还款。以小组联保贷款为原型，可创新性开展小商户联保、小商圈联保以及小产业链联保等多种熟人圈担保方式。

（2）个人信用贷款技术

个人信用贷款技术是指通过加强机构能力建设，以独特的信贷流程识别、控制单个借款人风险的信贷技术，核心在于无须借款人提供抵质押和担保的现场调查风险识别技术。个人信用贷款技术有3个核心要素：一是以面对面的现场调查为主要方式，了解借款人个人信用状况、家庭或企业的生产水平和现金流量等；二是信贷员自编借款人财务报表，形成不依赖抵质押担保的对借款客户的分析；三是对信贷员实行科学、合理的激励，实现业务的可持续发展。个人信用贷款技术适用于独立分散的经营个体，笔均贷款多为数万元到数十万元，契合农村经济“小额、分散”的特点。

（3）信用评分技术

信用评分技术又称打分卡技术，是指利用数理统计和计算机技术，将借款人特征与违约概率及损失率关联，生成客户评级结果并完成授信的信贷处理方法。信用评分技术不仅能控制业务风险，还能通过计算机批量处理，实现业务由劳动密集型向技术密集型的转变，可大幅度降低业务成本、增强业务盈利能力。

（4）大数据互联网技术

互联网金融线上线下相结合模式是利用线下信贷员天然的熟人圈信息优势，通过互联网大数据线上风控模型，结合本地化场景线下渠道能力，可实现无抵押、无担保纯信用贷款的发放，具有方便快捷、利率适中、风险可控的特点。互联网金融线上线下相结合的放贷技术，对未来扶贫金融体系的发展具有积极意义，在服务农村方面有较大市场空间，值得继续探索。

（5）抵质押贷款技术

当前我国金融机构提供的贷款大多是抵质押担保贷款，特别是针对农户的贷款。由于难以提供合格的担保和抵质押资产，融资难一直是阻碍农村经济发展的现实问题。但是农户拥有很多资产，如土地、房屋、林木等不动产，以及粮食、农业设备、牲畜等动产。因此，根据新型农业经营主体和贫困农户的生产与融资特点，一可以加快农村林地经营权、农村土地承包经营权、集体建设用地使用权、农民住房财产权等“四权”抵押技术的运用；二可以积极开展大型农机具、仓单、粮食、牲畜等多种抵质押贷款技术；三可以多发展政策性担保机构。

3. 农村扶贫金融监管体系

扶贫金融的相关主体活动场所在县域，属于基层金融、草根金融，其监管模式应区别于大中金融，选择在中央政府的指导下，以地方政府为主承担监督和管理职能。将地方金融办改组为地方金融监督管理局，作为地方政府组成部门，当前阶段负责本地域非存款类金融机构和存、贷业务均在贫困县域内的存款、保险类金融机构以及村级资金互助社、农业合作社内部资金互助等的监管工作，并引导民间金融发展。

农村金融监管要与农村金融机构一同下沉，原因在于：第一，监管机构要充分了解农村金融机构处理农户等农村小微经济体信息的能力和过程；第二，农村金融机构规模小，其财务报表的规范需要一个过程，这要求监管的触角延伸到农村金融机构中间获取与其相关的局部知识。此外，对局部知识的掌握是随地理距离的增大而逐级递减的，所以农村扶贫金融体系监管要求必要的小区域分割。最后，我国幅员辽阔，农村金融监管的小区域地域分割必然在全国层面呈现出多种差异。农村金融的以上特点决定了对农村金融的监管必须是分层的、差异的，而不能仅由中央一层用一种模式、一个队伍实施，而应在分层基础上因地制宜实施，充分发挥地方政府在扶贫金融监管中的作用。

借鉴国际经验，结合当前中国金融监管的现实，我国的农村金融监管可按照“两级监管、三级操作”的方式逐步展开，即中央管大中（型金融）、地方管小微（型金融）；中央管全国、地方管区域；中央管公众类、地方管非公众类。

4. 农村基础设施与公共服务体系

农村金融基础设施和公共服务是农村扶贫金融体系运行的各种软硬件设施的总称，由会计和统计制度、支付和清算系统、信用报告系统（信用登记和征信机构）、IT 系统等构成。扶贫金融基础设施是农村金融机构、业务运行及其可持续发展的重要基础性条件。

（1）会计统计制度

准确、及时、全面的信息统计制度建设是做好农村扶贫金融工作的根本保障。通过建立全国性的电子信息实时系统以及规范、统一的会计制度和报表制度，建立并完善相应的法律法规，准确掌握所有金融机构的实时运营状态和财务状态，不仅可以作为第三方材料辅助审计，确保扶贫金融机构财务信息透明，还可以为地方监管部门对农村经济的监管提供真实可靠的依据，及时发现异常，保证农村金融机构的健康平稳发展。

（2）中央银行征信系统

中央银行征信系统应包括农村经济体的信用档案管理、完税信息、财务信息和违约信息。同时应允许小额贷款公司等非存款类金融机构接入征信系统。应积极探索和推进将非存款类和存款类金融机构采用“制度 + 技术”的方式集合性的接入央行征信系统的方式。

（3）IT 系统

省级地方金融工作部门应在本区域内积极推进所有农村金融机构建立核心业务运营的计算机信息系统，满足农村金融机构日常业务需求和监管部门的统一监管使用。统一的信息系统建设可以规范业务操作，简化监管流程，提高监管效率。同时，省级金融工作部门要建立全省（市）的地方农村金融信息中心，并与本区域的扶贫金融机构联网，形成全省统一代码、统一软件的地方性扶贫金融信息系统。

（4）资金流转平台

吸收各类社会资本向农村金融机构合规注资，充分挖掘各类社会资本特别是民间资本支持农村金融的潜力，缓解农村金融机构融资困境。同时构建资金流转平台运作机制，发挥注资社会资本的辅助监管能力，提高资金流转效率，控制农村金融风险，优化农村金融生态环境。

（5）农村扶贫金融评级机构

通过发展社会性小微金融业评级机构，积极推动小额贷款公司、融资担保公司、村镇银行、城乡商业银行、区域性小微保险公司等农村金融机构的评级。一方面，促进农村金融机构改善自身经营管理、积累信用，降低融资成本；另一方面，可为投资者评估金融风险，有效降低交易成本提供参考，同时为监管者合理分配监管资源、提高监管有效性提供考量标准，可充分发挥市场的激励约束机制。

5. 农村扶贫金融政策体系

农村扶贫金融的政策支持体系是指政府以有效推动农村扶贫金融健康发展为目的，全面协调相关部门出台的直接或间接支持农村扶贫金融机构建设、技术创新、产品开发和业务开展有机衔接的一系列科学政策组合。这个体系应是开放的和动态的，要根据农村扶贫金融的发展及时调整和补充完善。在准入政策领域，应适当降低农村扶贫金融机构市场准入门槛，尤其要降低非公有制企业、民营企业进入这一市场的门槛，尽可能地吸引多元化投资主体；在监管政策领域，不应过度限制农村扶贫金融的发展，要坚持风险防控和稳步发展并重的原则，既注重监管的有效性，又关注机构发展的灵活性；在财税政策领域，要停止指向性不强、精细化不足的一般性财政奖励、补助和贴息政策，整合资金根据农户及新型农业经营主体获取金融服务的状况，对农村金融机构和涉农金融业务实行梯次税收优惠，同时将税收优惠政策延伸至涉农业务担保机构、批发供资机构，防止短板制约。在货币政策领域，基本导向是将资金供应更多向服务农户及新型农业经营主体倾斜，既保证科学调控货币总量，又能更加精准、高效地支持扶贫金融机构。

3.5.2 农村扶贫金融体系建设的发展趋势

1. 扶贫金融机构体系实现层次化、多元化

推动建立多层次、多元化的农村扶贫金融机构体系，实现由国开行、农发行等开发性和政策性金融，农行和邮储行等大型商业金融，农商行（农信社、农合行)、村镇银行、小贷机构等小微商业金融，村级资金互助组织、产业发展互助社等合作性金融及民间金融五类机构（组织）组成的完备的扶贫金融机构体系。同时增加体系中同一层级机构的多样性，从多角度完善扶贫金融机构在金融扶贫当中的作用和功能，进一步推动扶贫金融体系的完善。

（1）建立多层次扶贫金融机构体系

要明确国家开发银行扶贫事业部、中国农业发展银行扶贫事业部、中国农业银行三农金融事业部、邮储银行三农金融事业部、农村商业银行、农村合作银行、农村信用社、村镇银行、小额贷款公司、农村资金互助组织、涉农担保公司和涉农保险机构等是主要服务农村的金融机构。

（2）各类扶贫金融机构合理分工

国家开发银行和中国农业发展银行的扶贫金融事业部以贫困地区农村基础设施建设、易地搬迁和对扶贫金融机构资金支持为主，采取“批发+零售”的模式运行，重点是帮助农商行（农信社、农合行)、村镇行和小贷公司为四类新型农业经营主体和贫困农户、普通农户融资。可在政府信用支持基础上发行特别金融债，专事农村金融机构资金批发业务，兼营农村扶贫金融技术开发和人员培训等。

中国邮储银行和中国农业银行网点深入乡镇、街道和社区，通过三农事业部为各类农业经营主体提供金融服务，同时兼营贫困地区基础设施建设和易地搬迁业务。

农商行（农信社、农合行)、村镇行、小贷公司和村级资金互助组织是直接服务各类农业经营主体的第一主力。主要任务在于积极探索传统抵质押担保技术创新和无抵质押无担保的普惠金融技术创新，开发符合农村小微经济体融资需求特点的多样化产品，通过深耕农村市场，逐步降低单位交易成本，有效增加扶贫金融服务供给。

（3）优化县域金融机构网点布局

要完善农村金融组织体系，大力发展贴近市场和微观经济主体的小型金融机构，更好地支持贫困地区的产业发展。稳定大中型商业银行县域网点，增强网点服务功能。按照强化支农、总量控制原则，对农业发展银行分支机构布局进行调整，重点向中西部及经济落后地区倾斜。加快在农业大县、小微企业集中地区设立村镇银行，支持其在乡镇布设网点。增加专门性扶贫金融机构在村镇地区的设立，为其提供便利和优惠条件。

（4）发展再担保机构

县域小担保机构是农村扶贫金融体系的重要组成部分，应在小担保的基础上发展省级大型再担保公司，延续农村扶贫金融业务担保链条，分散县级担保公司风险。

2. 扶贫金融技术和产品实现多样化

未来五年是全面建成小康社会的攻坚阶段，金融支持扶贫的力度必须加强，投放的资金必须增加。为此，必须创新农村扶贫金融产品和服务方式，建立健全客户需求导向型的多样适用的农村扶贫金融技术和产品。

（1）创新农村扶贫金融技术

要健全农村扶贫金融市场体系，需要鼓励金融机构开发和创新基于贫困地区各类经营主体融资需求特点的金融技术和金融产品。

首先是扩大抵押物品种和范围。完善农村土地承包经营权抵押贷款试点管理办法，在经批准的地区开展试点。慎重稳妥地开展农民住房财产权抵押试点。健全完善林权抵押登记系统，扩大林权抵押贷款规模。其次是推广以农业机械设备、大型运输工具、暖棚钢架、农业保险保单等为标的的质押技术。再次是探索推广农业产业链主体间担保技术，主要鼓励农业产业化龙头企业为农民专业合作社、家庭农场、专业大户和普通农户、贫困农户提供担保。最后是推广小组联保、个人信用、打分卡和基于互联网的大数据技术等新型普惠金融技术。

（2）创新农村扶贫金融产品

金融产品实现创新性发展非常重要，农村扶贫金融产品体系建设关系我国整体金融发展状况。所以，在实际规划中，应根据现实情况对农村扶贫金融产品体系进行建设和完善，实现农村金融产品的长期创新，推动我国反贫困事业不断发展。可根据具体农业经营项目的特点和周期，推行“一次核定、随用随贷、余额控制、周转使用、动态调整”的农户信贷模式，合理确定贷款额度、放款进度和回收期限。按照不同群体的需要推行针对性较强的金融产品。

（3）创新保险产品

扶贫保险产品创新，要兼顾扶贫有效性和粮食安全、现代农业发展职能。大力发展政策性农业保险、扶贫小额保险、涉农信贷保证金保险等保险产品。扩宽农业保险的覆盖面，重点发展关系国计民生和国家粮食安全的农作物保险、主要畜产品保险、重要“菜篮子”品种保险和森林保险。推广农房、农机具、设施农业、渔业、制种保险等业务。创新农业保险产品，稳步开展主要粮食作物、生猪和蔬菜价格保险试点，鼓励各地区因地制宜开展特色优势农产品保险试点。创新研发天气指数、农村小额信贷保证保险等新型险种。

（4）创新资本市场产品

一是积极设立符合涉农企业融资需求的债券产品，对涉农企业发行债券的条件，发行债券的面值、利率与期限，风险监管等内容进行详细规划，支持符合条件的优质涉农企业发行企业债务融资工具，同时加快发展农业高科技企业的高收益债券，引导农业企业通过债券市场融资；二是推动期货业经营机构积极开展涉农业务创新，逐步拓展农产品期货交易品种，为农村经济发展服务；三是推动农业产业化龙头企业在39家区域性股权交易中心挂牌交易，有条件的企业可到新三板挂牌，以拓宽资金来源、扩大经营规模、降低经营风险，更好带动贫困农户发展。

3. 扶贫金融监管体系实现层次化、法治化

《中共中央关于全面深化改革若干重大问题的决定》指出，要落实金融监管改革措施和稳健标准，完善监管协调机制，界定中央和地方金融监管职责和风险处置责任。央行行长周小川在《全面深化金融业改革开放 加快完善金融市场体系》① 一文中提出，坚持中央金融管理部门对金融业的统一管理，引导地方政府遵循“区域性”原则履行好相关职能。明确地方政府对地方性金融机构和金融市场的监督管理职责，以及在地方金融风险处置中的责任，强化日常监管，减少行政干预，加大对非法金融活动的打击力度，及时有效地处置辖区金融业突发事件，改善本地区金融生态。上述表述的核心是建立中央主导、地方协同的双层金融监管体系。

双层金融监管体系能够满足各地区经济发展的差异性需求。东部沿海与西部

① 2013年11月20日，央行行长周小川在《十八届三中全会辅导读本》发表署名文章：《全面深化金融业改革开放 加快完善金融市场体系》

内陆、城市与农村发展不均衡是我国基本国情，而且将长期持续。这种不均衡导致了各个地方实体经济发展的差异性，与之相对应，为其服务的小微金融机构、准金融机构的发展也存巨大差异。这种情况下，实行全国统一的准入条件和监管标准，难以满足不同地区、层次实体经济的金融需求，可能造成金融资源配置的"马太效应"，导致金融资源越来越向发达地区聚集，落后地区、城乡基层获得的金融资源日益不足。而双层金融监管体系下，对于涉及面广、可能诱发系统性风险的金融活动，由中央进行审慎监管；对于涉及客户有限、经营范围有限、地方具有监管信息优势的金融活动，由中央授权由地方监管，允许地方根据自身经济社会状况在权限范围内进行灵活监管，兼顾地方发展的特殊性，满足地方发展的合理需求。

此外，双层监管体系还可以理顺权责关系，兼顾金融创新与风险防控。目前，由近 2 000 万小微企业、5 000 多万城乡个体户和近 2 亿生产性农户组成的庞大的小微实体经济，是我国经济的重要组成部分。然而小微经济体在宏观经济形势变化中抗风险能力弱，其生存更离不开小微型金融机构根据实体经济需要进行的金融创新。双层监管体系核心之一是对地方金融创新不再全国一刀切的方式进行管理，而是赋予了地方一定权限，由地方监管部门根据地方实际情况进行合理监管、疏导、服务。地方金融机构以服务小微企业为主，可以更好地适应小微型金融机构多样化发展的需求，发挥其服务和促进小微经济体发展的作用。同时，赋予地方政府适当的监管职能，能将各种类型的机构、产品创新限制在一定的地域范围内，有利于防止可能出现的系统性金融风险。

（1）适度分权，清晰界定中央和地方金融监管职责

双层监管体制指的是，在坚持中央对金融业管理的主导地位的原则下，从中央和地方两个层面入手，同时加强协作配合，完善地方金融管理体制。双层金融监管的总体思路是：中央管大中，地方管小微；中央管全国，地方管区域；中央管公众类，地方管非公众类；中央管存在系统性风险的领域，地方管理存在区域性风险的领域。比如，近年来，互联网金融、影子银行、网络借贷平台等，具有明显区域外溢的金融创新发展迅猛，对此则需要以中央监管机构为主导，统筹协调进行监管，防范系统性风险产生。对地方管理的部分，由中央负责制定方针政策，明确地方政府对地方性金融机构和金融市场的监管职责，引导地方政府遵循

“区域性”原则履行好相关职能。地方负责制定实施细则和操作办法，具体组织实施。同时必须明确，发生金融风险时，中央和地方在金融风险处置中的责任，及时有效地处置辖区金融业突发事件，改善本地区金融生态。

（2）法律给予地方适当授权，实现监管职责统一和规范

以国外的经验来看，在国际金融危机后，美国金融监管体系的重建计划，是在历时两年多，经过多次有针对性的修改后才由美国前总统奥巴马正式签署；加拿大会定期地、系统地修改已经相对过时的法律法规；欧盟、英国在金融危机后及时吸取金融危机教训，并将与其有关的关于防范治理的内容写入相关法律。可见，金融监管协调机制的改革必须以法律法规的革新为前提和基础，并不断通过有针对性的、合乎时宜事易的修改来进行完善。我国应该借鉴国际经验，建立双层监管体系法律框架，主要包括两个方面：

一是地方金融监管架构方面的立法。建议通过法律正式授权省级政府金融办承担区域性地方小微金融监管职能，也可以考虑将当前地方金融办公室改为地方金融管理局，同时明确其法律地位、管理对象、职责范围。将分散在多个政府职能部门的金融管理职责进行整合，明确由金融管理局对地方金融实行统一规划、管理、协调、服务，着力解决多头管理的问题。建议由中编办起草文件，规定地方金融监管的职能、工作目标、任务、内容和机构、人员、方法等。

二是机构管理方面的立法。应该由中央出台《地方金融监管指导意见》和《地方金融监督管理条例》等法律法规，将各类金融机构管理法规从部门规章、区域管理办法上升至全国人大、国务院制定的法律法规高度，并授权相关部门出台金融监督管理细则，提升金融监督管理的有效性、针对性和可操作性，从全局性的角度提升地方监管的统筹性和重视程度。同时应该指出的是，由于金融创新层出不穷，在监管到位的前提下，也应该给地方政府的发挥灵活性、操作性和主动性留下一定的空间。

（3）加强地方金融监管机构能力建设，充实自身力量

一是优化组织结构。主要考虑强化金融办在地方金融管理中的主体地位和权责统一，应该明确由省级金融办作为该省地方金融管理部门，集中散落于各个部门的管理职能，各地市金融办相应地负责当地的地方金融管理职能。与此相对应，需要在各地、市、县设立对口机构，上级金融办对下级金融办要有较强的约

束力。与此同时，也需要金融办在履职上区别于一般的政府部门，要具有一定的独立性，更好地履行监管职能，进行风险防控。

二是监管队伍建设。通过“引进来”的方式，重视人才在监管队伍建设中的作用，吸引高素质金融管理人才加盟，通过新举措、新方式加强监管人员的队伍建设；通过去中央金融管理部门派出机构、金融机构挂职锻炼等“走出去”的方式，提升现有管理人员综合素质，学习先进完善的监管工作方式方法，切实提高管理的专业性、有效性。

三是转变管理理念。双层金融管理体制并不是简单地将中央政府的审批权部分移交给地方政府，而是管理方式从行政管理为主转向以市场化为导向，以协调和引导为主。不干涉资金在地区间的流动和不干涉机构的具体业务，尊重金融业发展的客观规律，正确履行职责，支持金融创新，为使市场在资源配置中发挥决定性作用创造条件。与此同时，也要秉持适度监管的理念，对非法金融活动进行严格管控，实现风险防范与金融发展并重，注重有质量的发展。

四是创新管理手段。首先要建立科学准入和退出机制。要审查小微金融和准金融机构的注册资金、经营场所等硬性约束指标，也要审查主要股东资质和法人代表及机构风险控制能力和从业人员的素质等软性约束指标，经营不善的机构必须严格按照规则退出。同时，要建立规范、先进的统计制度及计算机信息系统。省级地方金融监管局要在本区域推动所有小微金融机构建立全部核心业务运营的计算机信息系统，并建立全省的地方小微金融信息中心，并与本区域内小微金融机构联网，形成全省统一代码、统一软件的地方性小微金融信息系统。再者，发展社会性小微金融业评级机构。积极推动小贷公司、融资性担保公司、村镇银行、社区银行等小微金融机构的评级，改善小微金融机构自身经营管理，积累信用，降低融资成本，也有利于投资者有效评估金融风险、降低交易成本。与此相对应，改进、完善、扩大央行征信系统。充实个人、小微经济体和小微金融机构的信息，并为小微金融机构接入和使用央行征信系统创造条件。

（4）央地形成监管合力

金融管理部门要按照职责分工，加强金融监管，着力做好风险识别、监测、评估、预警和控制工作，进一步发挥金融监管协调部际联席会议制度的作用，不断健全新形势下的风险处置机制，切实维护金融稳定。各金融机构要进一步健全制度，完善风险管理。地方金融监管部门要按照监管规则和要求，切实担负起对小额贷款公司、担保公司、典当行、农村资金互助合作组织的监管责任，层层落实突发金融风险事件处置的组织职责，制定完善风险应对预案，守住底线。

4. 扶贫金融基础设施与公共服务实现社会化、专业化

大多数农村扶贫金融机构难以仅靠自身力量实现一些日常所需的金融基础设施和公共服务功能，包括财务、会计、统计、审计、支付结算、IT系统、征信、评级等，要大力发展社会化的各类农村金融基础设施和公共服务机构，不断完善农村扶贫金融发展的外部环境。“十三五”期间，要继续推动农村扶贫金融基础设施和社会服务的全覆盖。在完善财政补贴政策、合理补偿成本风险的基础上，继续推动偏远乡镇基础金融服务全覆盖工作，在具备条件的行政村，开展金融服务“村村通”工程，采取定时定点服务、自助服务终端，以及深化助农取款、汇款、转账服务和手机支付等多种形式，提供简易便民金融服务。

（1）推进农村信用体系建设

继续组织开展信用户、信用村、信用乡（镇）创建活动，将个人信用与整村信用挂钩，将整村信用与村镇干部政绩相结合，切实将信用体系建设的成果与贷款扶贫活动相结合；积极推进征信工作，采取多种技术手段征信，即时更新信用信息；加强征信宣传教育，营造守信惜信氛围，坚决打击骗贷、骗保和恶意逃债行为。积极培育从事农民征信业务的征信机构，构建多元化信用信息收集渠道。依法采集户籍所在地、违法犯罪记录、工商登记、税收登记、出入境、扶贫人口、农业土地、居住状况等政务信息，通过全国统一的信用信息共享交换平台及地方各级信用信息共享平台，推动政务信息与金融信息互联互通。

（2）发展农村产权交易市场和中介组织

在严格遵守《国务院关于清理整顿各类交易场所切实防范金融风险的决定》（国发〔2011〕38号）的前提下，探索推进农村产权交易市场建设，积极培育土地评估、资产评估等中介组织，建设具有国内外影响力的农村产权交易中心。在积极推动农村土地承包经营权、农村居民房屋权、林权、土地预期收益权、农村集体资源使用权和不动产产权等确权和抵押贷款的基础上，促进产权交易市场在农业贷款发放中的作用；促进产权交易市场的蓬勃健康发展，规范相关制度和简化审批程序，做到市场化经营和规范化管理，为农民获取抵押贷款服务。

（3）改善农村支付服务环境

推广非现金支付工具和支付清算系统，稳步推广农村移动便捷支付，不断提高农村地区支付服务水平。推广应用互联网等科技手段的手机银行、网上银行转账和 POS 机、转账电话的支付方式，通过在乡村建立支付服务网点、派放宣传人员下乡教授新产品的使用等方法推广便民支付。支持农村金融服务机构和网点采取灵活、便捷的方式接入人民银行支付系统或其他专业化支付清算系统。鼓励商业银行代理农村地区金融服务机构支付结算业务。支持农村支付服务市场主体多元化发展。鼓励各地人民政府和国务院有关部门通过财政补贴、降低电信资费等方式扶持偏远、特困地区的支付服务网络建设。

（4）保护农村金融消费者权益

帮助树立村民金融信用意识，畅通农村金融消费者诉求渠道和丰富村民金融维权手段，妥善处理农村金融消费纠纷。继续开展送金融知识下乡、入社区、进校园活动，提高金融知识普及教育的有效性和针对性，增强广大农民风险识别、自我保护的意识和能力；相关管理部门和机构要提高对维权环境的保护和重视，对侵犯金融消费者权益的行为要及时惩处，以防传染性危害的发生。

（5）营造金融服务社会的氛围

促进信用体系和信用社会的建设，营造良好的借贷诚信氛围；加强金融扶贫的宣传工作力度，引导金融扶贫的合理模式；把控金融风险，促进金融机构扶贫积极性；激发正规合法扶贫机构的创造活力，打击非法借贷、非法集资等扰乱金融扶贫事业健康发展的行为。将金融服务细化介绍到村到户，消除对金融服务风险的抵触感。

（6）分类完善社会化服务

社会化服务可分为普通性需求和特殊性需求两部分：普通性的社会化服务需求可以标准化和批量化供给，如小额贷款公司和担保公司数量大，共同性社会化服务需求较多，存在普遍性社会服务需求；而特殊性的社会服务需求主要来自数量小且处于不同发展阶段的农村各类金融机构。对于普通性的社会化服务需求，批量化供给可以提高效率、降低成本，适合市场提供，故应充分发挥市场在资源配置中的决定作用。对于特殊性社会化服务而言，市场供给在经济上不可行。由于农村扶贫金融本身及农村扶贫金融发展的支持具有公益属性，故应更好地发挥政府的作用，以财政资金引导市场增加供给，同时调动行业协会的积极性，政府、市场和行业协会形成合力，共同提供特殊性社会化服务供给。

5. 扶贫金融政策支持体系实现梯次化、规范化

近年来，中央政府在扶贫金融的相关准入政策、监管政策、财政政策、税收政策和金融政策等方面都给予了大力的支持，使农村扶贫金融以梯次、规范、协调为导向的政策支持逐渐明晰。“十三五”时期的农村扶贫金融政策体系将按规范、协调的趋势继续发展。

（1）健全政策扶持体系

完善政策协调机制，加快建立导向明确、激励有效、约束严格、协调配套的长期化、制度化农村扶贫金融政策扶持体系，通过鼓励社会资金进入、适度掌握监管松紧度、增加财政资金投入、降低税费负担、增加信贷额度等方式梯次引导业务下沉，为金融机构开展扶贫业务提供稳定的政策预期。协调准入、监管、财政、税收、货币和利率六大政策，共同支持扶贫金融发展，形成政策合力，避免相互掣肘。

（2）调整财税政策结构

按照“政府引导、市场运作”原则，综合运用奖励、补贴、风险分担和税收优惠等政策工具，重点支持金融机构开展农户扶贫小额贷款、新型农业经营主体贷款、农业种植业养殖业贷款、特色农产品保险，以及银行卡助农取款、汇款、转账等支农惠农政策性支付业务。按照“力度只增不减”的原则，调整财税政策结构，逐步收缩奖补等临时性政策，所涉资金用于贷款风险分担和税收减免。

（3）完善扶贫相关贷款统计制度

全面、及时、准确反映贫困农户贷款、普通农户贷款、专业大户贷款、家庭农场贷款、农民专业合作社贷款和农业产业化龙头企业和其他农村小微企业贷款情况，依据此统计的多维口径制定支持政策和差别化准入监管措施，是提高政策支持针对性和有效性的前提。

不仅要获得准确的贷款统计数据，还要分析造成这种情况的原因和解决方案，明确分摊责任，对症下药，强化监管职责和政策导向支持。

（4）开展政策效果评估

不断完善相关政策措施，更好地引导、带动扶贫金融机构支持“三农”发展。更新相关政策内容的实施情况，跟踪政策试点的最新情况和最新动态，从国家和民众层面出发，变政策单向带动为政策与民意民情双向互动。通过政策制定与落实影响金融机构对技术产品的创新和投放，落实扶贫金融的新举措。

3.6 小结

实现农村贫困人口如期脱贫、贫困县如期摘帽是全面建成小康社会的关键环节。实现全面建成小康社会的宏伟蓝图，重中之重在农村，特别是贫困地区。脱贫攻坚任务的完成离不开政府的支持和引导，但是在市场经济条件下，农民要实现稳定脱贫、发展致富，必须适应市场、运用市场。金融是市场经济发展的核心，金融扶贫是我国反贫困治理和现代化建设的重要内容。

我国农村扶贫金融存在的矛盾错综复杂：市场失灵、制度缺失、社会环境和贫困农户自身特点等问题导致农村扶贫金融交易成本高、服务效率低。信息不对称又导致农村扶贫金融信贷服务交易前的逆向选择和交易后的道德风险，增加了我国农村扶贫信贷交易的风险。在农村，能够有效降低交易风险的抵押品不足，银行难于提供风险可控的信贷服务。因此，只有通过金融服务创新才能更好地发挥农村金融对农村经济的支持作用，逐步促进扶贫金融的可持续发展。

我国是农业大国，农村经济的发展必将带动我国整体经济的稳健发展，构建农村扶贫金融体系建设，必将带动农村实体经济的快速发展，从而实现我国整体经济水平的飞跃。我国已初步形成了多元化、分层次的农村扶贫金融体系，已成为我国金融体系的重要组成部分，对解决贫困农户及相关主体的融资难题发挥了一定作用。但是我国农村金融体系建设尚不完善，为各类农业经营主体提供及时、有效、质量统一的金融服务还有很长的路要走。结合目前农村扶贫金融体系建设的不足，对于未来农村金融体系建设方向和着力点，本报告提出了五个方面的方向性构想：一是建立多层次、多类型的扶贫金融机构体系；二是实现扶贫金融技术和产品的多样性；三是建成中央与地方统分结合的双层金融监管体系；四是完成金融基础设施和社会化服务的全覆盖；五是创建梯次、规范、协调的扶贫金融政策支持体系。通过金融机构分大小、金融产品分类型，金融监管分层次、金融队伍专业化、配套服务社会化、政策引导梯次化的基本理念，着重从机构、技术产品、监管、公共服务和支持政策五方面来谋划，构建以市场机制为基础，政府指导支持、覆盖广泛、品种多样、服务便捷、高效稳定、商业可持续的中国特色的农村扶贫金融体系。这也是建设田东农村扶贫金融体系的基本遵循、总体背景和整体框架。将此框架落实到县一级层面，并与田东实际相结合，即可清晰构建符合田东需求的农村扶贫金融体系。

第 4 章

田东县贫困及金融扶贫概况

4.1 田东县概况

田东县位于广西西南部，地处右江河谷盆地，右江河从西至东贯穿其中，东连平果县，南与德保县、天等县相邻，西与田阳县接壤，北与巴马瑶族自治县相连，全县总面积 2 816 平方千米，辖 9 镇 1 乡（平马镇、祥周镇、林逢镇、思林镇、朔良镇、印茶镇、江城镇、义圩镇、那拔镇、作登瑶族乡）167 个行政村（街道、社区），总人口 43 万，其中农业人口 36.9 万。田东县是一个以壮族为主体的多民族聚居县，是邓小平等老一辈无产阶级革命家领导和发动百色起义的策源地，是 80 多万年前古人类的繁衍地，是国家扶贫开发工作重点县，是“中国杧果之乡”。2008 年 12 月，田东县成为全国农村金融综合改革试点县。2009 年、2010 年连续两年被评为“广西科学发展十佳县”，先后获得中国西部百强县、全国创先争优活动先进县党委、中国全面小康成长型百佳县市、中国西部最具投资吸引力城市、中国十佳金融生态城市、中国最具经济活力城市、自治区文明县城等 30 多项荣誉。2011 年 10 月，田东县荣获“信用县”称号，成为我国第一个“信用县”。2011 年 12 月，田东县成为国家农村改革试验区，试验主题为“深化农村金融体制改革”。

4.2 田东县经济发展情况

田东县作为全国农村金融综合改革试点县，不断深化农村金融体制改革，紧紧围绕“六大体系”“三个创新”“三个结合”① 等，创造性地开展组织、协调等服务工作，为改革的顺利开展、不断向前推进和取得成效做出了努力，助推了田东县农民增收和经济社会的全面、健康、持续发展。本文主要从宏观经济发展状况、三大产业发展状况、微观经济体状况以及各类金融服务主体发展状况四个方面阐述田东县经济发展的整体概况。

4.2.1 宏观经济发展状况

田东县凭借自身良好的区位优势、资源优势和政策优势，充分利用西部大开发的优惠政策，以及吴邦国委员长定点联系县，国家发改委联系帮扶等千载难逢的历史性机遇，社会经济持续、健康、稳定发展。从 1978—2015 年田东县 GDP 从 6 368 万元增长到了 131. 22 亿元，且从 2002 年起基本上 GDP 总量与 GDP 增速都出现大幅增长②。

从经济全面来看，2015 年全县工业总产值完成 197. 75 亿元，增长 23. 3%；社会消费品零售总额完成 19. 62 亿元，增长 9. 6%。固定资产投资完成 168. 13 亿元，同比增长 9. 9%。财政收入完成 11. 21 亿元，万元 GDP 能耗下降 9. 11%，人口自然增长率为 6. 59‰，九年义务教育巩固率为 93%，高中阶段毛入学率为 85. 5%，新增城镇就业人口 2 388 人，城镇登记失业率为 2. 9%。

① “六大体系”包括金融网点组织体系、信用体系、支付体系、保险体系、担保体系、村级服务体系。“三个创新”包括创新金融产品、创新推进农村产权制度改革、创新政策机制。“三个结合”指农村金融改革与扶贫工作相结合、农村金融改革与发展现代农业相结合、农村金融改革与城乡一体化相结合。

② 关于田东县 2015 年国民经济和社会发展计划执行情况与 2016 年国民经济和社会发展计划草案的报告（5 月）[R]. 田东县发改局，2016.

4.2.2 三大产业发展状况

现代农业经济发展迅速。2015 年第一产业增加值完成 26.03 亿元，增长 4.4%；第一产业占地区生产总值比重 19.8%。首先是特色农业稳步发展。全县粮食种植面积达 39.1 万亩，粮食总产量 13.06 万吨，产值 3.05 亿元，增长 0.6%。水果种植面积 39.44 万亩，水果产量 37.59 万吨，同比增长 26%；蔬菜累计完成种植面积 30.9 万亩，总产量 66.7 万吨，增长 21.0%。家禽出栏量 2 325.7 万羽，生猪出栏 33.57 万头，肉牛出栏 2.17 万头，肉羊出栏 7.95 万只；肉类总产量 3.81 万吨，水产品产量 1.9 万吨。其次是培育新型农业经营主体。截至 2016 年 6 月末，全县拥有市级以上农业龙头企业 13 家（其中，区级龙头企业 2 家，市级龙头企业 11 家），销售收入过亿元的龙头企业达到 4 家，全县龙头企业带动农户 4.3 万户（其中贫困户占 20%），带动农户增收 1.8 亿元；累计发展 435 户农民专业合作社，共有 20 家获得市级以上示范合作社（其中，国家级示范合作社 5 家，区级示范合作社 11 家，市级示范合作社 4 家），居百色市 12 个县区中排名第一，占全市农民专业合作社总户数的 21%；累计发展各类家庭农场 136 家，注册资金 9 262 万元，总投入 8 560 万元，年销售收入 8 175 万元。最后是农业服务水平显著提高。全年完成农村土地承包经营权确权 42.25 万亩，已确权农村宅基地使用权 6.43 万宗；农村集体建设用地确权颁证 61 宗；累计完成农村产权交易 9 797 宗，交易额 8.18 亿元；全县农村土地经营权流转 18.57 万亩；农村产权抵押贷款 139 宗 3.69 亿元。涉农贷款余额约 64.72 亿元。开展政策性农业保险 13 个险种，新增火龙果、柑橘、田七种植保险。

工业经济平稳增长。2015 年第二产业完成增加值 74.95 亿元，增长 12.1%；第二产业占地区生产总值比重 57.1%。实现工业总产值 197.75 亿元，增长 23.3%；规上企业总产值 191.14 亿元，增长 23.9%。主要表现在三个方面：一是重大工业项目建设顺利推进。年产 3 000 吨 2-乙基蒽醌等项目等开工建设；5 万吨/年生物颗粒燃烧料项目、年产 30 万吨智能生态专用肥项目（一期）、石化总厂 30 万吨/年沥青改造项目等项目顺利竣工。二是加快推进企业技改转型升级。田东石化总厂通过技改现有装置实现沥青生产转型复产；广西田东锦盛化工有限公司实现氯碱化工产品向氟化工产品的逐步升级；泰鑫石油完成2.5万吨/年 MTBE装置原料预处理改造项目对产品进行升级。三是抓大壮小扶微工程取得新成绩。截至2015年底，完成培育锦盛化工等4家10亿元以上企业，登高水泥等18家1亿～10亿元企业；完成入规企业5家，全县实有企业2 650户，与2014年相比增长14.85%。

服务业发展保持较快增速。2015年第三产业增加值完成30.23亿元，增长12.7%；第三产业占地区生产总值比重23.1%。表现在四个方面：首先是旅游业快速发展。全年接待旅游总人数168万人次，增长16%；旅游综合收入12.06亿元，增长14%。祥和大酒店2015年7月评定为四星级旅游饭店。其次是商贸会展快速发展。实现社会消费品零售总额19.62亿元，同比增长9.6%。全县限额以上企业42家，其中营业额超亿元的批发企业4家，营业额上千万的批发和零售企业20家。82家本土电子商务企业完成线上销售额约1 000万元。再次是房地产业有序发展。扎实推进“福润·花园里”、都市嘉园二期、田东幸福新城等7个在建楼盘建设，总投资为17.61亿元，全年累计完成8.14亿元。最后是金融服务效果突出。全年各项存款余额93.71亿元，各项贷款余额85.59亿元。引导银行业金融机构加大对县域28家重点企业加大信贷支持，2015年助农担保公司累计担保253笔，金额1.42亿元；金融集团累计为企业融资担保3.7亿元。累计向信用新型经营主体发放贷款6 215万元，向5.9万户农户发放小额信用贷款22.8亿元。建立覆盖1.6万户贫困户的贫困村信用体系，全部贫困村转为信用村。习近平总书记在中央扶贫开发工作会议上对田东金融扶贫工作给予高度评价；田东在全国扶贫开发金融服务工作电视电话会议上做典型发言。

4.2.3 居民收入情况

2015年城镇居民人均可支配收入达到28 078元，同比增长6.7%，相比于2010年的18 022元，5年间增长10 056元；农民人均纯收入为9 234元，相比于2014年的8 357元，同比增长10.5%；贫困村农民人均纯收入从2012年的3 418元增加到2015年的5 506元，年均增长17.2%①。

① 数据来源：田东县统计局。

4.2.4 各类金融服务主体发展状况

目前田东县已经形成了较为完善的农村金融机构组织构架，包含农村产权交易中心、各大商业银行、保险公司、人民银行、政策性银行、担保公司、村镇银行、资金互助社、小额贷款公司等，各机构根据自身机构类型的特点结合田东县实际情况开展了灵活多变的业务，展开了有序良好的竞争，活跃了本地金融市场，更为农户和企业带来了实实在在的实惠。各金融机构编织的农村金融服务网是科学的、有序的，人民银行统领农村金融服务总的方向，监督维护农村金融市场的正常秩序；农村产权交易中心和担保公司为农村信贷业务开展提供辅助；农行、农商行等机构根据自身情况为较为优质的客户和企业提供融资服务；农业发展银行继续开展粮棉油收购等政策性业务，同时积极尝试新的业务路径与涉农企业合作；村镇银行立足本地，为有贷款需求却又不能通畅地从商业银行得到资金的中小企业和农户提供帮助；资金互助社则以农业产业合作社为基础，为本社社员提供便捷、低价的金融产品；小额贷款公司发挥自身业务灵活的优势，对一些有迫切资金需求但信贷申请手续不完善的企业和个人提供服务。总而言之，目前田东县的金融机构基本能够满足不同信贷需求的客户。下面我们对农村发展银行、农村信用社、农村商业股份制银行和邮储银行进行详细介绍。

1. 农业发展银行田东县支行

农村政策性金融机构的职能主要是认真贯彻国家宏观调控政策、农村产业政策和区域发展政策，重点支持农业和农村基础设施建设、生态环境建设、农业综合开发、农村扶贫的农业政策性银行。1997 年 3 月，中国农业发展银行田东县支行正式成立，作为田东县唯一的农业政策性银行，农业田东支行努力按照“稳粮、增收、强基础、重民生”的要求，充分利用其地位、信用、资金、产品、价格等多方面的优势，把支持“三农”，服务“三农”作为一切工作的出发点和落脚点，拓宽服务领域，加大支农力度，在农村金融中起到骨干和支柱作用，全力打造“新农村建设银行”。特别是 2007 和 2008 年，田东农业发展银行支农贷款迅猛上升。

2. 田东县农村信用社

田东县农村信用社（广西田东农村合作银行改制前）在众多的田东县农村金融机构中属于金融支农的主力军，最具有代表意义。2000 年末，田东县农村信用社贷款、存款量分别是 1.06 亿元、1.49 亿元，而利润则是亏损了 891 万元。但是从 2000—2003 年利润虽然一直是处于亏损状态，但是亏损额逐渐减少。而到了 2004 年则开始扭亏为盈。到 2009 年田东县农村信用社改制为广西田东农村合作银行，各方面得到了加强，贷款、存款量分别达到了 10.9 亿元、13.53 亿元，利润 3 200 万元。而到 2010 年贷款存款都上了一大台阶，分别达到了 13.65 亿元和 17.03 亿元。

3. 田东农村商业银行股份有限公司

田东农村信用联社于 2009 年 4 月 29 日改制成为田东农村合作银行，于 2011 年 8 月 9 日改制成为田东农村商业银行，成为全区首批成立的县级农村商业银行股份有限公司，是百色市第一家农村商业银行，实现了从农信社到农合行再到农商行质的跨越。

截至 2015 年 11 月末，各项存款余额 38.75 亿元，占全县金融机构各项存款余额的 41.84%，比 2009 年增加 25.22 亿元，增长 186%。各项贷款余额 31.47 亿元，占全县金融机构各项贷款余额的 36.95%，比 2009 年增加 20.57 亿元，增长 189%，其中涉农贷款余额 28.64 亿元，比 2009 年增加 19.50 亿元，增长 213%，占各项贷款余额的 91%，小微企业贷款余额 19.90 亿元，比 2009 年增加 13.40 亿元，增长 383%，占各项贷款余额的 63.23%，农户贷款余额 8.64 亿元，比 2009 年增加 3.31 亿元，增长 62%，占各项贷款余额的 27.45%，各项存贷款存量和增量连续 7 年居田东县金融同业首位。扶贫龙头企业贷款余额 3.28 亿元，是 2011 年末的 9.37 倍；贫困村贷款余额 1.44 亿元，是 2011 年末的 1.86 倍；贫困农户贷款余额 1.71 亿元，是 2011 年末的 1.84 倍；通过扶贫贷款的有效扶持，带动 17 800 多人脱贫致富，帮助 19 个贫困村实现脱贫目标，充分发挥了县域金融扶贫主力军的作用。不良贷款余额和不良率分别为 3 256 万元和 1.03%，分别比 2009 年下降 564 万元和 2.47 个百分点。

经过多年创新发展，田东农村商业银行走出了一条既支持地方经济发展，又实现自身效益的可持续发展道路，成为全县服务网点最多、银行从业人员最多、电子银行自助设备最多、服务覆盖面最广、资产规模最大、资金实力最强、农村金融改革和金融扶贫贡献度最大的金融机构。先后荣获全国改善农村支付服务环境先进集体、广西服务企业先进单位、广西青年创业信贷扶持计划先进单位、广西文明规范服务示范单位、县“十一五”扶贫先进单位等多项荣誉称号。同时，“农贷易”产品被中国银行业协会评为“2012 年服务小企业和三农双十佳金融特色产品”称号。

4. 邮政储蓄银行田东县支行

2008 年 4 月 17 日，中国邮政储蓄银行田东县支行成立。邮政储蓄银行依托原有的资源渠道和服务群体的优势、充分融入地方经济发展，为地方经济发展和金融深化服务。截至 2015 年底，累计发展储蓄营业网点 9 个，ATM 机 5 台，存款余额为 3 亿元，客户超过 9 万户，成为田东县个人金融流通结算的主渠道。近年来，邮政储蓄银行通过开展提供信贷、理财、结算等商业银行性质的业务，拓展业务范围，经营规模不断扩大。

4.3 田东县贫困情况

4.3.1 贫困人口总量

田东反贫困治理综合改革效果显著，贫困人口大幅减少，贫困发生率大幅下降。2008 年以来，田东县认真贯彻落实中央、自治区和百色市的决策部署，经过不懈探索与实践，取得了显著的扶贫成果，通过采取一系列反贫困改革措施，加快了贫困农户脱贫致富步伐，激励贫困群众从“要我发展”转变为“我要发展”，主动寻求脱贫致富的新路子。全县农民人均纯收入从 2008 年的 3 363 元增长到 2015 年的 9 611 元，7 年间年均增长 16.2%，城乡收入比由 2009 年最高时的 4.22∶1 降到 2.98∶1，实现连续 6 年下降。贫困村贷款余额由改革前的 5 938 万增长到 2015 年的 2.19 亿元。农村贫困人口从 2011 年的 14.6 万人下降到2015年的 5.2万人，贫困发生率从2011年的39.4%下降到2015年的14.5%。贫困村农民人均纯收入从2011年的2 205元增加到2015年的5 649元，年均增长26.5%，贫困群众生活水平有了很大提高。

4.3.2 贫困人口地域分布

截至2015年底，田东县有贫困村53个，贫困户13 276户，农村贫困人口52 109人，贫困发生率为14.5%。这些贫困人口主要集中在祥周镇南部布兵片区、思林镇南部坡塘片区、北部龙邦片区、作登瑶族乡片区这四个石漠化片区。贫困原因主要是缺少发展资金、技术及因病因学等。

4.3.3 致贫原因分析

作为农作物的生产大县，多数农民拥有生产优势和技术，但阻碍农业生产产业化、扩大化的一个重要瓶颈就是资金的严重缺乏。由于农民的农业生产无法扩大发展，资源优势无法转变为经济优势，加之自然条件恶劣、产业结构单一、实体经济和民营经济普遍落后以及农业改革遇到瓶颈等一系列问题，导致田东成了国家扶贫开发工作重点县，同时也致使扶贫开发工作进入了需要大力攻坚、“啃硬骨头”的新阶段。

1. 资金短缺

资金短缺问题一直制约着田东县的经济发展，首先表现在自我积累资金的能力低下，由于城乡二元结构等因素的存在，田东县农村经济结构不合理，主要以农业为主，达到一半以上的比例，以县属工业和乡镇企业为主的第二产业规模小，然而没有第二产业的依托，第三产业成了无源之水、无本之木。自给自足的自然经济无法提供更多的积累资金，缺乏新的经济增长点，进而影响田东经济建设资金的投入；其次公共财政投入不足，政府的公共财政主要还是向城市倾斜，向重点项目倾斜，对农业的支持保护水平低，国家的财政转移支付资金数量十分有限，根本无力解决农村公共品供给所需资金，而田东县地方财政收入也微乎其微①。

2. 自然条件恶劣，基础设施建设和公共服务水平较低

田东县属于右江河谷冲积平原。总的特点是南北群山环抱，中部为平缓开阔的盆地，周高中低，盆地面积占全县面积的6.7%；丘陵面积占71.28%；山地面积分两类：岩溶地面占18.32%，土山面积占3.7%，复杂的地形环境致使山区水、电、路、通讯等基础设施建设和维修成本非常高，导致贫困地区信息基础设施落后，贫困群众获取生产生活的知识、技术、信息的能力不足。整体上看，大部分贫困地区道路交通、农田水利、通信供电等基础设施落后，制约当地的经济发展。贫困山区水、电、路、通信等基础设施建设和维护成本非常高；贫困地区信息基础设施落后，导致贫困群众获取生产生活的知识、技术、信息的能力不足，严重制约贫困地区的发展；贫困山区师资力量薄弱，教育水平较差，孩子们难以获得良好的教育；医疗卫生水平较差，孩子们身体素质不高②。

3. 资源环境约束，产业结构单一

由于我县的贫困村和贫困人口主要集中在石山地区，自然条件恶劣、人均耕地少等致贫的客观因素难以改变，要想在这些贫困村中发展好产业，使贫困群众从产业中增收致富极为不易，这是我们当前在扶贫开发工作中遇到的最大障碍和瓶颈。农业产业化水平低、工业经济实力不足、第三产业拉动不够强劲等是导致贫困发生的根本原因。尤其是农村产业基础薄弱，产业化程度低，贫困地区农村经济大多以一家一户分散经营为主体，且大多数以粮、牲畜种养为主，无规模化产业支撑，缺少龙头企业带动，多为初级产品为主，附加值低，农户收入来源单一③。

4. 实体经济和民营经济普遍落后

田东县南北群山环抱，大部分为丘陵地区，而且是以壮族为主体的多民族聚

---

① 通过“六六体系”建设破解贫困地区资金缺、贷款难问题（12月）[R]．田东县人民政府，2015.

② 刘克崮、沈炳熙等．中国农村扶贫金融体系建设研究——基于甘黔贵金融扶贫案例[J]．财政科学，2016（01）．

③ 韦文孟．农村金融改革的“田东样本”[J]．当代广西，2011（12）．

居县，由于长期受封闭的历史、地缘、文化、风俗等因素的影响，思想观念相对比较保守，小农经济思想严重，进取精神不够强，怕担风险，创业冲动不足，小富即满、小富即安的思想相当普遍，并且由于交通闭塞、信息不畅、受教育水平和综合素质偏低等等原因，使大部分田东人民商品经济意识淡薄，阻碍了该地区的实体经济和民营经济的发展。

5. 人口综合素质偏低，自我发展能力不足

贫困人口整体素质较低，直接影响扶贫“造血”能力，“扶志和扶智”仍然是教育精准扶贫的关键。全县贫困人口中，文盲或半文盲占比 8. 49%；小学文化占比 39. 5%；初中文化占比 42. 23%，贫困人口文化程度普遍偏低，只能从事简单或低收入的生产活动。一部分贫困农民听天由命，习惯守着一亩三分地，看天吃饭；存在依靠政府救济的“等靠要”思想；观念保守，缺乏信心和勇气，不敢不愿主动尝试新技术、新生产方式。

6. 贫困地区的“老龄化”问题与少数民族的“高生育率”“低生育素质”矛盾突出

由于年轻人大都外出务工，“留守老人”问题突出，存在“老龄化”现象；由于年龄、身体素质原因，留守老人自我发展能力有限。贫困地区一些农户的家庭生育率很高，有的生育小孩 3～4 个，且生育年轻化。原本资源有限的贫困户抚养孩子压力大，贫困加剧，孩子的人均资源投入更低，进一步降低人口素质，形成恶性循环。

7. 农村改革仍存在一些困难

一是金融机构涉农业务风险大、成本高，驻县金融机构审批权限十分有限，县域金融机构的创新动力和能力不足。二是农村产权抵押贷款与国家现行法律存在冲突，目前开展的农村产权抵押贷款大多在试点政策下进行，但法律上存在障碍，一旦借贷风险产生，很难通过法律程序解决。三是贫困地区有效金融需求不足，目前贫困地区农业经营主体规模普遍偏小，农产品精深加工滞后，组织化、产业化水平低。四是政策性农业保险推进难度较大，保险理赔机制不完善，财政补贴资金有限，政策性保险扩大覆盖面仍有难度。

4.3.4 田东扶贫攻坚的主要措施

1. 全面深化农村改革，激活贫困地区经济发展活力

一是推动农村集体产权制度改革，将“沉睡”的资源转变为发展的资本。先后完成了林权、集体土地所有权确权，农村集体土地承包经营权、集体建设用地使用权、宅基地使用权、农房所有权、小型水利工程产权的确权登记工作全面推进，产权确权明晰了权利边界，方便贫困地区资源自由交易，增加贫困地区农户资产性收益。2012 年 12 月成立了广西县级首家农村产权交易中心。截至 2016 年末，全年完成农村土地承包经营权确权 42.25 万亩，已确权农村宅基地使用权 6.43 万宗；农村集体建设用地确权颁证 61 宗；累计完成农村产权交易 9 797 宗，交易额 8.18 亿元；全县农村土地经营权流转 18.57 万亩；农村产权抵押贷款 139 宗 3.69 亿元。

二是深化农村金融改革，推动贫困地区发展的资本转化为经营的资金。建立了覆盖全县金融网点的组织体系、农户和贫困农户差异化的信用评级体系、“三农金融服务室”为主的村级金融服务体系、覆盖乡镇的支付体系、特色农业为主的保险体系，以及为带动贫困农户发展的小微企业、专业大户提供担保而建立的担保体系。田东县通过“六大体系”建设，有效破解了贫困户资金缺、贷款难问题，并且激励贫困群众从“要我发展”转变为“我要发展”，主动寻求脱贫致富的新路子。

三是推动农业经营机制改革，创新贫困地区产业发展模式。探索和创新“新型经营主体 + 基地 + 农户”的产业模式，引导贫困群众将土地经营权向新型经营主体流转，充分发挥经济组织和能人对产业发展模式和生产技术的专业优势，带动贫困户脱贫致富。截至 2016 年 6 月末，53 个贫困村发展家庭农场、专业合作社等新型经营主体 52 个，建立起了杧果、火龙果、柑橘、林下养鸡、桑蚕等一批扶贫产业基地。此外，2013 年以来，全县还鼓励农村劳动力转移就业，加强职业技能培训，扶持农民工创业，增加贫困地区农户的劳务收入。截至 2016 年 8 月末，全县完成农村转移劳动力职业技能培训 1 660 人，农村劳动力转移就业新增 4 862 人；外出务工达 11.4 万人，全县每年劳务经济收入达 20 亿元；创业培训班参训人员创办经济实体 440 个，带动农村劳动力就近就地就业 8 292 人。

2. 加强政治建设，优化贫困地区乡村治理运行机制

一是层层落实责任，强化人大监督。成立扶贫开发综合改革工作领导小组，县委、县政府主要领导担任组长，同时成立扶贫攻坚战指挥部，县四家班子主要领导任总指挥长，县委副书记任指挥长，层层落实领导责任。2015 年开始，全县将“贫困人口总数”“贫困发生率”“贫困村农民人均纯收入”“贫困村九年义务教育巩固率”“贫困村‘两后生’职业技术培训率”五项指标纳入全县国民经济与社会发展规划。

二是加强组织建设，建立贫困治理组织体系。全县成立田东县社会扶贫管理中心，乡镇成立扶贫工作站，明确 1 名副乡镇长专管扶贫开发工作，53 个贫困村配备第一书记。同时，探索建立“党支部 + 中心农户（骨干农户） + 普通群众”网格化管理模式，调动党员带动群众开展“联富”活动的积极性，培养一批懂技术、会经营、善管理、有经济头脑的带头人，引导村干、党员、能人发展扶贫项目 220 多个。

三是强化统计监测和动态管理，完善考核评价机制。2012 年以来，对全县所有贫困村农民人均纯收入等指标进行统计监测，及时掌握扶贫对象的变化情况。2014 年在原农户信用信息系统的基础上，结合扶贫管理信息系统，建立精准扶贫信用信息管理系统，截至 2016 年 8 月末，覆盖了全县 7 万多农户。

3. 繁荣群众文化，激发贫困群众脱贫致富热情

一是大力弘扬百色起义精神，激励贫困群众奋发向上。田东县作为百色起义革命老区，县政府积极开展革命传统教育、感恩励志教育，引导全县党员干部群众凝聚力量、全面推进对贫困治理的共同认识，树立脱贫致富奔小康的信念。

二是丰富贫困地区文化活动，改善贫困群众精神面貌。引导建设贫困村屯文化，优先支持贫困村文化基础设施和公共文化服务体系建设，保障困难群众基本文化权益。2012 年以来，先后投入 1 000 多万元，建设完善以乡镇文化站为枢纽，以行政村公共服务中心为基础的多层次农村文化网络，每个贫困村建立了文化活动室和公共服务中心。

4. 加强社会建设，大力构建统筹城乡的公共服务体系

一是全方位实施教育扶贫，阻断贫困代际传递。实施儿童优先发展的战略，实现了学前三年毛入学率从 2015 年的 76%提高到 2016 年的 80%，九年义务教育巩固率从 2015 年的 93%提升到 93.2%。截至 2016 年 6 月末，累计投入了 945 万元免除贫困家庭幼儿入园保教费、高中生杂费，实现从学前教育阶段到高中阶段 15 年免费教育；帮助了 3 100 名贫困家庭子女上大学办理生源地助学贷款 2 000 万元。建立了县本级的困难大学生入学保障基金，确保贫困家庭子女都能圆大学梦；组织了 7 478 名干部职工“一对一”帮扶建档立卡贫困家庭子女，从幼儿园到毕业就业进行全程跟踪、全程资助、全程扶持。

二是构建因病致贫和因病返贫的防控体系。免费为贫困人口建立健康档案、健康教育、免疫规划、儿童保健、孕产妇保健、老年人保健等在内的 12 大类国家基本公共卫生服务项目。2015 年以来，为贫困村居民进行免费健康体检，降低发病率，避免因病致贫、因病返贫等情况。实施城乡居民大病保险，着力解决好因大病返贫的问题，其中贫困户家庭成员全部纳入新农合、城镇居民医保等医疗救助保障体系。截至 2016 年 6 月末，全县新农合参合人数 36.16 万人，参合率 99.97%。

三是不断推进扶贫开发与民政社会保障的有效衔接。2011 年以来，以农村最低生活保障为主的社会救助工作的整体水平得到了提升。截至 2016 年 6 月末，全县农村低保对象有 17 093 户 58 286 人，月均发放低保金达 640 多万元，农村低保对象补助标准提高到每人 110 元/月，实现了农村低保的全覆盖，民生保障能力不断增强。

5. 保护生态文明，大力推进扶贫移民和新型城镇化融合式发展

一是推进扶贫生态移民与新型城镇化融合式发展。2011 年以来，充分利用乡镇闲置建设用地，整合易地扶贫搬迁、农村危房改造、保障性住房等多项资金，建设扶贫生态移民社区，同时实施小城镇综合改造攻坚战，推进扶贫生态移民和小城镇建设融合发展。截至 2016 年 6 月末，全县涉及 13 个地市 79 个县（市、区），5 年搬迁 100 万人。

二是强化基础设施建设，优化贫困村生产生活环境。全省率先实现“村村

通”水泥路，截至2016年6月末，村道公路总里程达790千米，其中，贫困村已建成村级水泥路329.43千米；共建便民候车亭64个，涉及贫困村29个；开通39条农村客运线路，有35个贫困村享受乡村客运服务。推进水库除险加固工程、农村饮水安全工程、中央财政小型农田水利重点县项目、水土保持治理工程、山洪灾害非工程措施项目等重点水利项目建设工作；改善贫困村灌溉面积3 770亩，新增灌溉面积6 311亩，2015年已解决53个贫困村1.44万人饮水不安全问题。投入2亿元进行全县农村电网改造，使所有贫困村都接上了稳定电源，通信、广播电视网络全面覆盖，宽带网络基本覆盖。

三是着力推进贫困地区石漠化综合治理。加大石漠化综合治理力度，积极探索并大胆尝试石漠化地区农业产业发展新思路、新模式，在原有“封山育林+竹子+节柴”模式基础上，增加了“封山育林+葡萄”“封山育林+火龙果”等模式。2008—2014年，全县石漠化治理工程总投资5 264万元，初步治理岩溶面积219.36平方千米，石漠化面积96.05平方千米，石山区生态环境得到改善，山区群众生活水平也有所提高。

4.4 农村金融综合改革在田东县扶贫工作中贡献巨大

近年来，田东县以作为全国农村金融改革试点县为契机，把农村金融改革与扶贫开发相结合，在全国率先探索“金融扶贫”，构建了“特色产业+互助社（合作社）+信用评级+信贷+保险+财政投入”的农村金融扶贫模式，初步形成了农村金融扶贫长效机制。

2008年，田东成为时任中共中央政治局常委、全国人大常委会委员长吴邦国同志深入学习实践科学发展观活动的联系点。一年多来，吴邦国委员长就田东金融改革综合试点多次做出批示，为试点指明了方向。2008年10月，吴邦国委员长在田东县指导学习实践科学发展观活动时提出，“关于发展农村金融保险体系，党的十七届三中全会提了一些新举措，田东可否争取试点，在贷款担保、政策性保险上探索一些新路子。”之后，全国人大农委与有关中央金融机构组成联合调研组赴田东县调研，了解当前农村金融服务和农业保险的现状及需求，研究理清支持田东县农村金融服务发展的思路。2008 年 12 月，全国人大农委会发文《支持田东县农村金融服务和农业保险发展的报告》，吴邦国委员长批示，“金融是发展农村经济的瓶颈，建议以田东为试点，在中央金融部门的支持下，破解这一难题，这也是三中全会提出的课题。”

随后，中国人民银行和银监会发文《田东县农村金融综合改革发展总体规划》，对田东县农村金融综合改革提出了具体思路和指导意见；2008 年 12 月 25 日，广西壮族自治区人民政府办公室下发《关于成立自治区加快推进田东县农村金融改革试点工作领导小组的通知》，组成了由自治区党委常委李金早、自治区人民政府副秘书长郭宏伟、自治区金融办主任赵德明、百色市市长谢泽宇牵头，多个相关单位组成的农村金融改革试点工作领导小组，《通知》要求各部门协调各方资源全力推进田东县农村金融改革工作；2008 年 12 月 29 日，广西壮族自治区金融办会同田东县农村金融改革试点工作领导小组成员共同研究制定了《关于开展田东县农村金融改革试点工作的意见》，全文结合中国人民银行和银监会给予的指导意见以及广西田东的实际情况，提出了具有可实践性的改革方案，田东县的农村金融改革大幕由此拉开。

试点工作启动后，吴邦国委员长又分别就财政政策与金融政策结合问题等做出重要批示，使财政政策与金融政策有效衔接成为田东试点的重要内容。回良玉副总理，乌云其木格、李建国副委员长也分别就注重从制度和机制层面探索破解农村金融难题，加强金融知识培训等做出重要批示，有力地推进了试点工作的顺利进行。

自 2008 年开启农村金融改革试点建设以来，为解决农民“融资难、融资贵”问题，田东县进行了一系列创新与改革：一是构建了组织、信用、保险、担保、支付和村级服务六大金融服务体系；二是积极推进农村产权改革，激活了农村生产要素，逐步建立起现代农村产权制度；三是以金融改革支持现代农业发展、新型城镇化建设以及扶贫开发，有效推动了农户脱贫致富；四是财政上大力支持农村金融改革，相继出台了《田东县涉农贷款奖励暂行办法》《田东县农户小额贷款风险补偿办法》等政策，建立起涉农贷款风险补偿机制和奖励激励机制，激发了金融机构支农动力。这些改革措施释放的红利效应显著。

4.4.1 农村金融得到长足发展

截至2016年9月末，田东县各项存款余额由2008年的30.45亿元增长到112.02亿；各项贷款余额由2008年的23.07亿元增长到96.49亿元；涉农贷款余额由2008年的15.37亿元增加到72.43亿元，占全县各项贷款总量的75%。同时，农户贷款覆盖率、贷款满足率分别由2008年的26%、35%提升到2015年的90%、92.8%，笔均贷款由2008年的1.86万提升到2016年的5.84万。见表4-1。

表4-1 田东县主要金融指标

主要指标	2008年	2016年9月末
各项存款余额	30.45亿元	112.02亿元
各项贷款余额	23.07亿元	96.49亿元
涉农贷款余额	15.37亿元	72.43亿元
涉农贷款比例	66.6%	75%
农户信用评级覆盖率	—	89%
拥有银行机构网点数	0.99个/万人	1.1个/万人
农户贷款覆盖率	26%	90%
农户贷款满足率	35%	92.8%
单笔贷款额	1.86万元	5.84万元
农村金融机构不良贷款率	2.36%	0.88%
农业保险综合覆盖率	30%	77%
金融知识普及率	0.20%	92%
电子机具（ATM/POS机、转账电话）数量	170台	2 274台
银行卡发卡量	19万张	84.27万张
大小额支付系统接入网点数	7个	46个

注：下划线标注数字截至2015年底。

数据来源：根据田东县金融工作办公室资料整理。

4.4.2 “三农”问题得到有效改善

田东涉农贷款持续、稳定增加，有力促进了农村经济的快速增长和农民收入的稳步提高。全县农业总产值由2008年的21.08亿元增长到2015年的41.43亿元，年均增幅10%；2016年，第一产业增加值完成28.34亿元，同比增长3.8%。农民人均纯收入由2008年的3 363元增长到2015年的9 234元，年均增幅15.5%，位居广西前列；2016年，田东县农村居民人均可支配收入达12 469元，增长11.7%。城乡收入比值由2009年最高时的4.2降为2016年的2.3，实现连续 7年下降，呈现良好发展态势。见图4-1。农民生活明显改善，城乡收入差距持续缩小，金融改革使农民真正得到实惠。

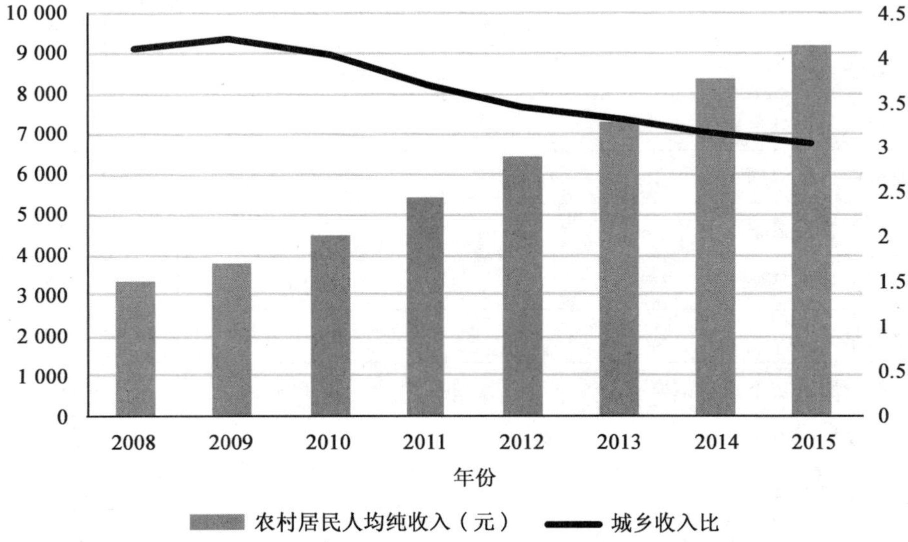

图4-1 2008—2015年田东农民收入变化情况

数据来源：田东县人民政府门户网站。

4.4.3 扶贫工作得到有力支持

农村金融综合改革为贫困农户和带动贫困农户脱贫的新型农业经营主体、小微企业的生产经营提供了有力的资金支持。截至 2015 年底，累计向 9 145 户贫困户发放小额信用贷款 4.16 亿元；截至 2016 年 6 月末，累计为带动贫困农户就业的新型农业经营主体、小微企业等提供担保性融资 8.39 亿元，有劳动能力的农户，尤其是贫困农户均从中受益较大，其中农民专业合作社带动农户 3.83 万户；农业产业化龙头企业带动农户 4.3 万户、贫困农户 8 600 户；家庭农场带动农户就业人数 395 人。

可以说，农村金融综合改革成果与扶贫工作的有效结合，为田东县扶贫取得显著成效提供了重要支撑。

4.5 扶贫金融体系将在田东脱贫巩固和反贫困治理中发挥重要作用

2017 年，田东县仍然面临着脱贫攻坚任务。与此同时，防止返贫现象大面积发生也是田东县面临的重大治理难题。从通过发展生产脱贫的贫困农户来看，这一阶段要更加注意增强已脱贫农户和新型农业经营主体、涉农小微企业带动贫困农户两方面的内生动力，保证稳定性和持续性，这就要求建立起反贫困治理的长效机制，实现反贫困治理的常态化。金融扶贫是田东综合扶贫取得成功的关键环节，而在农村综合金融改革形成的金融扶贫成果基础上，进一步建设具有田东特色的扶贫金融体系，对于脱贫成果巩固、形成金融反贫困治理长效机制和继续发挥田东金融扶贫在自治区乃至全国的示范作用，均具有重要意义。

一是建设田东农村扶贫金融体系可巩固、完善农村金融综合改革成果。近十年来，田东县实施开展了多项金融扶贫工作，包括：①通过金融教育开启的农户金融认知成果，以及由此引致的持续活跃的农户金融需求；②相对齐备的金融机构（组织）体系；③多样适用的金融技术引进与本土化及依托这些技术的产品开发；④人员配备相对较强的金融办；⑤农村信用体系、政策性担保体系和农村产权交易体系等一系列制度性基础设施建设和转账支付系统“村村通”等物质性基础设施；⑥初具体系的奖励、补助、贴息和政府性存款等一系列财政政策支持；⑦品类相对齐全的惠农特色农业保险。这些成果在扶贫金融体系框架下可以进一步调整、提升、优化、深化，从而在更广范围和更深层次上发挥金融扶贫作用。

二是作为一种市场行为，金融是将脱贫农户和带动脱贫农户就业的生产经营主体推向市场、增强内生动力的最佳途径，扶贫金融体系的建设能够有效引导信贷、保险、证券机制的建立和完善。信贷机制可使脱贫农户努力实现自我发展，到期向金融机构偿还本利，资金实现循环使用，效率较高。保险机制可帮助脱贫农户和带动脱贫农户就业的新型农业经营主体、涉农小微企业抵御自然风险、市场风险和农产品质量风险三大风险。证券机制可帮助带动脱贫农户就业的新型农业经营主体和小微企业加快挂牌步伐，塑造驰名品牌、扩大经营规模和降低经营风险。三项机制的建立和完善，可以使过去依靠政府扶持的贫困农户，主动认识市场、适应市场，在市场中熟练选取多元化金融支持手段寻求致富途径，最终实现脱贫农户和金融机构的互促发展、共同成长。

因此，要建立田东反贫困治理的长效机制，应充分立足田东历届县委县政府以近 10 年时间推动、促成的农村金融综合改革成果，继续坚持以金融为突破口，建立既立足田东当前亟须脱贫巩固手段的发展实际，又着眼于田东反贫困治理长远能力现代化，同时充分考虑近期可行性措施的田东特色的、完善的农村扶贫金融体系。这是本研究的出发点和落脚点。

第 5 章

田东农村金融综合改革的主要内容

5.1 田东农村金融综合改革建立的“六大体系”

自 2008 年年底正式启动农村金融综合改革试点工作以来，全县通过建立健全金融网点组织体系、信用体系、支付体系、保险体系、担保抵押体系、村级服务体系，基本解决了农民贷款难、银行支付结算难等农村金融的“老大难”问题。六大金融服务体系互促发展，协同发力，实现了金融服务全覆盖，提高了金融服务满意度。

5.1.1 实现金融网点全覆盖

针对农村金融机构网点覆盖率低的问题，县委、县政府先后支持成立了北部湾村镇银行、2 家农村资金互助社、2 家小额贷款公司、1 家政策性融资担保公司，推动了农村信用社重组改制为农村商业银行，引进了广西金融投资集团在田东成立金融综合服务中心，还引进了北部湾财产保险公司、太平洋保险公司等。成立了 29 个“扶贫资金互助协会”，使银行信贷无法覆盖的贫困农户获得部分发展基金，实现了扶贫资金的循环使用。截至 2016 年 9 月末，全县拥有银行金融机构 9 家、非银行金融机构 18 家，银行网点 48 个，覆盖全部 10 个乡镇和部分村屯，有效解决了包括贫困村在内的所有行政村金融网点覆盖问题。田东县金融组织体系如表 5-1 所示。

表 5-1　2016 年 9 月末田东县金融组织体系

类别	机构名称
银行	政策性银行：农发行田东支行 商业性银行：工行、建行、农行、邮储行田东支行
证券	国海证券田东营业部
保险	人寿保险田东支公司、人寿财险田东支公司、人保财险田东支公司、北部湾财险田东支公司、太平洋财险田东支公司、太平洋寿险田东支公司、人民寿险田东支公司等 13 家保险公司
农村金融机构	田东农商行、田东北部湾村镇银行、祥周鸿祥和思林竹海 2 家农村资金互助社
其他主要金融服务主体	田东金融综合服务中心，田东县农村产权交易中心，绿城、烁保 2 家小额贷款公司

资料来源：根据田东县金融工作办公室资料整理。

5. 1. 2　建立信用评价体系

针对农户和新型农业经营主体信用缺失问题，田东县于 2009 年启动农村社会信用体系建设，打造“诚信田东”。截至 2015 年底，全县建立农户信用信息电子档案 7. 23 万户，农户信用评级覆盖率达到 87%，182 家农民专业合作社、1 251 家中小微企业被纳入征信体系。全县评定 A 级以上信用户 5. 8 万户，信用村 139 个，信用镇 7 个①。特别是专门对贫困户采取了淡化经济指标、着重诚信指标的信用评级方式，全县 53 个贫困村先后全部被评为信用村。农户信用评级越好，获得贷款额度越高，贷款利率越低。凭借信用等级，农户在无抵押、无担

① 根据田东县农户信用信息采集和评价系统，农户获得 70～79 分为“A 级信用户”，获得 80～89 分为“AA 级信用户”，获得 90 分以上为“AAA 级信用户”；以信用户占全村农户 60%以上，按期归还贷款的农户占本村贷款农户总数的 80%以上，且不良率低于 3%的，可评为信用村；按期归还农户占本乡镇贷款农户总数 80%以上，辖内有 50%以上行政村被评为信用村，贷款不良率不高于 3%的，可评为信用乡镇。

保的情况下即可于申贷当天获得 1 万～10 万元信用贷款。截至 2016 年 9 月末，全县已发放扶贫小额信用贷款 3 163 户、1.44 亿元，占建档立卡贫困户的 23.82%。放款时间仅需 1 天。

田东县政府在 167 个行政村（街、社区）设立了“金融服务室”，采集数据，筛选信息，降低银行贷前调查和贷后跟踪成本。对农户，采集的数据包括农户家庭成员、生活条件、收入支出、林权、资产、通电、饮水、卫生保洁、借贷情况、扶贫信息、邻里关系、违纪违法、计划生育等具体指标；对新型农业经营主体、小微企业，信用评级信息指标包括经营状况、财务状况、社会责任、及时足额缴纳税、水电费等多种信息。在此基础上，田东构建了农村信用评级系统，内容涵盖农户基本信息档案、农户信用等级评定、精准扶贫管理子系统、创业就业（农民工、青年、妇女）信息系统、新型农业经营主体（专业合作社等）信息系统等。

在开展全县农户进行信用评级增信时，注重强化信息动态管理，适时调整信用等级，建立信用体系，实施精准扶贫。针对贫困户，专门采取更加科学合理的信用评级方式，降低“家庭收入”在信用评级中的影响，综合考虑道德品质、邻里关系、孝老敬亲、技术专长、履行社会责任、遵纪守法等信息，全面识别贫困户信用状况，从而达到对贫困户信用评级“增信”的目的。贫困农户凭借信用等级，免抵押、免担保，就可以当天获得 1 万～10 万元信用贷款，信用评级越好，获得贷款额度越高。以系统自动生成的信用评级记录降低银行对农户的贷前调查成本；以整村的信用评级并通过“农金村办”模式[①]降低贷前调查和贷后跟踪成本；以一次授信随贷随取的规则切实简化贷款流程，进而降低贷款门槛。

2011 年，田东获国家信用体系建设部际联席会议办公室认定为全国首个“信用县”。2014 年中国人民银行授予田东“全国农村信用体系建设示范区”称号。

2011 年，田东在打造全国信用县的同时，积极推进本县 23 个贫困村转化为信用村。2013 年，在对全县 7.9 万户农户开展信用信息档案及信用评级更新工

① “农金村办”模式：以行政村为单位，设立金融服务工作室，搭建农户与金融机构连接的桥梁，金融服务工作室由“村两委”等人员组成，协助提供农村金融产品和金融服务，并按一定比例享受盈利和分担风险，实现农户的金融服务足不出村即可办理的“一站式”便利服务。

作中，田东同时加快推进贫困村信用创建工作。2014 年又有 11 个非信用贫困村转化为“信用村”，截至 2014 年底，最新识别为 53 个贫困村中，全县尚有 24 个非信用贫困村。为此，田东于 2015 年初出台《田东县 2015 年加快推进贫困村信用创建工作实施方案的通知》文件，联合县、镇、村和涉农银行力量，采取强有力措施，深入村屯开展不良贷款清收和信用户评定工作，对余下的 24 个非信用贫困村开展信用创建工作，使 24 个非信用贫困村符合创建信用村标准，并在 9 月份的评定中 24 个贫困村全部评定为信用村。至此，全县贫困村已 100%转化为信用村，基本实现了让所有贫困户都拥有贷款的权利和资格。

目前，田东正在探索推动将信用体系建立到产业链上，建立起“农户＋扶贫专业合作社＋扶贫涉农企业”三级信用体系，形成信用共同体。

案例 1：2015 年 3 月，印茶镇百城村美茶屯信用户韦福奖和鲍秀明，获得了 5 万元贴息信用贷款[①]。他们开始承包 17 亩地，种植人参菜、鬼针草、一点红、黄鹤菜、白花菜等近 20 个品种的野菜。两个月后，第一批野菜挂牌，由于野菜品种纯正，加上采用无公害种植方式，成了市场上的“香饽饽”，白花菜批发价达到 16.8 元/斤。野菜种植成本低，1 亩地年利润可达 1 万～1.5 万元。看到野菜种植“钱途”无量，周边群众纷纷向韦福奖和鲍秀明“取经”。“大规模才能成就大市场”。他们慷慨向群众免费提供种苗、技术指导及市场销售帮助，努力将本村打造成“野菜村”。目前，他们已成立了野菜生产种植农民专业合作社，计划申请贴息信用贷款[②] 5 万～100 万元，将野菜种植扩大到 100 亩，然后通过微商平台销往广东、南宁等地。

案例 2：2012 年 1 月，思林镇真良村成立了真良村火龙果种植专业合作社，种植火龙果 530 亩。田东农商行、田东北部湾村镇银行根据该合作社的信用等级，发放 100 万元贴息信用贷款，合作社再将这笔贷款发放给 53 户社员，每户 1 万～3 万元。2013 年，有社员因意外原因不能及时还清，最后社员们凑钱帮他

① 贴息信用贷款：全称“扶贫小额信贷贴息资金”，重点用于省级扶贫开发工作重点县的农村扶贫小额贷款的贴息，包括对建档立卡贫困户、低于本县（市、区）上年度农民人均纯收入 60%的低收入农户以及能够带动贫困户发展的专业大户、家庭农场、农民专业合作社的贷款给予贴息。

② 针对农民专业合作社，由其集体申请，按每家最高贷款额度不超过 100 万元/年的标准给予贷款贴息。

按时还上了贷款。“因为如果有人不能按时偿还，我们村将无法转为信用村，今后大家贷款都受影响。”社长梁青松说。不久，真良村评上了信用村，银行给村里的贷款授信额度增加到了 1 500 万元。据了解，类似现象曾出现在 3 个贫困村，后来都因为同村群众的互帮互助，没有产生不良贷款。

5.1.3 完善支付体系

为解决农村支付结算难问题，田东采取了两项措施：一是在人民银行的支持下，鼓励金融机构加入人民银行大小额支付系统，积极推进“乡镇级金融网点跨行资金汇划乡乡通”和转账支付电话“村村通”，实施扩大支付系统覆盖面、增加非现金结算工具的布放等措施。二是完善农村支付环境。针对农民居住分散、交通不便的实际，大力推广 ATM、电话支付终端等非现金支付工具，在乡镇和人口集中的农事村办点布放 ATM 机，在所有贫困村布放 POS 机、转账电话，贫困农户不用去到乡镇就可就地进行 2 000 元内的存取款。同时，农民可利用农行田东支行发行的“惠农卡”办理新型农合医疗及各种财政补贴资金直接发放业务，将支付通道延伸到农民家门口，做到“不出村、无风险、零成本”。通过银行卡延伸金融服务网络，为农村居民提供便利的支付结算服务。2009 年，田东县全部 10 个乡镇均完成大小额支付系统全覆盖，大力改善了农村支付环境，率先在广西实现了乡镇级金融网点跨行资金汇划“乡乡通”，接入率达 77.3%，超过全国平均水平 54.1 个百分点。金融服务网络的全面覆盖和丰富的现代金融支付结算工具加快了资金清算速度，农民享受到了现代金融服务的便利性，有效缓解了农村地区资金流通的瓶颈（李善民，2013）①。

通过完善支付结算体系，田东县已完成大小额支付系统乡镇全覆盖，个人网银、短信通等服务方式得到广泛使用，现代化支付方式覆盖所有行政村，提高了获得基础金融服务的效率和便捷度（艾洪娟，2014）②。

截至 2016 年 9 月末，田东县在乡镇和人口集中的农事村办点布放了 ATM

① 李善民．“田东模式”：农村金融改革的典型经验［J］．广西财经学院学报，2013，26（3）：108-111.

② 艾洪娟．广西田东县国家现代农业示范区金融服务带动模式分析［J］．安徽农业科学，2014，42（19）：6428-6430.

机154台，实现ATM机乡镇全覆盖；在行政村布放POS机2 120台；发行各种银行卡84.27万张，人均1.96张，个人网银、短信通等服务方式得到广泛使用，现代化支付方式覆盖所有行政村。在支付体系构建上，田东农村商业银行大力发展面向“三农”的现代支付网络，提升服务效率，解决农户支付结算难题。

这其中，作为金融支农和金融扶贫的主力，田东农商行做了大量工作。截至2015年末，田东农商行累计布设桂盛通206台、自助设备58台、POS机809台，发放桂盛卡28 785张，开通手机银行4 926个、短信通15 552个，实现了所有乡镇自助设备全覆盖及行政村桂盛通“村村通”。通过支付体系建设，提高制度网络“村村通”水平，解决农村“支付结算难”，切实改善了农村地区的支付服务环境。田东农商行因此被中国人民银行总行授予2009—2012年全国“改善农村支付服务环境先进集体”称号。

5.1.4 有效覆盖惠农特色保险

针对农业保险起步晚、农民和承保机构都缺乏积极性而保险需求又十分必要、迫切的问题，田东县开展了针对甘蔗、香蕉、杧果等13种特色农产品的自然灾害险，其中火龙果、柑橘种植保险为2016年新增险种。全县具有政策性农业保险经营资质的保险机构3家：人保财险田东支公司、北部湾财产保险田东支公司和太平洋财产保险田东支公司。根据不同的险种，中央、自治区、县三级财政按照一定比例给予保费补贴。2009年初至2016年6月末，政策性农业保险已为全县农业提供90.02亿元风险保障，累计赔款3 771.52万元，增强了农业抵御自然灾害风险能力。

截至2015年年底，田东县水稻种植保险承保10万亩、甘蔗种植保险承保17.2万亩、林下养鸡险承保487.8万羽、香蕉种植险承保8 252亩、竹子种植险承保9.2万亩、育肥猪险承保3 575头、能繁母猪险承保317头。政策性保险有效降低农业生产发展的风险，提高了农民生产的积极性（阳佳勇，2015）①。

在发挥农业保险对农业生产保障作用的同时，田东还积极探索构建银保（银行与保险公司）、银政（银行与政府）、银信（银行与信用担保公司）多方合作的立体服务模式，大打金融“组合拳”，既有效降低了信贷风险，也增强了农业的风险保障能力。譬如，人寿保险田东支公司开展“小农户 + 小贷款 + 小保险”，实现银保合作，有效分担小额贷款风险②，尝试开展“新农合 + 小保险”的捆绑销售，实现了“政银保”合作的支农助农惠农新格局。同时，引导田东助农融资担保公司加大对种养殖大户、特色产业合作社、经济能人的帮扶力度，推行“信贷 + 保险 + 担保”三合一产品。

此外，为补上农业保险缺失的短板，田东建立了县、乡、村三级保险服务网络，实现农村保险服务站乡镇全覆盖、保险服务点行政村全覆盖。为提高农业保险服务有效性，设立农业保险理赔定损小组，制定大灾理赔应急预案，建立理赔绿色通道，实行限时结案制和责任追究制。田东县全县所有乡镇都建立了农村保险服务站，在所有行政村（含社区）设立了保险服务点。同时，针对全县 2016 年在册建档立卡贫困户，先后开办了扶贫小额贷款保证保险、贫困村家庭财产保险、贫困人口小额人身意外伤害保险。截至 2016 年 9 月末，人保财险田东支公司已承保了全县在册建档立卡贫困户、贫困人口家庭财产保险和人身意外伤害保险，其中涉及贫困户家庭财产保险 13 276 户，保险费 20.55 万元；贫困人口小额人身意外伤害保险 52 109 人，保险费 52.11 万元；保险费均由县财政全额承担。

案例：2009 年，田东县壮乡福地农业科技有限公司总经理覃焓到祥周镇模范村考察投资环境，发现当地独特的松软红泥沙石土地很适合种植香蕉。他决心大干一场。2010 年 2 月，覃焓通过土地流转的方式，承包了该村 1 500 亩土地，并以土地承包经营权作抵押，向田东农商行贷款 300 万元，种植香蕉。

当第一批香蕉长得郁郁葱葱的时候，覃焓又收到了一条喜讯：田东县推出了

---

① 阳佳勇．农村“两权”抵押贷款业务的调查与思考——以广西田东县为例［J］．时代金融，2015（9）：248，254.

② 中共广西壮族自治区田东县委员会．地方农村金融体系再造经验借鉴——以广西田东县为例［J］．清华金融评论，2015（7）：37-43.

香蕉种植保险[①]。“这可以最大限度化解自然灾害的风险”他毫不犹豫地以每亩36元的保费为香蕉投保。天有不测风云。2011年，一场多年不遇的霜冻天气，让覃焓的香蕉受到重创，受灾面积达700亩。受灾后，覃焓向中国人保财险田东支公司申请保险理赔。很快，保险公司向他理赔了30余万元。这无异于雪中送炭，帮助他渡过了难关。2014年，他的香蕉又受灾，再次获赔45万元。

几年来，凭借土地承包经营权和良好的信用，覃焓累计获得银行贷款1 000余万元。如今，他不仅种植香蕉，还种植了同样享受政策性保险的火龙果[②]。自从承包这些土地后，他每年按时向群众兑现租金，长期雇用100多名当地群众到基地务工，群众每天的工资80元至200元不等，增加了群众的收入。

5.1.5 发展助农贷款担保、抵押体系

2009年，田东财政出资成立助农融资担保公司。通过采取多元筹集滚动发展方式向社会筹集担保基金，增强“三农”融资担保实力，助农融资担保公司资本金从2009年的1 000万元，增加至2013年的3 000万元，为贷款额度超过小额信贷范围的种养大户、家庭农场、农民专业合作社、个体工商户、农村小微企业等提供融资担保，成为全县担保平台中的主力军。截至2016年9月末，累计提供融资担保281笔共计1.73亿元。

2013年5月，广西金融投资集团与田东县人民政府开展战略合作，在田东县成立金融综合服务中心，截至2016年9月末，田东金融综合服务中心累计为田东小微企业、个体工商户提供融资担保8.61亿元。

此外，田东县积极拓展农村有效抵押物范围，于2012年成立广西首家农村产权交易中心，并不断探索林权、土地承包经营权、农村房屋所有权抵押贷款。截至2016年9月末，田东县农村产权交易中心的交易额达8.94亿元；组织农村产权评估和抵押贷款196宗，标的物（抵押物）评估价值16.85亿元，贷款

---

① 根据《田东县2016年政策性农业保险工作实施方案》获知，香蕉种植保险保费100元/亩。其中，区财政补贴60%，即60元/亩；县财政补贴20%，即20元/亩；农民自负20%，即20元/亩。

② 2016年，火龙果种植保险保费60元/亩，保费补贴比例同香蕉种植保险，即区财政、县财政、个人各负担60%、20%、20%.

5.53亿元。

案例：思林镇可恒村农民隆茂坚，2010年刚创办养兔场时，资金缺口很大。助农担保公司向他伸出了援助之手，为他担保向银行贷到了10万元的青年创业扶持贴息贷款[①]。从此，拉开了他养兔事业的序幕。2011年，随着养殖规模壮大，隆茂坚成立了广西田东县隆祥兔业有限公司，总投资200万元。目前，公司基地占地70亩，建成兔舍9栋共3 000多平方米，公司现有职员26人，主要从事种兔培育和肉兔生产。为了带领其他群众也走上养兔致富的道路，隆茂坚开始创办农家课堂，购买投影仪、播放机等电教设备，直观地向农户传授养兔技术。他坚持每个月都举办一期培训班，每次都座无虚席。之外，他还成立了广西田东隆祥兔业农民专业合作总社，以“公司＋基地（合作社）＋农民”的养殖模式，大力推动全县商品兔养殖。目前已成立田东县江城分社、云林合作分社、祥周合作社、平马合作社，带领田东县及周边平果县、靖西县等地农民500多户养殖肉兔，其中，贫困户300多户。2015年，在他带动下的养殖户共出栏肉兔15万只，年产值达1 000多万元，实现利润300多万元，受益农民达1 000多人。

5.1.6 建立基础金融服务体系

2009年，自治区党委、政府在全区推广实施“农事村办”，将基层政府的便民服务平台延伸到村屯、服务到农家。“农事村办”为“农金村办”提供了夯实的基础平台。人民银行南宁中心支行在田东农村金融改革试点的路径选择与方案设计上，依托“农事村办”服务平台，打造“农金村办”运作模式，打破了基础性金融服务在农村地区的空白，满足了农户的有效贷款需求。

“农金村办”的具体承担机构是“三农金融服务室”，其成员由驻村干部、大学生村官、贫困村第一书记、村两委、村里经济能人等组成，这些成员比银行信贷员更熟悉农户基本生产生活情况和信用信息，能够为群众提供更“接地气”的

---

① 为解决青年创业过程中的资金“瓶颈”问题，共青团广西区委、广西银监局共同实施“广西青年创业信贷扶持计划”，此贷款产品为其计划中的一项。根据青年信用评级高低，每人单笔信贷额度控制在10万元以内，抵押、质押和保证担保（含联保）贷款额度视借款人实际风险状况而定，可在信贷额度基础上适度提高；贷款利率上浮幅度不超过基准利率的10%；贷款期限不超过5年。

金融服务，他们架起了金融机构与农户之间的“桥梁”，真正实现了党的基层组织和金融机构的有效结合。

田东“农金村办”的运作模式具有以下特点：

一是“农金村办”实现了农村金融服务网络的全覆盖。田东在全县162个行政村（街）依托“农事村办”建立“三农金融服务室”，形成“农金村办”机制。设立农村金融服务指导员，使信用采集、贷前调查、贷后催收、保险服务、金融知识宣传等工作前置到村一级。借助农村信用体系和农村支付体系，“三农金融服务室”实现农民在家门口即可享受转账支付、小额贷款、挂失查询、金融知识咨询等金融服务。“三农金融服务室”成为农民家门口的银行，从根本上改变了农村地区的金融产品和金融服务。

二是“农金村办”搭建银行与农户间的服务平台。“三农金融服务室”将银行贷款“三查”以及金融知识普及的服务前置到村，为农户和银行间搭建了资金借贷桥梁，畅通了信息沟通渠道，有效缓解了农户贷款难题，也缓解了金融机构人员不足的困难。

三是“农金村办”创建“县-乡-村”三位一体金融知识宣传体系。“三农金融服务室”同时也作为金融知识宣传工作室，培育一批金融知识宣传员，对提高农户诚信意识具有带动作用，优化农村信用环境，实现农户贷款不良率不断下降。

四是“农金村办”建立了农户小额贷款清偿机制，激发银行放贷积极性。助农担保公司与各涉农金融机构、行政村“三农金融服务室”签订担保及相关合作协议，对通过“三农金融服务室”发放的农户小额贷款，逾期3个月以上、比率超过3%的，超过部分由助农担保公司先清偿贷款，再委托行政村“三农金融服务室”向借款人追偿，从而激发银行放贷的积极性①。

截至2015年11月末，“三农金融服务室”累计为全县5.2万农户推荐办理贷款超过25亿元。对一些极端贫困、信用等级太低、有贷款需求而又无法通过银行贷款审查的农户，财政投入435万元建立了29个“扶贫资金互助协会”，帮

① 磨雁能．“农金村办”成为广西实施农村金融改革的创新模式［J］．区域金融研究，2012（10）：73-75.

扶银行信贷无法覆盖的贫困农户，实现扶贫资金的循环可持续利用。

自2013年以来，田东农村金融改革在“组织体系、支付体系、信用体系、村级金融服务体系实现全覆盖，保险体系、担保体系实现有效覆盖”的基础上，主动适应经济发展新常态，深化推进农村金融改革，全面升级农村金融改革，不断增强金融服务“三农”能力，实现“信用体系、保险体系、抵押体系、担保体系、改革成果运用、金融精准扶贫模式”的全面升级。2008—2015年底，全县各项存款余额由30.45亿元增长到93.71亿元，年均增幅17.4%；各项贷款余额由23.07亿元增长到85.59亿元，年均增幅20.6%。涉农贷款余额由15.37亿元增长到64.72亿元，年均增幅22.8%，占全部贷款余额比重保持在70%以上；农村金融机构不良贷款率由2.36%降低到0.88%；全县保险综合覆盖率由30%提高到73%。田东县还积极开展金融知识进农村活动，督促金融机构每年开展不少于4次的“送资金、送信息、送金融知识”服务活动，提升了农民利用金融资源发展生产、改善生活的能力。

5.2 田东农村扶贫金融体系的两大支撑与三大补偿模式

5.2.1 田东农村扶贫金融体系的两大支撑

田东县除了进行农村金融改革以外，还积极进行农村产权制度改革和农村经营机制创新，成为田东扶贫金融的两大支撑。

1. 农村产权制度改革

田东县将农村金融改革与农村产权改革相结合，逐步建立健全现代农村产权制度，成功开启了农村金融改革试点的“破冰之旅”。2011年，田东县完成农村集体林权确权工作，2012年完成农村集体土地所有权的确权工作。随后全面推进农村集体土地承包经营权、集体建设用地使用权、农村宅基地使用权、农村房屋所有权、小型农田水利工程产权的确权登记颁证工作，2015年全面完成确权工作。

建立完善农村产权交易市场。田东县成立了广西首家农村产权交易中心，为林权、土地承包经营权等 11 类农村产权提供交易信息发布、产权交易鉴证、政策法规咨询等一条龙服务。

探索土地信托新机制。田东县利用获批为农业发展银行总行开展土地承包经营权抵押融资试点县的优势，成立了国有控股的国泰投资公司，在广西率先探索农村土地信托模式，有效降低土地流转双方的信息搜寻成本和协商成本，并保障双方合法权益。采取“农村产权 + 政策性金融 + 社会资本”的模式，依托田东县农村产权交易中心平台，引导土地经营权向国泰投资公司流转，利用农业发展银行贷款进行土地整理后，再流转到有意向开展农业经营的企业，形成土地流转和产权交易的委托代理机制。目前已成功推出 3 000 亩香蕉标准园项目，收储并正在进行土地整理的约有 1.2 万亩。

建立健全农村产权管理制度。田东县在原有农村金融改革工作领导小组之下成立了农村产权抵押贷款工作领导小组，明确各职能部门及金融机构工作职责。此外，建立农村产权抵押贷款联席会议制度，先后出台了《关于开展农村产权抵押贷款试点工作的意见》《田东县金融机构涉农贷款奖励办法》等文件制度和支持政策。

2. 农村经营机制创新

建立新型经营模式。对于没有技术、不熟悉市场的贫困户，田东县积极变革农业经营机制，实现贫困户资金利用效率最大化。田东积极探索新的发展模式，引导群众土地经营权向新型经营主体流转，发挥经济能人的专业优势，建立“新型经营主体 + 基地 + 农户”的经营模式。这种模式能够帮助贫困农户实现资本积累和技术提升；充分调动起广大贫困群众发展生产的积极性，实现“造血式”扶贫。

探索农村集体经济股份制。在作登瑶族乡摩天岭村探索贫困村“农村产权 + 社会资本”的经济发展模式，引入股权托管机制，种植中草药。成为广西首个贫困村集体经济股份制改造项目，对创新扶贫工作、深化农村综合改革具有里程碑的意义。

图 5-1 为田东农村扶贫金融服务带动模式示意图。

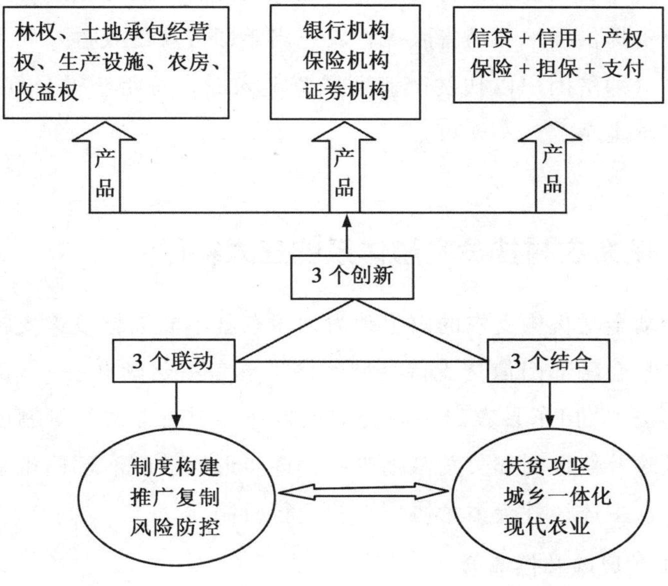

图 5-1 田东农村扶贫金融服务带动模式示意图

资料来源：艾洪娟（2014）①

案例：思林镇真良村是典型的石漠化山区，人均耕地面积少，自然条件恶劣。村里 80 后大学毕业生梁青松经过深入调研，发现该村土质适合种植火龙果。于是，他下定决心要示范种植火龙果，带领乡亲脱贫致富。2013 年，梁青松开始承包村里的土地，通过土地承包经营权质押，向银行贷款了 150 万元，建成了 530 亩的火龙果种植示范基地。经过精心护理，第二年火龙果产值达 30 多万元。火龙果种植改变了梁青松的生活，也让群众的腰包鼓了起来。将土地流转出来的群众不仅得到租金，也能到基地打工有工资收入，并学会了火龙果种植技术。为引导带动更多的群众加入到火龙果种植产业中来，梁青松成立了火龙果种植专业合作社，辐射带动周边村成立 3 个分社，目前，社员有 149 人。同时，他创新合

① 艾洪娟．广西田东县国家现代农业示范区金融服务带动模式分析［J］．安徽农业科学，2014（19）：6428-6430.

作社发展模式，以“合作社+基地+农户”的经营模式为基础，采取5年返还土地的模式（即5年后，合作社将流转的土地及火龙果无偿返还给农户自己管护经营，合作社负责提供技术和销售服务，农户当年即可获得效益）和入股合作社获得收益的模式（即贫困户以扶贫产业发展资金入股，每年获得分红），让贫困群众的脱贫之路越走越宽。

5.2.2 田东农村扶贫金融体系的三大补偿模式

为充分调动金融机构支农的内生动力，田东县不断强化政策支持力度，先后出台了《田东县金融部门信贷支持县域经济发展考核奖励办法》《田东县涉农贷款奖励暂行办法》《田东县农户小额贷款风险补偿暂行办法》等制度文件，建立起涉农贷款风险补偿机制和奖励激励机制，逐步形成“政府部门推动、金融机构参与、农民群众主体、社会力量协作”的运行机制。

1. 涉农贷款风险补偿基金

田东县财政出资800万元建立风险补偿基金，按照“专款专用、结余留成、滚动使用、超支不补”的原则，专门用于各类金融机构服务“三农”贷款的风险补偿。截至2015年6月底，偿付农业银行田东支行农户小额贷款坏账61.5万元，偿付田东农村商业银行涉农贷款坏账149.5万元，补偿祥周鸿祥资金互助社不良贷款8.8万元。

2. 农户小额贷款奖补基金

田东县财政出资200万元设立贫困户小额贷款奖补基金，累计为3 950户建档立卡贫困户提供了小额贷款利息补贴，分担其信贷成本。

3. 财政性存款与涉农贷款挂钩机制

充分运用公共财政资源，调整财政资金存入稳健经营服务“三农”的金融机构，扩大支农资金来源，增强信贷支农能力，不断推动金融机构服务“三农”的积极性。

5.3 小结

在全国农村金融综合改革试点中，田东积极实践探索，瞄准农村金融“缺服务、缺资本、缺信用、缺支持”难题，紧紧把握构建农户信用体系建设这个基础和根本，建立健全组织、支付、保险、担保、服务等金融服务体系，充分发挥政府的组织、引导、支持作用，通过开展“六大体系”建设，更好地激发各类市场主体的内生活力和动力，在普惠基础上加大特惠力度，完善以商业性信贷、政策性保险为主，各类金融相互补充的金融扶贫体系，有针对性地解决农村金融需求和供给之间的结构性障碍。目前，一个多元化、低成本、广覆盖、适度竞争、商业运作、政府支持破解支农和扶贫难题的田东农村扶贫金融体系初步生成，一个金融与农业经济发展、农村脱贫攻坚良性互动的局面初步形成。

第6章

田东农村金融综合改革的实施效果、社会评价与时代特征

青山座座皆巍峨，壮心上下勇求索。五千年华夏文明史表明，中国农村的发展状态与发展水平决定了国家的兴衰起伏，郡县治则天下安，“皇权不下县”的政治安排意味着以农村社会为根基的郡县治理本质上是基层社会对于发展的渴求与探索，而探索的核心主题便是如何解决农民的贫困问题。时至今日，这一问题依旧在考验着政府与社会的治理能力。田东县针对农村贫困问题所开展的农村金融改革正是对这一问题的回应与探索。

农村金融扶贫，本质上是借助市场的力量，创造一种新的激励机制和金融机制，让贫困农户能够依靠自身力量，有尊严地脱贫致富，这对解决长期困扰我国的“三农”问题具有重要意义（郭威，2013）①。田东县在2008年底开启农村金融改革，到后来启动农村产权改革，并将两者结合起来，将贫困地区“沉睡”的资源转变为发展的资本；同时以建立国家现代农业示范区为契机，创新农业经营体制，不断调整生产关系，为促进农业生产力发展注入源源不断的活力和动力。这些创新举措的实质是在回应邓小平同志的重要论断：发展才是硬道理。农村的贫困问题亦是如此，不能盯着贫困看贫困，而是需要构建一套成熟完备的机制来促进农村的发展，如此方能真正解决农村的贫困问题。

田东农村金融综合改革正是在这一发展理念下稳步推行，实施多年来，通过

① 郭威．农村金融扶贫的经验、困境与对策——以广西富川县为例［J］．理论探索，2013（05）：98-102.

对整套体系的不断扩展与完善，已在各个方面取得了重大成效，受到相关决策部门和中央领导的肯定，在社会上引起了巨大反响，受到新闻界和学术界的高度关注，最重要的是真正对当地县域经济发展和农民脱贫致富发挥了巨大作用。

6.1 田东农村金融综合改革的实施效果

农村的现代金融体制、金融服务是农村经济发展的重要动力，尤其是欠发达地区，解决好农村金融问题更是经济发展的重中之重（陈放，2012）①。金融发展借助于经济增长降低贫困率的影响机理，在于金融通过促进资本积累、推动技术创新从而来影响经济增长，进而缓解贫困（Dollar & Kraay，2002②；Jalilian & Kirkpatrick，2002③；Honohan，2004④）。Dollar 和 Kraay 的实证研究证明了整个社会与贫困群体的资本收入水平、资本收入增长率之间的正相关性（图 6-1），由此可见，农村金融对于扶贫的成效与重要意义毋庸置疑。

6.1.1 县域社会经济发展取得长足进步，综合实力增强

农村金融改革有效缓解了农户融资约束，促进农村经济发展和农民收入增长（汪小亚，2010⑤；李善民，2014⑥）。自 2008 年实行农村金融改革以来，田东经济社会获得了飞速发展。农村金融改革有效提升了田东县域经济发展水平。“六大体系”建设优化了全县信用环境和金融生态环境，为金融支持县域经济发展打下了基础。

---

① 陈放. 当前我国农村金融体制存在的问题与对策［J］. 重庆行政：公共论坛，2012（1）：92-94.

② Dollar D，Kraay A. Growth is good for the poor［J］. Journal of Economic Growth，2002，7（3）：195-225.

③ Jalilian H，Kirkpatrick C. Financial development and poverty reduction in developing countries［J］. International Journal of Finance&Economics，2002，7（2）：97-108.

④ Honohan P. Financial Development，Growth and Poverty：How Close are the Links?［J］. Policy Research Working Paper，2004.

⑤ 汪小亚. 加快农村金融改革改善农村金融服务［J］. 中国金融，2010（05）：23-25.

⑥ 李善民. 普惠制金融视角下金融扶贫模式构建——一个理论分析框架［J］. 改革与战略，2014（11）：35-38.

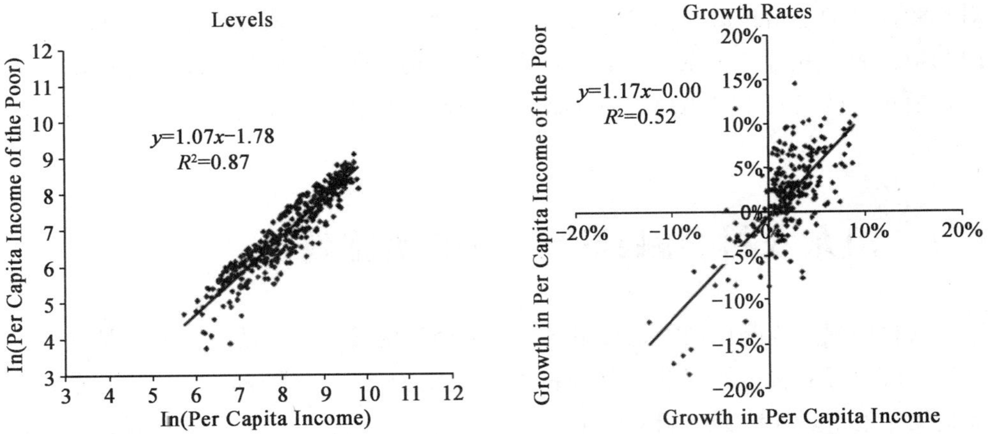

图 6-1　社会整体与贫困群体人均资本收入水平、增长率的相关关系

数据来源：Dollar 和 Kraay，2002.

1. 农村金融改革以来国民经济、取得飞速发展

2015 年，田东实现生产总值 131.22 亿元，比 2008 年增长 202.49%，年均增长 13.98%，高于全国 5.7 个百分点；工业总产值从 2008 年的 33.6 亿元增长到 2015 年的 197.75 亿元，第二产业比重由 2008 年的 44.3%提高到 2015 年的 57.1%；现代服务业不断壮大，三产增加值从 2008 年的 14.11 亿元增长到 2015 年的 30.23 亿元；财政收入由从 2008 年的 3.7 亿元增长到 2013 年的 15.47 亿元（由于田东石化总厂技改扩建，2014 年、2015 年数据不可比），年均增长 22.7%，高于全国 7.9 个百分点（表 6-1）。一直以来，国开行等金融机构不断加大对田东棚户区改造、新农村建设的支持力度，田东县城镇化率从 2008 年的 13.9%提高到 2015 年的 45%，2015 年城镇居民人均可支配收入和农民人均纯收入在百色市均排名第一位。田东先后获评为中国西部百强县、广西科学发展十佳县等荣誉称号。

2015 年田东城镇居民人均可支配收入达到 28 078 元，比 2008 年增长 102.3%，年均增长 10.59%；农民人均纯收入达到 9 234 元，比 2008 年增长 174.58%，年均增长 15.52%。农村贫困人口从 2011 年的 14.63 万人下降到 2015 年的 5.2 万人，贫困发生率从 2011 年的 39.4%下降到 2015 年的 14.5%。城乡收入比从 2009 年最高时的 4.22∶1 降低到 2015 年的 3.04∶1，连续 6 年下降（图 6-2）。

表 6-1　2008 年与 2015 年田东农村金融改革以来国民经济、社会发展状况

主要指标	2008 年	2015 年
地区生产总值	43.4 亿元	131.22 亿元
工业总产值	33.6 亿元	197.75 亿元
财政收入	3.7 亿元	15.47 亿元（2013 年）
农业总产值	21.08 亿元	41.43 亿元
各项存款余额	30.45 亿元	93.71 亿元
各项贷款余额	23.07 亿元	85.59 亿元
涉农贷款余额	15.37 亿元	64.72 亿元
涉农贷款比例	66.6%	75.6%
农户信用评级覆盖率	—	89%
拥有银行机构网点数	0.99 个/万人	1.1 个/万人
农户贷款覆盖率	26%	90%
农户贷款满足率	35%	92.8%
单笔贷款额	1.86 万元	5.84 万元
农村金融机构不良贷款率	2.36%	0.88%
农业保险综合覆盖率	30%	73%
金融知识普及率	0.20%	92%
电子机具（ATM/POS 机、转账电话）数量	170 台	2 208 台
银行卡发卡量	19 万张	77.05 万张
大小额支付系统接入网点数	7 个	46 个

注：由于田东石化总厂技改扩建，2014 年、2015 年数据不可比。

数据来源：根据人民银行田东支行、田东县统计局数据整理。

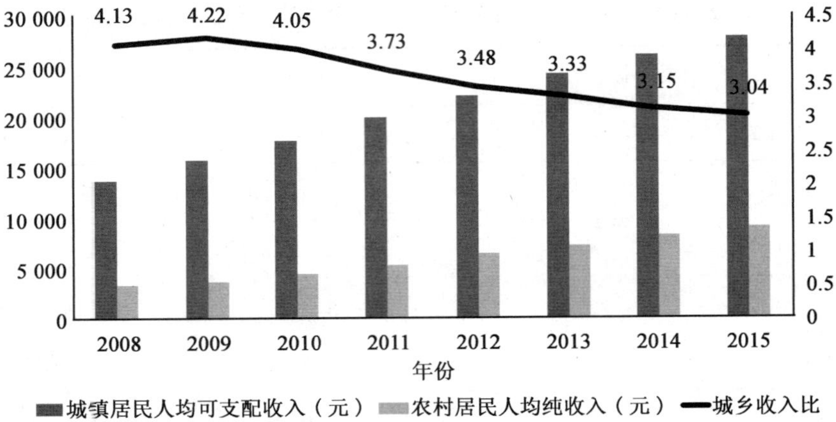

图 6-2　2008—2015 年田东县城乡居民收入变化情况

数据来源：田东县统计局。

田东县自农村金融改革以来，农村居民人均纯收入增长率显著高于城镇居民人均可支配收入增长率（图 6-3）。农村金融改革为农民提供了获得发展资本的渠道，且显著地增加了农民群体的收入。田东从 2012 年开始监测贫困村农民人均纯收入，57 个贫困村农民人均纯收入从 2011 年的 2 205 元增加到 2015 年的 5 650 元，年均增长 27%，贫困群众生活水平也有了很大提高。

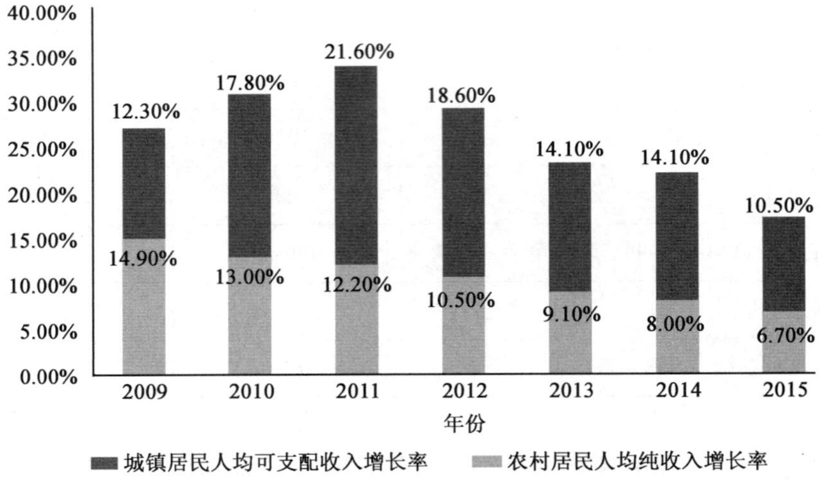

图 6-3　2008—2015 年田东县城乡居民收入增长率变化情况

数据来源：田东县统计局。

2. 农村产权改革稳步推进，产权交易运行良好

2012年，田东成立广西首家农村产权交易中心。经营范围为农村产权的交易信息发布、交易、登记、抵押贷款服务、项目投融资、政策咨询等。田东县全面推进林权、农村集体土地承包经营权、集体建设用地使用权、农村宅基地使用权、农村房屋所有权、小型农田水利工程产权的确权登记颁证工作，为贫困地区农村产权交易打下基础，使资源变资产成为可能；同时产权制度改革也为发展贫困村集体股份制经济打下了基础，广西首个贫困村集体经济股份制改革项目在作登乡摩天岭村启动，率先在广西探索贫困村“农村产权+社会资本”的经济发展模式，带动53户贫困户发展。

截至2016年9月末，通过田东农村产权交易中心平台交易的农村产权累计完成交易10 452宗，交易额8.94亿元；组织农村产权评估和抵押物贷款196宗，标的物（抵押物）评估价值16.85亿元，贷款5.53亿元。其中贫困村范围内土地流转3.49万亩，交易额2.77亿元；贫困村产权抵押贷款47宗，银行放贷金额8 795万元。

农村产权交易中心一方面为农村产权流转提供了交易市场，流转双方的权利和义务得到鉴证，同时为农村产权提供了抵押平台，实现农村资产变现；另一方面，通过引进有资质的专业资产评估机构进驻交易中心，理顺了农村资产评估渠道；此外，广大群众在交易中心可以享受到免费的项目投融资咨询服务，农村集体“三资”有了交易平台。

田东借助农村产权交易市场，充分发挥了市场在配置资源中的决定性作用，让这些发展的资本流动起来，寻找最有效的经营主体和经营方式，为贫困地区扶贫开发注入了市场的力量。

3. 农村合作经济组织蓬勃发展，农业主导产业日益壮大

农村金融改革以来，普通农户、种养大户、农业企业均获得了农村金融机构的大力支持。截至2015年末，全县累计发展各类家庭农场120家；发展农民专业合作社313家（图6-4），其中国家级示范合作社4家，区级示范合作社12家；全县农业产业化龙头企业发展至17家。适度规模经营不断发展，2015年全县累计流转土地面积达18.57万亩，培育了规模经营户300多户。田东现代畜禽产业园区、现代糖业产业园区和农产品冷链物流园区初具雏形。农业主导产业发展壮大。

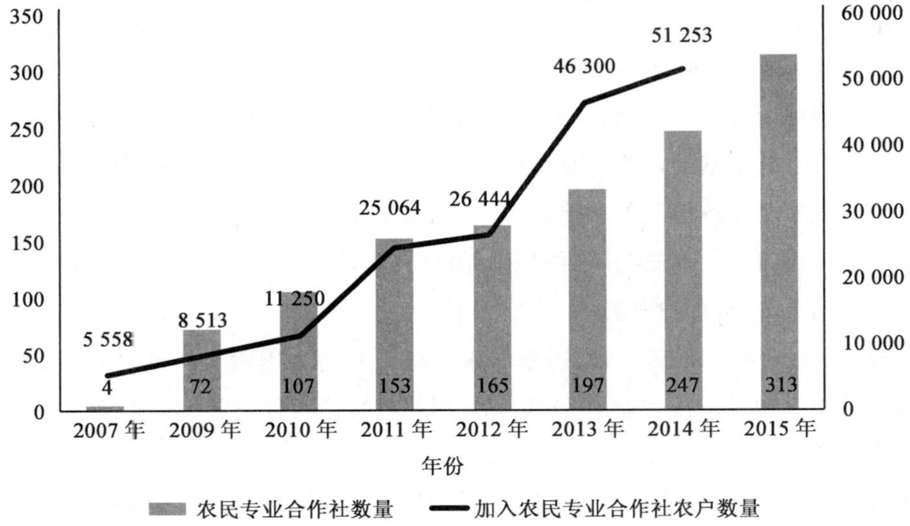

图 6-4　2008—2015 年田东县农民合作社及入社农户变化情况

数据来源：根据田东县农业局资料整理。

截至 2015 年底，全县粮食种植面积达 39.1 万亩，粮食总产量 13.06 万吨，产值 3.05 亿元，增长 0.6%。水果种植面积 39.44 万亩，水果产量 37.59 万吨，同比增长 26%；蔬菜累计完成种植面积 30.9 万亩，总产量 66.7 万吨，增长 21.0%。家禽出栏量 2 325.7 万羽，生猪出栏 33.57 万头，肉牛出栏 2.17 万头，肉羊出栏 7.95 万只；肉类总产量 3.81 万吨，水产品产量 1.9 万吨。

4. 以农村信用体系识别、推动贫困户脱贫

田东通过农村金融改革，整合公安、计生等部门信息，由县直单位、乡镇工作人员、村干部等采集全县农户家庭收入、道德品质、社邻关系等信息并录入系统，建立信用体系，形成比较完善的信息查询和统计功能，有助于全面了解贫困地区贫困状况，再与民主评议结合起来，精确识别贫困户，从而实现了精准扶贫和金融改革的有效结合。

在财政资金的撬动下，贫困村通过成立合作社，合理利用信贷资金发展特色产业。贫困村产业从无到有、从小到大，向规模化、特色化、专业化发展，分别建起了油茶、柑橘、火龙果、牛大力等中草药、生猪、林下养鸡等扶贫产业基地。以朔良镇那娄村为例，在成为信用村一年半的时间，通过农商行授信 1 850 万，其中 500 万用于培育柑橘新产业，目前已经种下果苗 5 500 亩，其他贷款用于甘蔗改良、经济林木、林下养鸡等，产业结构得到进一步优化。

田东县以信用村、信用户建设为抓手，对农户通过增强经济实力、累积信用记录产生正向促进作用，提高信用等级和贷款额度，逐步形成信用体系的良性循环机制。有了资金“血液”，激励着农户自发寻求土地等要素的配置，并努力提升自己的劳动技能。信用体系建设应用“互联网”降低了信息收集成本，让银行更“懂”农户。

5. 激发贫困户参与积极性，优化社会治理环境

金融扶贫使得田东逐渐形成党委政府、市场、社会、贫困农户相互促进、共同参与的贫困治理主体结构。金融扶贫除了提供资金支持外，将金融资本的“有偿使用”与财政资金的“无偿使用”相结合，培养了贫困户的“没钱借钱，有钱还钱”的市场经济意识和责任意识。田东通过农村金融改革激发了贫困农户的参与积极性，激励着他们去提升自己的劳动技能，实现“造血式”扶贫。

农村金融综合改革的前提是建立信用体系，田东在开展信用体系建设时合理设计的信用指标大大优化了社会治理环境，信用评级指标包含了尊老爱幼、邻里和睦、违法犯罪、治安处罚、计划生育、交税缴费等社会性指标，全面、科学地评价农户和企业遵守公序良俗的情况，所有农户的信用评级均需张榜公示，农户之间会相互比较。因此，潜移默化之中促进了社会诚信价值体系的建立，促进了和谐乡村建设。有吸毒人员的家庭、欠缴水电费和其他公共支出费用的家庭、不敬老爱老的农户等均无法评定为信用户，无法获得信用贷款发展生产。村“两委”、村里的经济能人甚至全体村民都会自觉地维护信用环境的建设，坚决反对和纠正社会不良风气。信用体系建设成为推动社会健康稳定和谐发展的“正能量”。

6.1.2 农村金融蓬勃发展，金融支农作用力度大

1. 农村金融产品呈现多样化发展

自开展农村金融改革以来，田东县涉农贷款不断增多，占贷款余额比例也从 2008 年的 68.54%逐渐增长到 2015 年的 76.86%。目前已开发出来的农村金融产

品和服务包括支持农民工、青年、妇女创业贷款、农户信用贷款、农户担保贷款、产权抵（质）押贷款、新型农业经营主体贷款等多种方式。

在农村劳动力大量外流的时代背景下，农民工、农村青年和农村留守妇女是农村发展的中坚力量，田东自试点农村金融改革以来，便设立了针对这一群体的专项贷款，以支持他们创业，近几年来，贷款发放额度迅速增长，年均增速高达36.03%；农户信用贷款着力于解决农民缺乏抵押担保物的融资困境，为贫困农民发展雪中送炭，为有一定物产条件基础的农民锦上添花。自2009年以来，农户信用贷款占农户贷款余额的比例一直都在50%左右，凸显了农村金融支农的力度（图6-5）。田东的农村产权改革使得林权、土地承包经营权、农房、农业生产设施等物产获得了抵押贷款的功能，进一步提升了农业发展融资的便利性。林权、土地承包经营权以及农业生产设施抵押贷款已获得飞速发展，但农房抵押贷款由于涉及合法性问题，还有待继续探索创新。新型农业经营主体是发展农业产业带动群众脱贫致富的主力军，也是农村金融的重点支持对象，田东各金融机构为农业产业化龙头企业、农民专业合作社、家庭农场以及专业大户提供了充分的金融支持。

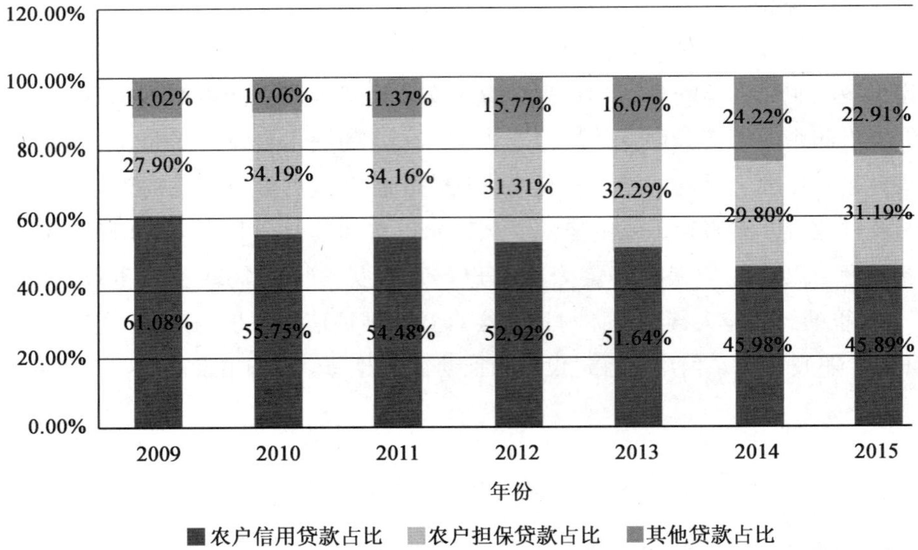

图6-5　2009—2015年不同类型贷款余额占农户贷款余额比重

数据来源：根据人民银行田东支行、田东县农村商业银行数据整理。

2. 农村金融服务呈现迅猛化增长

农村金融产品、服务与县域国民经济社会发展相辅相成，随着农村经济的不断增长，相对应的有了更高的农村金融需求，需求催生供给，农村金融产品与服务的供给方也逐渐增多，田东银行网点数从 2008 年的 41 个增加到了 2015 年的 48 个。目前为田东提供农村金融产品与服务的主体包括农村商业银行、农业银行、邮政储蓄银行、农业发展银行、村镇银行、小额贷款公司、农村资金互助合作社以及农业担保公司等。这些金融机构尤其是本地的农村商业银行提供的贷款服务呈现出逐年快速增长的势头（图 6-6）。不过值得注意的是贷款余额一直比较低的邮储银行，其存款余额远高于其贷款余额，尽管邮储银行自成立以来持续加大对农村的金融服务，发挥城乡一体经营网络的优势，反哺农村，但其总行对分支行的资金抽水现象如今仍然存在，对农村农业融资的支持存在短板。

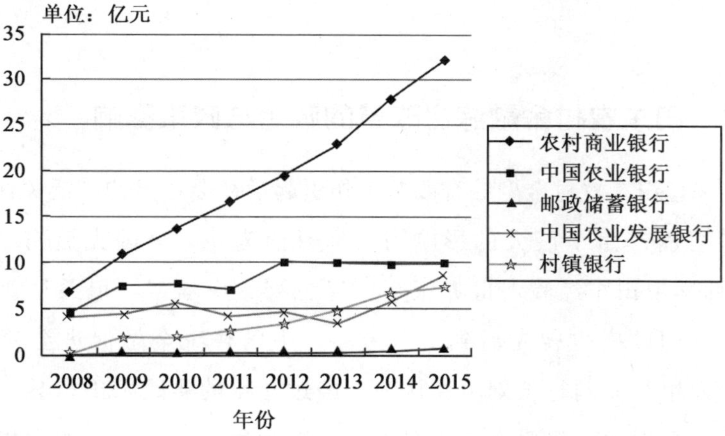

图 6-6 2008—2015 年田东农村金融服务主体贷款余额变化情况

数据来源：田东县统计局。

3. 农村群众金融意识明显提升

农村金融的发展不仅要靠农村金融基础设施和公共服务的提供方，更重要的是要靠农村金融的服务主体——农村群众，让群众拥有金融意识，理解金融文化，遵守金融制度，这是农村金融发展的基础条件。田东县 2009 年初全面启动了“金融知识进农家”宣传活动，扎实开展“诚信田东”金融环境建设，通过在电视台开办《金融知识十分钟》专栏、金融知识现场咨询、创建金融知识学校、建立金融知识服务站等方式普及金融知识；通过文艺演出、送戏下乡等活动，把种养知识和贷款、保险知识编成群众喜闻乐见的曲艺、小品类节目，强化宣传效果和贷款效率，实现了“政府搭台、银行参与、群众唱戏”；通过开展信用体系建设，给予信用评定等级高的农户信用贷款，使广大农户认识到诚信是金、诚信生财。

从近几年来的实践看，通过大力普及金融知识，全县干部群众的金融意识和素质显著提高，试点工作覆盖到的地方，大部分农户基本了解信贷知识，会使用POS机、ATM机和转账电话等现代支付工具，懂得保险常识，农民群众运用金融知识发展生产的方法和手段不断提高，为农村金融的发展奠定了良好的群众基础。

6.1.3 田东农村金融综合改革的政治与政策影响

近几年来，田东农村金融综合改革工作引起了社会各界的广泛关注，在政治层面和政策层面产生了巨大的影响力。到目前为止，全国先后有20多个省（市）来广西学习田东经验，世界银行、以色列、柬埔寨、坦桑尼亚、马里等国际组织及外国政府也曾先后到田东考察。中国普惠金融促进会筹备小组组长、国家开发银行原副行长刘克崮认为，经过几年的实践，田东县金融生态环境明显改善，多层次、低成本、广覆盖、适度竞争、商业运作的农村扶贫金融体系初步建成。

2014年4月，百色全市全面深化推进农村金融改革工作会议在田东召开，会议要求总结和推广田东农村金融改革试点经验，部署全市全面深化推进农村金融改革工作。会议强调，要巩固提升和全面推广田东农村金融改革试点经验，统筹谋划，大胆创新，加快建立农村现代金融体系。

2014年5月，国务院扶贫办主任刘永富在自治区党委常委、自治区政府党组成员唐仁健陪同下，到田东调研农村金融改革工作。他在调研中强调，要不断总结农村金融改革工作的好经验、好做法，进一步创新体制机制，不断扩大覆盖面，让农村金融改革成果更多地惠及广大贫困群众。

2015 年 6 月，国家农村金融改革座谈交流会在田东召开，农业部总农艺师、农村改革试验区办公室主任孙中华出席会议并讲话。会议指出，3 年多来，在中央和地方有关部门的指导下，各改革试验区围绕“创新农村金融机构产品和服务，先行先试大胆改革”，深化工作，不少领域取得了新的突破：一是培育农村金融机构，二是创新抵押担保方式，三是完善农村金融服务，四是创新农业保险制度。这些好措施、好办法为深化农村金融改革提供了宝贵经验。会议要求，要进一步深化对改革试验成果的总结，形成可推广、可复制的经验，争取在全国更大范围内运用。同时，还要进一步深入分析和积极探索下一步农村金融改革的突破口，明确深化改革的方向。

2015 年 11 月，中央扶贫开发工作会议召开，田东县通过建设机构、信用、支付、保险、担保、村级服务组织等六大金融服务体系，有效缓解了贫困户资金缺、贷款难问题，金融扶贫工作得到广泛认可，并在此次会议上受到习近平总书记的高度肯定和表扬。

2016 年 2 月，人民银行党委委员、副行长陈雨露深入广西田东开展农村金融改革和金融扶贫调研活动。陈雨露在田东各地调研后指出，农村金融既是国计，也是民生，是全球性难题，特别是在发展中国家，破题很不容易。田东县在农村金融改革方面做了大量细致具体的工作，初步形成了金融扶贫的“田东模式”，总结了一些经验，不仅对田东，而且对全国打赢扶贫攻坚战都是宝贵的。

2016 年 2 月 24 日，广西壮族自治区党委书记彭清华在全区贫困村党组织第一书记、工作队长脱贫攻坚精准帮扶培训会上强调，农村金融扶贫创新的“田东模式”要迅速在全区推开。广西壮族自治区主席陈武也在多次会议上要求，要加大工作力度，全面推开田东经验。

2016 年 3 月，南宁市召开全市农村金融改革会，会议传达了 2016 年自治区农村金融改革工作会议精神，部署了全市今年农村金融改革工作，南宁市农村金融改革工作将紧密围绕“推广田东模式，发展普惠金融”这一主题，重点完善农村普惠金融服务体系，加大农村金融服务供给，推进农村金融产品和服务创新，加快推进农村社会信用体系建设，健全完善惠农担保体系，加快发展农业保险，加大金融精准扶贫力度。

2016 年 3 月，广西壮族自治区全区农村金融改革工作会议在田东召开，自治区党委常委、自治区常务副主席唐仁健出席会议并作重要讲话。他强调，自治区、市、县三级要建立全面深化农村金融改革工作联席会议制度，为自治区全面推广“田东模式”、深化农村金融改革提供有力支撑。唐仁健对集农村金融改革、金融扶贫和普惠金融于一体的“田东模式”给予充分肯定。要求全区各级各有关部门要立即行动起来，建立自治区、市、县三级全面深化农村金融改革工作联席会议制度，制定明确的任务书、时间表、路线图，为深化推进农村金融改革提供有力支撑。

从国内省市去田东考察学习到外国政府和国际组织去田东考察学习，从百色市推广“田东模式”到南宁市、自治区全面推广“田东模式”，从习近平总书记的表扬到人民银行、农业部、国务院扶贫办领导的认可，这些现象无一不透露出同一个信息：田东农村金融扶贫创新的“田东模式”取得了巨大的成功，并且具有可复制性，在政治和政策层面产生了相当大的影响力。

6.1.4 贫困村农民收入增长迅速，脱贫成效显著

经济增长会影响农村地区的财政投入、基础设施建设、教育投资以及金融投入等多个方面，从而直接或间接影响农村地区的贫困程度（Ali，Thorbecke，1998）[①]。田东农村金融改革加快了田东县贫困农户脱贫步伐。田东贫困村贷款余额由 2008 年改革前的 5 938 万增长到 2015 年的 2.19 亿元，5 年来累计为贫困户发放 9 145 户次 4.56 亿元小额信用贷款。农村贫困人口从 2011 年的 14.63 万人下降到 2015 年的 5.2 万人，贫困发生率从 2011 年的 39.4% 下降到 2015 年的 14.5%。

① Ali A A G，Thorbecke. Poverty in sub Saharan African：magnitude and characteristics［M］. AERC. Nairobi，1998.

为真实反映和追踪贫困村发展状况，田东于2012年开始对全县57个贫困村（区定41个、县定16个）的经济社会发展状况进行监测，采取如下抽样方式：以2010年人口普查数据为参考，结合乡镇和相关部门提供的资料，每个贫困村按经济状况选取好、中、差各2户共6户农户进行调查。该调查项目涉及全县10个乡镇、57个村、342户（其中，自治区定点帮扶9个村，54户；县直部门定点帮扶48个村，288户）。监测数据显示，贫困村农民人均纯收入从2012年的3 418元增加到2015年的5 527元，年均增长17.2%，贫困群众生活水平有了很大提高。

从表6-2中可以看出，截至2015年底，田东县57个贫困村农民人均纯收入最低为作登乡坡教村4 421元，最高为平马镇游昌村8 261元，平均收入为5 527元，图6-7（a）中可以看出，贫困村农民人均纯收入多数分布在5 200元左右；2015年增速最低的为内油村2.39%，最高的为龙要村37.6%，平均增速为15.41%，图6-7（b）可以看出，增速多分布在17%左右。自2012年有统计数据以来，2013年、2014年、2015年的平均增速均在15%以上，显示出贫困村强劲的发展势头。但值得注意的是，2014年有4个村的农民人均纯收入出现了负增长，这也从侧面印证了贫困村农民增收的难度。

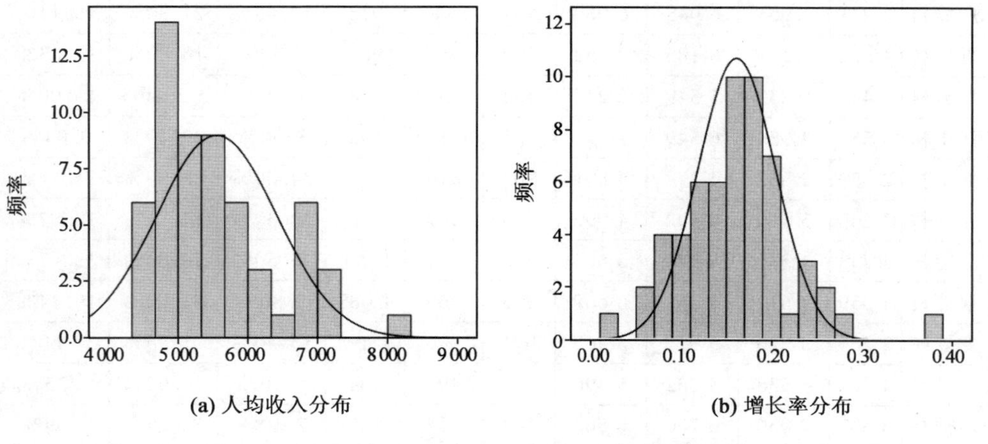

图6-7　2015年57个贫困村人均纯收入与增长率直方图

数据来源：田东县统计局。

表 6-2　2012—2015 年田东贫困村农民人均纯收入变化情况

贫困村村名	农民人均纯收入（元）				增长额（元）			增长率		
	2012	2013	2014	2015	2013	2014	2015	2013	2014	2015
游昌村	6 066	6 401	7 741	8 261	335	1 340	520	5. 50%	20. 90%	6. 72%
新乐村	3 429	4 205	6 064	6 767	776	1 859	703	22. 60%	44. 20%	11. 58%
那达村	2 505	3 502	5 170	6 085	997	1 668	915	39. 80%	47. 60%	17. 69%
陇造村	2 071	2 976	3 959	4 481	906	982	522	43. 70%	33. 00%	13. 19%
民安村	2 177	3 025	4 112	4 580	848	1 088	468	39. 00%	36. 00%	11. 39%
均宁村	1 947	2 778	4 230	5 234	831	1 452	1 004	42. 70%	52. 30%	23. 72%
驮仙村	2 304	3 123	3 967	5 090	819	844	1 123	35. 60%	27. 00%	28. 30%
模范村	2 836	3 553	4 211	4 880	717	658	669	25. 30%	18. 50%	15. 88%
关国村	5 321	5 527	5 205	5 518	206	− 322	313	3. 90%	− 5. 80%	6. 01%
进化村	5 869	5 970	5 763	6 755	101	− 207	992	1. 70%	− 3. 50%	17. 20%
民族村	2 489	3 490	4 099	4 888	1 001	609	789	40. 20%	17. 40%	19. 24%
永隆村	4 758	4 985	4 998	5 445	228	13	447	4. 80%	0. 30%	8. 93%
可恒村	5 510	5 805	6 364	7 105	296	559	741	5. 40%	9. 60%	11. 64%
林秀村	4 103	4 437	5 159	6 312	334	722	1 153	8. 10%	16. 30%	22. 35%
定阳村	4 239	4 923	4 934	5 198	684	11	264	16. 10%	0. 20%	5. 35%
龙邦村	2 003	2 976	3 820	4 776	972	844	956	48. 50%	28. 40%	25. 02%
广养村	4 231	4 965	6 045	6 960	735	1 080	915	17. 40%	21. 80%	15. 14%
真良村	4 822	5 201	6 185	7 152	379	984	967	7. 90%	18. 90%	15. 63%
兰芳村	5 448	5 832	5 519	6 237	384	− 313	718	7. 00%	− 5. 40%	13. 00%
江山村	4 553	4 958	6 549	7 141	405	1 590	592	8. 90%	32. 10%	9. 04%
立丰村	2 659	3 562	4 378	4 891	903	816	513	34. 00%	22. 90%	11. 72%
龙冲村	3 268	3 996	4 502	4 992	728	507	490	22. 30%	12. 70%	10. 87%
新隆村	3 753	4 335	5 575	6 605	582	1 240	1 030	15. 50%	28. 60%	18. 47%
双燕村	4 359	4 612	5 582	6 667	253	969	1 085	5. 80%	21. 00%	19. 44%
龙要村	2 285	3 276	3 972	5 465	991	696	1 493	43. 40%	21. 20%	37. 60%
丰马村	4 261	4 538	5 032	5 496	277	494	464	6. 50%	10. 90%	9. 23%
内油村	6 887	7 030	6 700	6 860	143	− 329	160	2. 10%	− 4. 70%	2. 39%
陇穷村	3 640	4 402	5 071	5 874	762	669	803	20. 90%	15. 20%	15. 83%
陇那村	2 191	3 070	4 332	4 931	878	1 262	599	40. 10%	41. 10%	13. 83%

续表 6-2

贫困村村名	农民人均纯收入（元）				增长额（元）			增长率		
	2012	2013	2014	2015	2013	2014	2015	2013	2014	2015
坡教村	2 560	3 316	3 715	4 421	756	399	706	29.50%	12.00%	19.00%
梅林村	2 616	3 422	4 081	4 841	806	659	760	30.80%	19.30%	18.63%
陇接村	1 642	2 783	3 830	4 766	1 141	1 047	936	69.50%	37.60%	24.44%
石湾村	1 944	3 028	4 025	4 712	1 084	997	687	55.80%	32.90%	17.06%
陇桃村	2 864	3 425	4 039	4 717	561	614	678	19.60%	17.90%	16.78%
巴立村	2 171	3 183	4 384	5 500	1 012	1 201	1 116	46.60%	37.70%	25.46%
平略村	3 820	4 265	4 912	5 490	445	647	578	11.70%	15.20%	11.78%
三陇村	3 130	3 884	4 418	5 037	754	534	619	24.10%	13.80%	14.02%
陇祥村	2 058	2 955	3 802	4 472	897	847	670	43.60%	28.70%	17.61%
大板村	3 369	4 226	4 681	5 134	857	455	453	25.40%	10.80%	9.68%
敬布村	1 950	2 968	3 863	4 779	1 018	896	916	52.20%	30.20%	23.71%
僚坤村	2 979	3 556	4 135	4 906	578	579	771	19.40%	16.30%	18.64%
龙马村	2 880	3 546	4 936	5 895	666	1 390	959	23.10%	39.20%	19.43%
龙贵村	2 463	3 395	3 873	4 532	932	478	659	37.80%	14.10%	17.01%
架龙村	3 044	3 615	3 987	4 591	571	372	604	18.80%	10.30%	15.15%
供固村	4 744	5 096	6 011	6 815	353	915	804	7.40%	18.00%	13.37%
果柳村	2 544	3 456	5 091	5 905	913	1 635	814	35.90%	47.30%	16.00%
云林村	2 866	3 667	4 420	5 244	801	753	824	27.90%	20.50%	18.65%
那娄村	2 878	3 987	5 040	5 741	1 109	1 053	701	38.50%	26.40%	13.91%
六羊村	3 150	3 645	4 937	5 730	495	1 291	793	15.70%	35.40%	16.06%
义合村	3 460	3 656	4 221	4 927	196	565	706	5.70%	15.50%	16.72%
巴鲁村	2 553	3 433	4 843	5 633	880	1 410	790	34.50%	41.10%	16.32%
世木村	4 198	4 323	4 856	5 683	125	533	827	3.00%	12.30%	17.02%
六一村	2 412	4 000	4 942	5 294	1 588	942	352	65.90%	23.50%	7.11%
东冠村	4 744	4 825	4 886	5 283	81	61	397	1.70%	1.30%	8.12%
六柳村	3 035	3 496	4 128	4 862	461	632	734	15.20%	18.10%	17.78%
六鲁村	4 360	4 569	4 610	5281	210	40	671	4.80%	0.90%	14.55%
福星村	4 460	4 880	5 211	5574	420	332	363	9.40%	6.80%	6.96%
平均	3 418	4 053	4 789	5527	635	736	738	18.60%	18.10%	15.41%

数据来源：田东县统计局。

课题组将57个贫困村的发展状况与田东县、百色市、广西壮族自治区和全国的农民人均纯收入进行纵向比较，如表6-3所示。从表6-3中可以看出，田东县、百色市、广西壮族自治区和全国农民人均纯收入增长情况受到近几年宏观经济国际形势下滑的影响，增速下降明显，但田东县57个贫困村依旧保持15%以上的高速增长率，且2013年、2014年、2015年这三年的增长率显著高于其他四个层级，如图6-8所示。此外，57个贫困村的农民人均纯收入占全国农民人均纯收入的比重也逐年提高，从2012年的43.18%提高到2015年的51.31%，足见贫困村脱贫攻坚的追赶趋势。

表6-3　2012—2015年不同层级农民人均纯收入对比

名称	指标	单位	2012年	2013年	2014年	2015年	年均增长
全国	农民人均纯收入	元	7 916.6	8 896	9 892	10 772	10.81
	增长率	%	13.46	12.37	11.2	8.9	
广西	农民人均纯收入	元	6 008	6 791	7 565	8 246	11.13
	增长率	%	14.85	13.03	11.4	9	
百色	农民人均纯收入	元	4 774	5 409	6 145	6 766	12.33
	增长率	%	17.8	13.3	13.6	10.1	
田东	农民人均纯收入	元	6 419	7 324	8 357	9 234	12.89
	增长率	%	18.6	14.1	14.1	10.5	
57个贫困村	农民人均纯收入	元	3 418.2	4 053.1	4 788.7	5 527	17.21
	增长率	%	—	18.57	18.1	15.41	

数据来源：《国家统计年鉴》《广西统计年鉴》百色市统计局、田东县统计局。

6.1.5　田东农村金融改革扶贫成效的若干典型案例

田东农村金融综合改革为本县的经济社会发展做出了卓越贡献，通过若干典型案例可以更形象和直观地展现农村金融促进扶贫的机理。

1.“石头上的村庄”的脱贫之路——真良村案例

真良村位于思林镇北部石山区，全村9个自然屯共238户1 033人，水田

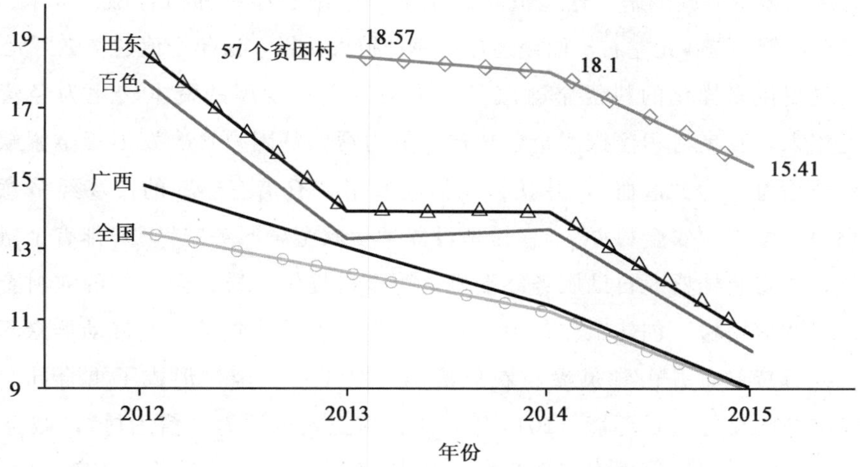

图 6-8　2012—2015 年不同层级农民人均纯收入增速对比

数据来源：《国家统计年鉴》《广西统计年鉴》百色市统计局、田东县统计局。

333 亩，旱地 844 亩，人均耕地 1. 14 亩，主要经济来源为火龙果、香蕉、甘蔗种植及外出务工等，是广西“十二五”扶贫开发攻坚对象村之一。由于自然资源有限、基础设施薄弱、人口素质偏低等原因，发展瓶颈难于突破。

2011 年以来，各级党委、政府和社会各界对该村扶贫开发工作十分重视，多方协调项目和资金帮扶真良村发展产业、进行基础设施建设等，全村发生了翻天覆地的变化。特别是田东县委、县政府抓住作为全国农村金融改革试验区、国家现代农业示范区“两区”契机，不断探索创新扶贫开发工作新模式，把深化农村金融改革与推进扶贫开发工作紧密结合，探索实施农村金融扶贫工程，取得了良好成效。

一是深化农村产权改革，将真良村“沉睡”的土地资源转变为发展的资本。真良村先后完成了林权、集体土地所有权的确权工作，农村集体土地承包经营权、集体建设用地使用权、宅基地使用权、农房所有权、小型水利工程产权的确权登记工作正在全面推进。通过林权改革，真良村获得确权的集体公益林面积 3 066. 5 亩，每年生态公益林补偿资金 4. 52 万元。真良村借助田东农村产权交易中心，鼓励村民将闲散、低效的土地承包经营权向种植大户、经济能人流转，盘活了全村土地资源，提高农地的利用效率和产出效益，努力在促进农户增收的同时，使劳动力从土地中解放出来。这些流转的土地以前用于零星种植甘蔗、玉米、黄豆等，亩年产值1 500元左右，而今连片规模种植火龙果，亩年产值达1.2万元。

二是提供多样化的村级金融服务，推动真良村发展的资本转化为经营的资金。近年来，真良村积极探索金融扶贫，努力帮助贫困户解决发展资金紧缺的问题，变“输血”为“造血”，并让村民树立起了“有借有还”的市场经济意识和责任意识。建立“农金村办”。在村里设立“三农金融服务室”，安排有金融服务联络员，并安装桂盛通自助服务终端机，为全村提供优质、全方位的农村金融服务。开展“信用村”创建工作。由村党支部组织引导，党员示范带动群众积极按时偿还银行贷款，并由党员参与农户信用评级工作。全村形成了重合同、讲信用、守法规的良好信贷环境。2014年，真良村正式被评为“信用村”，截至2016年6月末，全村评定信用农户238户，其中3A级83户，2A级110户，1A级45户，实现了信用等级评定全覆盖，已有83户获得信用贷款，全村累计获得信用贷款720万元。

三是创新农村金融产品，推出土地承包经营权质押贷款等金融产品，有关金融机构累计向真良村火龙果种植专业合作社发放贷款150万元，向真良山泉有限公司发放“返乡农民工创业贷款”100万元。开展扶贫互助活动。由财政出资15万元成立真良村扶贫资金互助社，吸纳贫困农户入社，由入社农户缴纳200元入社金，采取联保的方式可从互助社借用5 000元作为产业发展资金。在扶贫互助金的助力下，社员发展了火龙果、西贡蕉种植和生猪养殖等产业项目。提供多种保险服务。真良村开展了林木、肉鸡、肉猪等多个特色农业保险，开发“小农户+小贷款+小保险”模式，有效分担银行信贷风险。

2.“政府搭台，百姓唱戏”的脱贫平台构建——助农融资担保公司

田东县助农融资担保有限公司（以下简称“担保公司”）由田东县人民政府全额出资于2009年9月成立。注册资金1 000万元，2015年资本金达3 000万元。公司坚持按照“帮客户解困，替政府解忧”的宗旨，坚持对企业、个人的融资提供担保支持。截至2015年末，累计提供融资担保1.42亿元，其中种植户5 590万元，养殖户3 178万元，个体工商户、中小微企业5 480万元。

担保公司为在农村金融改革中主要做出了以下几点贡献：

一是解决非信用户首贷难问题。田东县有8万多农户，通过授信评级为信用户的有5.7万户。这些农户可无抵押、无担保的从银行金融机构获得10万元以下的信用贷款。但仍有2.3万户左右的农户由于未能评为信用户，特别是贫困村贫困户，他们也有创业和资金需求意愿，可要从银行获得资金就需要有抵押或担保，由于农村抵押物的普遍缺失，从而影响群众的资金需求，脱贫致富无门路。此时，担保公司便可发挥其作用，由担保公司为有资金需求的农户担保，农户便可获得银行贷款，解决首次贷款难的问题。这些农户如果在借贷期间能按时还息还款，银行会相应提高农户的信用等级，比如，原来不是信用户的，可以给予信用户的等级。

案例1：作登乡新安村农民黎作成，2013年他就想通过种植甘蔗来脱贫致富，但他缺乏资金，且甘蔗种植面积达200多亩。担保公司了解到这些情况后，深入了解得知该农户确实有通过大力发展种养殖来脱贫致富的强烈愿望，于是公司便为他提供担保使他获得了30万元贷款，利用这笔贷款他从开始种植甘蔗逐步发展到养羊、种植桉树、杧果。目前该农户已有80多只山羊、200亩甘蔗、40多亩杧果、400亩桉树，成为脱贫致富典范。

二是解决新型农业经营主体资金需求难题。截至2016年6月末，全县拥有市级以上农业产业化龙头企业13家，农民专业合作社435户，累计发展各类家庭农场136家，这些新型农村经营主体通过“新型农业经营主体+基地+农户”等产业模式充分发挥经济组织和能人对市场价格和风险的敏锐性优势，对产业发展模式和生产技术的专业性优势，通过经济能人发展特色产业带动贫困户脱贫致富。新型农业经营主体发挥了作用，但在发展过程中，也遇到资金需求难题，由于授信额度小，个人最高为10万元，又无符合银行贷款的抵押物，根本满足不了资金需求，资金短缺成为制约其发展的瓶颈。针对这些存在的问题，担保公司又可充分发挥其作用，根据各个经营主体的不同情况提供贷款担保，解决他们资金短缺问题，确保这些新型经营主体正常发展。

案例2：思林镇真良村梁青松，大学毕业后返乡创业，租村里的50亩地来发展火龙果产业，喝水不忘挖井人，梁青松为了村里群众都能脱贫致富，动员群众以土地入股的方式成立了火龙果种植专业合作社，由于火龙果种植一下子增到500多亩，资金短缺，梁青松的专业合作社通过担保公司的担保从银行获得了150万元的贷款，解决了资金短缺问题。目前，梁青松火龙果专业合作社的土地入股 5 年后如数还款。

三是助推县域经济发展。田东县在全面推进现代农业示范区建设中，通过土地流转开展规模经营，逐步形成了杧果、香蕉、甘蔗、柑橘等农业主导产业。这些公司、企业在创业之初也遇到资金投入不足问题，也由于企业刚开始运作加上无有效抵押担保物的因素而得不到银行的贷款。此时，担保公司便可为他们搭建融资平台，由担保公司担保，使他们得到银行的贷款，顺利让企业正常运作起来。由于有了第一次的合作，银行根据企业的运行情况都给予了无须担保、抵押的信用贷款。有的企业得到了 500 万元的授信额度。

案例 3：田东县壮乡福地农业科技有限公司 2010 年入驻田东，在贫困村祥周镇模范村，流转土地 800 亩，种植香蕉，该公司采用自动浇灌，深沟种植和水肥一体化等技术科学种植，品质不断提升、经济效益含量高，创业初始，缺乏流动周转资金，担保公司为其担保使该公司得到了 50 万元的银行贷款。通过几年的发展，由于诚实守信得到了银行的认可，银行给予贷款 700 万元，该基地用工 100 多人，直接或间接受益农户 200 多户。

案例 4：田东县锦东养殖有限公司，该公司是江城镇返乡农民工在平马镇东达村创立的，该公司实施生猪规模标准化养殖，全程无害化养殖技术，共有商品猪 1 000 多头，母猪 200 多头，安置农民工 20 多人。由于是返乡农民工创业，资金短缺，担保公司为其担保得到银行贷款 150 万元，保证了企业正常发展。

案例 5：田东县金荣纸业，该公司是田东县涉农龙头企业，在该企业的带动下，全县竹子种植面积近 20 万亩，安排 200 多人就业，由于受到经济下行和市场价格影响，加上企业内部决策、运行等因素影响，两年来企业运行艰难，常常遇到流动资金短缺，无法正常发展。担保公司为其提供担保，得到北部湾村镇银行的支持，获得 300 万元的流动资金贷款，缓解了公司的资金短缺难题。

3. “为农民合作社画龙点睛”的共同致富之路——隆祥兔业农民专业合作社

广西田东隆祥兔业农民专业合作社成立于 2011 年 7 月，现有思林、祥周、平马、云林等 12 个分社，共有社员 265 名，遍及田东县各乡镇及平果、靖西等县。该社于 2013 年被评为“广西农民专业合作社示范社”，2014 年 9 月被评为“全国农民专业合作社示范社”。合作社总社位于思林镇良余村那余屯，由思林镇可恒村党员隆茂坚创立，设有种兔培育基地、肉兔养殖基地及兔饲料加工厂，肉兔养殖基地被评为“广西肉兔标准化示范场”。

近年来，该合作社得益于田东大力探索推进的农村金融扶贫改革，通过信用授信和担保公司担保等，获得银行贷款 100 万元，合作社不断发展壮大。截至 2015 年底，总社的种兔养殖基地有职工 26 人，其中党员 5 人，技术员 6 人。基地占地面积 40 亩，项目总投资 500 万元，建设兔舍 13 栋 45 间共 1 800 多平方米，4 650 个笼位，配套建有办公室、宿舍、仓库、兽医室、消毒室、值班室、水塔等功能设施。基地主要从事种兔培育和肉兔生产，较为著名的品种是公司自行培育的“吉祥兔”，具有耐高温、抗病率强、生长速度快、产肉率高等特点。基地实现年出栏种兔 3.8 万只，总产值 570 万元，创利润 200 万元。种兔养殖基地配套建有饲料加工厂，饲料加工厂于 2014 年 6 月试产成功，主要以农作物秸秆为主要原料，通过生物技术制成饲料，绿色环保无污染。项目投资 200 万元，产能达 3～5 吨/小时，生产的饲料统一销往各个合作社养殖户，预计年产值 300 万元，利润 80 万元。

合作社采取“支部 + 合作社 + 基地 + 农户”的养殖模式，实行统一提供饲料、统一检疫、统一技术指导、统一回收，全程为养殖户搞好技术指导培训。辐射带动周边农户发展肉兔养殖。目前，合作社的肉兔养殖在广西排名前三。2015 年，该社年出栏肉兔 25 万只，年产值达到 1 375 万元，实现利润 400 多万元，受益农户达 265 户。

4. 信用贷款脱贫致富之路——田东钩机第一村

作登瑶族乡摩天岭村曾经是一个贫困瑶寨。如今，在这个拥有 210 户 800 多人的村寨里，大部分中青年男性都是开挖掘机的能手。靠着挖掘机，他们走南闯北，在区内、广东、云南、贵州等地承接工程，闯出了一条依靠挖掘机作业带动全村致富的新路子，成为远近闻名的“致富村”。

案例 6：1989 年，年仅 17 岁的凌文革怀揣着 100 元钱，只身一人去了广东打工。因为勤劳能干，深受老板赏识的凌文革获得了学习开挖掘机的机会，并很快成了出色的挖掘机手，他的收入也翻了好几倍。过年回家时，面对依然贫困的乡亲，凌文革想，要是村里的年轻人也出去学挖掘机技术，总比在家里种地强。于是过完年，他就带着村里的年轻人去广东，边打工边学技术。十几年来，通过传帮带的方式，村里先后有 100 多名中青年男子成了挖机手，每月工资少的有

3 000～5 000 元，多的有 7 000～8 000 元。

有了一定积蓄后，凌文革开始考虑要趁着年轻回家乡发展。1996 年，凌文革回到摩天岭村，在信用社贷款买了自己的第一台挖掘机，开始大量承接工程。后来，他又凭借信用等级借到信用贷款，添置了 3 台挖掘机，生意红红火火。

这时，在外打工多年的本村挖机手们都有了回乡发展的打算。然而购买一台挖掘机便宜的要几十万，贵的要上百万，打工赚得的钱远远不够，怎么办？后来，在凌文革的指点下，他们大胆向银行申请贷款。田东农商行了解情况后，决定贷款给他们，先后发放贷款累计 500 多万元。

2005 年，摩天岭村的挖机队组建起来了，业务也逐渐发展到广东、云南、贵州等地。随着业务的不断发展壮大，挖掘机队现已有挖掘机 100 多台。为方便修理和保养挖掘机，有的村民还在田东县城开了挖掘机修理厂。

2013 年，为把摩天岭挖掘机产业进一步做大做强，凌文革又牵头，成立了广西田东摩天岭挖掘机专业合作社。如今，该村被誉为“田东钩机第一村”。

6.2 田东农村金融综合改革的社会评价

田东县农村金融扶贫创新举措目标在于促进农民的发展，通过发展来解决贫困问题。其所取得的成绩受到了社会各界的广泛重视，引起了新闻界与学术界的高度关注。2015 年 12 月，由《人民日报》、新华通讯社、《光明日报》、中央人民广播电台、中央电视台、《中国扶贫》杂志社、《广西日报》、广西人民广播电台、广西电视台、《右江日报》、百色电视台等中央驻桂、自治区以及百色市等 20 家主流媒体 30 多名记者组成的采访团聚焦田东县，集中宣传报道田东金融扶贫工作的先进做法和经验。

为分析田东农村金融扶贫创新在理论界和学术界的关注度和影响力，课题组通过“中国知网”平台，以“田东”和“农村金融”为关键词进行主题检索，剔除掉 2009 年之前的文献，剔除掉跟田东农村金融创新不相关的文献，剔除掉市县一级官方媒体报道，得到被“中国知网”收录的文献共计 142 篇，其中官方媒体报道 73 篇，学术期刊与学位论文 54 篇，机关刊物 15 篇；文献来源属于全国范围发行的 98 篇，省级范围发行的 44 篇，文献发表年份如图 6-9 所示。

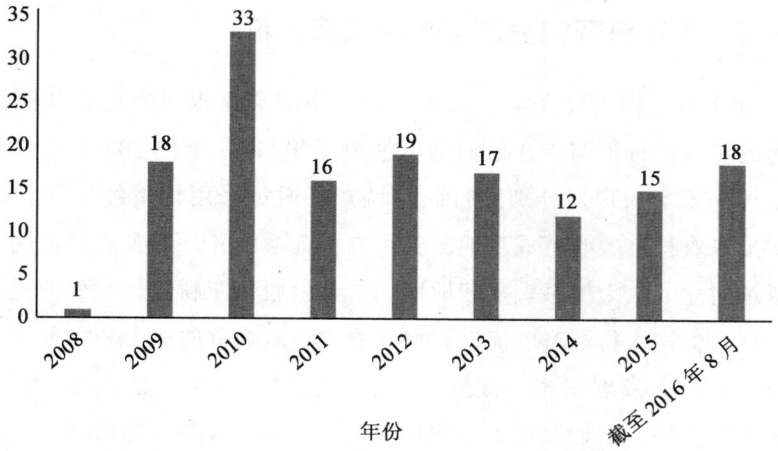

图 6-9 “中国知网”收录的重要文献发表年份变化图

数据来源：作者根据“中国知网”数据制作。

在筛选出以上 142 篇文献后，研究人员提取所有文献的标题、关键词和摘要，输入 TagxeDo 软件进行词云分析，分析结果如图 6-10 所示。由图可知，田东农村金融扶贫创新的主要关键词包括改革、发展、信用、贷款、农业、农村等，这意味着文献的关注点主要在于农村金融改革创新的作用——信用贷款和改革发展，以及农村金融改革创新的目的——发展农业与农村。

图 6-10 “中国知网”收录关于田东农村金融改革文献的词云

数据来源：作者根据“中国知网”数据制作。

6.2.1 学术研究的关注与改革成效评价

2016 年 1 月中国人民大学小微金融研究中心莫秀根研究员带领团队对田东金融改革的效果进行了调查，他们随机抽取了田东 18 个村 709 个农户和隔壁对照县 9 个村 355 个农户，分别进行问卷调查。通过采用计量经济学量化分析方法，证实田东农村金融改革成功地改善了农村金融服务。调查分析证明，田东农村金融改革建立的六大体系，显著地增加了金融服务便利性，有效地提高银行服务的使用率，促进农村资产的流动，增加农户贷款投资的能力和需求（图 6-11），化“沉睡”资产为发展资本，促进当地产业发展。由此可见，深化农村金融改革，发展普惠金融，增加金融服务的可获得性，提高金融服务质量，增加农村资产的融资能力，可以促进农村产业发展。

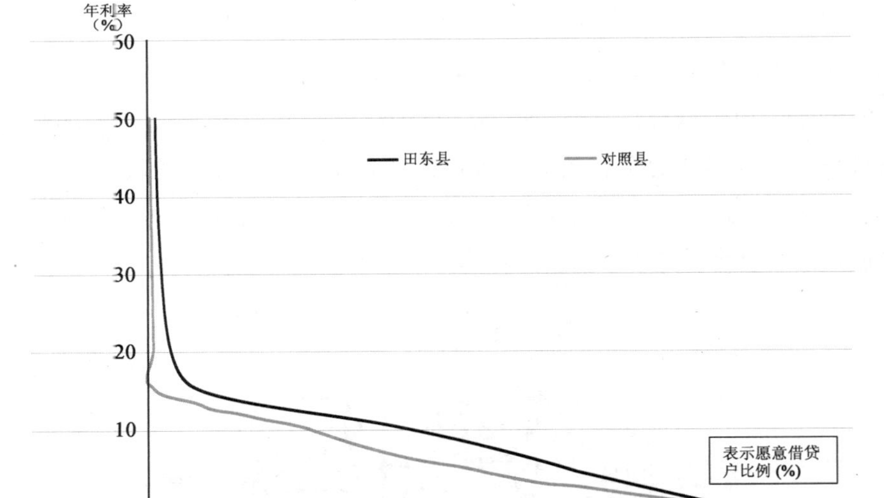

图 6-11 田东县与对照县贷款需求曲线

数据来源：莫秀根．发展普惠金融促进农村产业发展，2016.

李善民以田东 2006—2013 年的涉农贷款为研究对象，实证研究发现金融服务综合改革试点对信贷投放具有显著的促进效应。他的实证分析进一步发现，田东涉农信贷规模每扩大1%，可以带动农民收入提升0.27%。由此，他认为总结田东金融综合改革试点经验对推动我国农村金融改革有一定现实意义和经验启示（李善民，2014）①。"田东模式"的实践表明，健全农村金融市场主体，优化金融支付的结算环境，加大农村信用基础环境建设，积极引导农村信贷产品创新，构建农业经营的利益保障和风险分散机制，是破解我国农村金融服务难题的关键（李善民，2013）②。

旷红梅以田东农村金融改革创新为例，分析了农村金融改革的动力机制。她的研究发现，农村金融改革要取得成功，需要金融机构、农户、政府三个方面都增强自身动力并形成合力。其中，金融机构应主动转变观念，通过创新金融组织、金融产品和服务方式，建立长效机制；广大农户应自觉提高素质，激发自身主体动力；政府则应发挥主导作用，加大改革的外在动力（旷红梅，2010）③。为此，政府必须制定符合本地实情的农村金融扶持政策：一是完善财税优惠政策，探索农村金融的长效机制；二是建立风险分散和转移机制，探索农村金融的可持续发展路径；三是实行差别化的监管政策，探索农村金融的绿色通道（旷红梅，2010）④。

李乔漳运用索罗模型分析金融促进农民收入增长的微观机制。在此基础上，利用全国首批农村金融改革试点地区——广西田东的农户信用信息系统数据，分别对农村金融改革与农户融资可得性、农户融资可得性与农民收入增长的关系进行实证研究，发现农村金融改革有助于完善农村金融市场体系和农户信用信息体系，从而提升农户融资可得性；而农户融资便利性提升有助于优化农村金融资源配置，提升农户的资本投入水平，进而促进农民收入增长。他的研究发现从田东农村金融改革启动前后比较来看，借鉴李明贤和叶慧敏（2014）⑤ 用农户户均贷

① 李善民．农村金融改革对农民收入增长效应的实证研究——来自广西田东县的经验证据［J］．区域金融研究，2014，06：62-65.

② 李善民．"田东模式"：农村金融改革的典型经验［J］．广西财经学院学报，2013，03：108-111.

③ 旷红梅．农村金融改革动力机制研究——以全国农村金融改革试点田东县为例［J］．人民论坛，2010，32：138-139.

④ 旷红梅．关于完善农村金融扶持政策的对策思考——以广西田东县为例［J］．中共南宁市委党校学报，2010，05：46-49.

⑤ 李明贤，叶慧敏．我国农村金融发展与农民收入增长的实证研究［J］．江西财经大学学报，2014（04）：88-97.

款余额刻画农户融资可得性，可以发现，从 2009 年开始，田东县农户户均贷款余额呈现大幅上升态势（图 6-12）①。

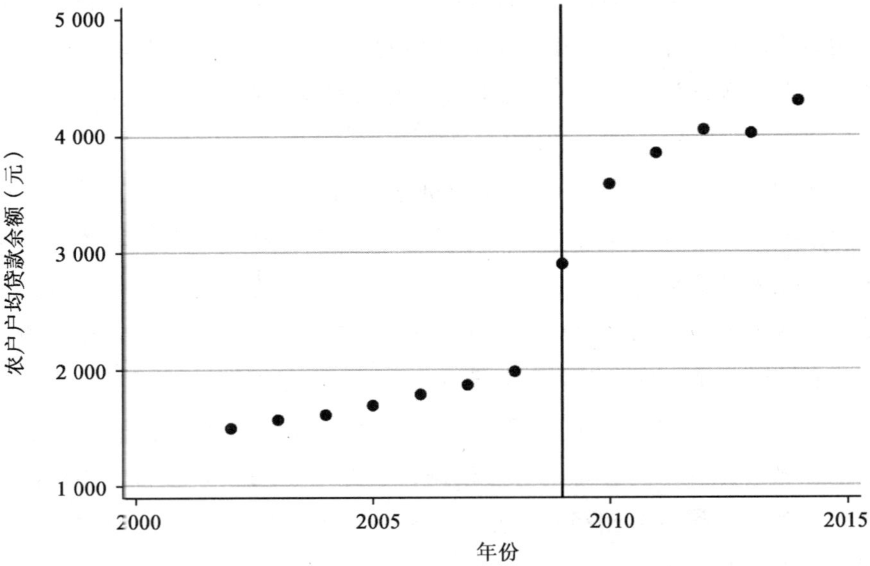

图 6-12　农村金融改革前后田东县农户户均贷款余额变化情况

数据来源：李乔漳，2016.

通过对以上代表性研究文献的梳理可以发现，田东农村金融扶贫创新显著地增加了农民群体的金融服务便利性，有效地提高银行服务的使用率，促进农村资产的流动，而且也显著增加了农户贷款投资的能力和需求，为促进当地经济社会发展和脱贫致富发挥了巨大作用。

6.2.2　本地农民的认识与满意度评价

田东农村金融综合改革的核心是以农民利益为出发点，切实服务于全县底层农民。为考察农民群体自身对于田东农村金融综合改革的满意度，课题组于 2016 年 7 月 19—25 日，在作登瑶族乡、思林镇、林逢镇、那拔镇针对农民群体

① 李乔漳．农村金融改革、农户融资可得性与农民收入增长［J］．南方金融，2016（5）：95-102.

开展了随机入户问卷调查。因为是主观评价，调查采取 10 分制，按分数高低来对相应的题项进行主观打分，被调查样本一共 208 户，其中建档立卡贫困户为 127 户，非贫困户为 81 户。

表 6-4 2016 年田东县农民对农村金融服务的满意度

指标	金融服务整体满意度	存取款服务满意度	贷款服务满意度	可贷额度满意度
均值	8.567 3	8.788 5	7.718 8	6.649 0
中值	9.000 0	9.000 0	7.500 0	6.000 0
众数	9.00	9.00	7.50	6.00
标准差	1.096 89	0.908 08	0.893 61	1.537 58
方差	1.203	0.825	0.799	2.364
极小值	6.00	6.00	5.00	4.00
极大值	10.00	10.00	9.50	10.00

如表 6-4 所示，田东县农民对于本县金融服务的整体满意度均值为 8.567 3，存取款服务满意度为 8.788 5，贷款服务满意度为 7.718 8，可贷额度满意度为 6.649 0。整体而言，农村金融服务在田东农民心中的接受度颇高，尤其是存取款服务的满意度。2009 年以来，该县在全县 162 个行政村中建立“三农金融服务室”，设立农村金融服务指导员。“三农金融服务室”的设立，有效推进了信用采集、贷前调查、贷后催收、保险服务、金融知识宣传等工作前置到村一级。截至 2016 年 9 月末，全县共安装 ATM 机 154 台，布放 POS 机 2 120 台；全县发行各种银行卡 84.27 万张，人均 1.96 张，个人网银、短信通等服务方式得到广泛使用，成为全国首个实现转账支付电话“村村通”的县，被人民银行总行确定为十个“全国农村支付服务环境建设联系点”之一。

但值得注意的一点是，贷款服务满意度与可贷额度满意度比存取款服务满意度显著要低，从图 6-13 中可以看出，被调查对象对于贷款服务本身有比较高的满意度，但是对目前的贷款额度满意度不高，其重要原因在于目前的贷款服务属于小额信贷，而现实中农民有更高的贷款需求，尤其是一些专业大户。这也表明与实际得到的授信额度相比，农户有更高的贷款授信额度需求，说明正规金融供给主体提供的受信额度仍然不能完全满足农户的贷款需要（徐荟竹等，2012）①。

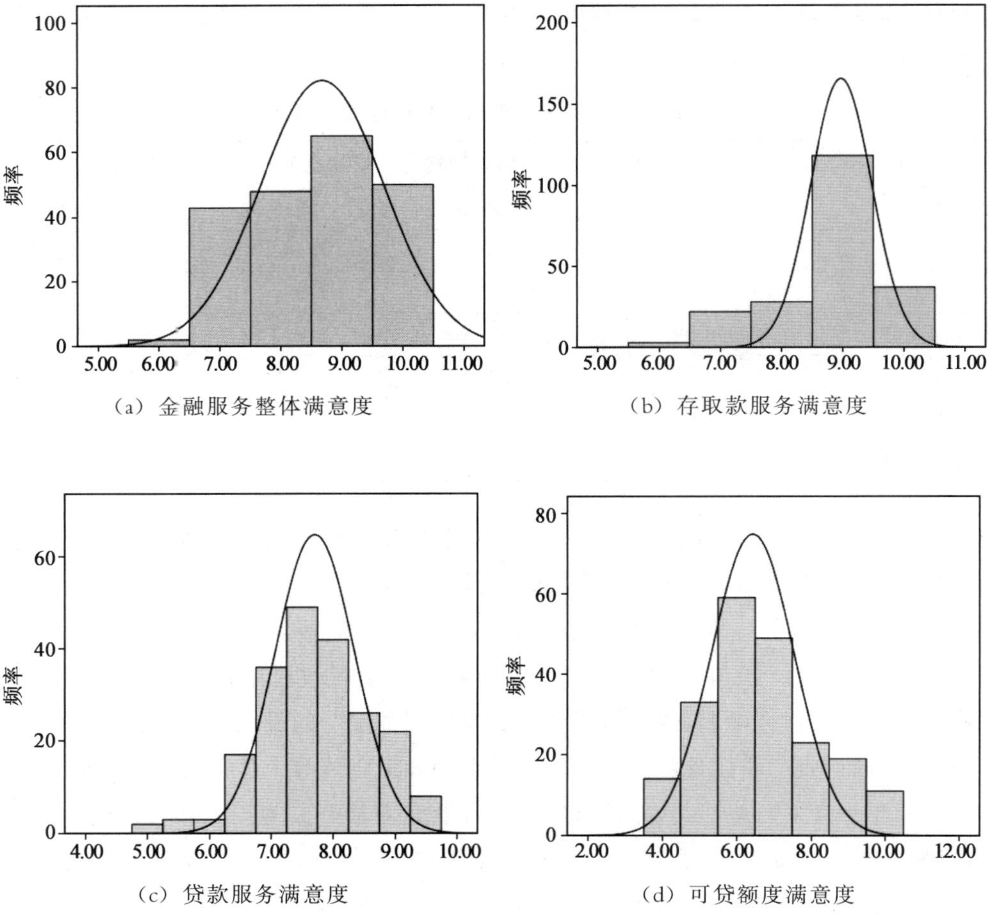

图 6-13　田东县农村金融服务满意度直方图

针对这一情况，田东县从 2015 年起提高了授信额度。对 A 级信用户贷款额度从原来 2 万元最高提到 5 万元，对 2A 级信用户贷款额度从原来 4 万元最高提到 8 万元，对 3A 级信用户贷款额度从原来 5 万元最高提到 10 万元。尽管如此，

① 徐荟竹，车士义，罗惟丹等．公共财政、农村金融改革和可持续金融扶贫研究——基于连片特困区 375 个贫困县的调研分析［J］．金融发展评论，2012（1）：114-139.

从调研情况来看，目前的授信额度依旧不能完全满足农户的融资需要，这也从另一个侧面反映出田东农民发展产业的蓬勃需求。针对此问题，田东县已经采取了相关措施。对于贷款额度超出小额信贷范围，带动群众发展的涉农小微企业、专业大户、家庭农场，县财政出资 3 000 万元成立助农融资担保公司为其担保贷款，截至 2016 年 9 月末，已累计提供融资担保 281 笔共 1.73 亿元。但总体上看，为贷款对象提供担保的条件比较严格，一般普通群众很难满足担保要求。

6.3 田东农村金融综合改革的时代特征

田东农村金融综合改革紧随时代要求，高度贯彻落实国家政策及大政方针，切实践行共享发展理念，坚持“以人为本”，高度重视金融对贫困农户内生动力的培育作用。同时，积极推进金融供给侧结构性改革和农业现代化进程，加强并创新社会治理，努力打造“诚信田东”。

6.3.1 共享发展理念的切实践行

共享发展强调发展的目的是一切为了人民，强调通过顶层设计和预期引导实现民众福利的最大化，强调要把群众切身利益作为检验发展的标准，自觉增强为人民服务的意识，从民众最现实、最关心、最直接的问题入手，不断推进经济和社会的发展，让百姓有实实在在的获得感。2008 年田东农村金融综合改革启动以来，田东县委、县政府主动作为，密切联系和依靠群众，从全县包括贫困农户在内的各类农业生产经营主体融资难、融资贵出发，积极与人民银行对接并协调全县各部门和相关金融机构，不断完善县域顶层设计，始终践行共享发展理念，让广大农业经营主体以合理价格享受了便捷的金融服务，为全国县域解决农业经营主体融资难、融资贵问题提供了田东方案，展现了田东干部群众的首创精神。

6.3.2 建设农村普惠金融体系的先行先试

2016年《关于落实发展新理念加快农业现代化实现全面小康目标的若干意见》（中央1号文件）提出要"发展农村普惠金融"。农村普惠金融的主要服务对象是贫困农户、普通农户、专业大户、家庭农场、农民专业合作社、农业产业化龙头企业和涉农小微企业等农业经营主体。田东农村金融综合改革，正是通过以农村信用体系为中心的"六大体系"建设，构建了针对以上农业经营主体的多层次、广覆盖、可持续的田东农村普惠金融体系，是在农业县、贫困县建设农村普惠金融体系的先行先试，这一试验田的改革成果，既是顶层设计可充分研究、推广的宝贵经验，也是基层实践可深入学习、复制的操作规范。

6.3.3 现代农业"三大体系"的支撑探索

习近平总书记多次指出，推进农业现代化，要突出抓好加快建设现代农业产业体系、现代农业生产体系、现代农业经营体系三大体系。三大体系的建设要发展多种形式适度规模经营，培育壮大专业大户、家庭农场、农民合作社、农业企业等新型经营主体，其中重点之一是加大金融的支持和引导力度。田东农村金融综合改革，以农村信用体系、政策性担保体系、农村产权交易中心建设和政策性保险体系建设，为新型农业经营主体提供了不动产抵押、产权抵押、政策性担保、纯信用等多种贷款产品和13个大类的特色农产品政策性保险，在培育新型农业经营主体发展过程中发挥了重要作用，加速了县域农业现代化进程，是对县域金融支撑三大体系建设的有益探索。

6.3.4 金融供给侧结构性改革的县域示范

供给侧结构性改革是既定国策，金融供给侧改革是供给侧结构性改革的题中之意和关键环节。田东农村金融改革为县域金融供给侧改革提供了范本。首先，需求决定供给是经济学的基本原理，田东的金融供给侧改革，紧紧遵循这一原理，通过加强金融教育战略性规划，开展特色化、常态化的金融知识宣传教育，将全县农村金融知识普及率由 2008 年的 0.2%提高到 2015 年的 92%，实现了农户从对金融的排斥、忧虑到理性对待和主动运用，开启了农村金融的需求侧。其次，推动客户下沉和金融升级。客户下沉的过程不是金融降级的过程，恰恰相反，是金融升级的过程。农村金融客户，规模小、分布散、用款急，但自身缺抵押、缺质押、缺担保、缺报表，故而为其服务成本高、风险高，因此金融机构不愿为其服务，同时也造就了农村这一金融蓝海市场。田东通过农村信用体系和政策性担保体系建设，及时对接逐渐活跃的农村金融需求，帮助金融机构成功撬动了这个市场，同时也推动了田东农商行和田东北部湾村镇银行这两个内生金融机构的做大做强。

6.3.5 金融培育贫困农户内生动力的典型案例

习近平总书记指出，贫困地区发展要靠内生动力，要最大限度调动当地群众的积极性，变“要我发展”为“我要发展”。田东农村金融综合改革从一开始就把金融扶贫纳入考量，高度重视金融对贫困农户内生动力的培育作用。9 年来，一方面由扶贫办、农业局指导贫困农户发展生产项目，另一方面基于农村信用体系向贫困农户发放无抵押无担保小额信用贷款并予以贴息、担保，增强其自身劳动素养和发展能力，在很大程度上阻断了贫困的代际传递。此外，田东各金融机构还积极为带动贫困农户作用明显的新型农业经营主体提供信贷服务和政策性保险服务，保证了带动脱贫的持续性。

6.3.6 加强和创新社会治理的金融试验

加强和创新社会治理是推进国家治理体系和治理能力现代化的重要方面，是我国社会主义社会发展规律的客观要求，是人民安居乐业、社会安定有序、国家长治久安的重要保障。田东农村信用体系建设在农户信用等级的评定中，将包括水电费是否拖欠、是否敬老爱老和是否邻里和睦等诚信指标纳入考量，是从社会信用体系长远建设着眼，立足农村熟人社会特点做出的有益探索。这样的设定使不诚信、不孝顺的农户难以获得较高的信用等级，在精神上羞赧，在物质上可获贷款额度低、利率高，从而生产发展上慢于其他农户。从近几年情况来看，田东农村诚信度、和谐度明显改善，敬老爱老蔚然成风，邻里关系和睦，拖欠水电费等情形鲜有发生。从田东加强和创新社会治理的金融试验是成功的，是可以研究推广的。

6.4 田东农村金融综合改革的强持续性

田东县通过建立健全组织、信用、支付、保险、担保抵押和服务“六大体系”，激发了农户信贷的内生动力。同时，全县信贷供需随着长期的金融教育和金融实践呈现持续旺盛的趋势，在此基础上，当地政府的高度重视和大力支持无疑是助推器，使田东农村金融综合改革具有强持续性和生命力。

6.4.1 六大体系是一个完善整体

田东县的组织、信用、支付、保险、担保抵押和服务“六大体系”，创新性解决了县域存款取款、转账支付特别是融资难、融资贵问题，其主旨是以信用体系为核心，以基础服务体系为支撑，在组织体系和支付体系解决基本金融服务的基础上，创新完善信贷技术和提供政策性保险产品，使农户能以合理价格快速便捷地获取金融服务，推进城乡居民金融服务获取机会的平等性。

6.4.2 信贷供需持续两旺

通过长期的金融教育和金融实践，田东基本扫除了农户对信贷和保险产品的误解、恐惧和偏见，而能理性看待和运用金融工具。在“诚信田东”“金融知识进农家”等宣传教育活动的带动下，田东县农村群众金融意识大幅提升、金融素质显著提高，大部分农户基本了解信贷知识，会使用POS机、ATM机和转账电话等现代支付工具，农民群众运用金融知识发展生产的方式和手段不断提高。

随着田东县农业现代化的推进、特色农业的发展及农户收入水平的提高，越来越多的新型农业经营主体和农户的生产经营性资金需求不断增加，信贷需求持续旺盛。与此对应，全县金融机构积极增加信贷供给，截至2015年末，全县金融机构存贷比高达93%。

以农村、农业为支持重点的田东农村商业银行、北部湾村镇银行，全力支持贫困户和带有脱贫功效的新型农业经营主体的发展，积极为其提供信贷需求。截至2016年9月，田东农村商业银行各项贷款余额为40.01亿元（涉农贷款余额37.10亿元，占比92.7%），各项存款余额46.25亿元，存贷比86.5%，不良率1.7%；北部湾村镇银行各项贷款余额为7.3亿元，其中涉农贷款余额6.4亿元（涉农贷款占比87.7%），各项存款余额7.6亿元，存贷比96.05%，不良率2.8%。

作为全县农村金融改革和金融扶贫贡献度最大的金融机构田东县农村商业银行，还积极为贫困户贷款，2016年获得央行2.2亿元扶贫再贷款授信额度，但由于全县旺盛的信贷需求，截至2016年6月末，该笔扶贫再贷款额度全部用完。

6.4.3 县委县政府始终高度重视和大力支持

自2008年农村金融综合改革启动以来，田东县委、县政府认真贯彻落实党中央的决策部署，在各级各部门领导的关心与支持下，始终高度重视并大力支持田东县农村金融综合改革，不断解决农村金融改革推进过程中遇到的挑战和困难，保持了政策的稳定性和延续性，鼓舞了各金融机构、各部门和各参与人员的积极性，为田东在农村金融综合改革领域再创新辉煌提供了有力的组织保障。

6.5　小结

田东农村金融综合改革为推动近10年田东经济社会的发展发挥了重要作用，在政治与政策上产生了巨大的影响力，也得到了社会各界的高度关注与认可，最重要的是为解决田东的贫困问题做出了卓越贡献，与老百姓的发展利益紧密关联在一起。同时，田东农村金融综合改革始终践行共享发展理念，稳步推进农业现代化进程，探索金融供给侧结构性改革之路，积极建设农村普惠金融体系。此外，田东县委县政府始终高度重视并大力支持农村金融综合改革，为田东在农村金融综合改革领域再创新辉煌提供了有力的组织保障，使其具有强持续性。

关山初度尘未洗，策马扬鞭再奋蹄。田东农村金融体系要发挥更大的扶贫作用还需要对这一体系进一步完善，对潜在风险进一步规避，对存在问题及时解决。雄关漫道真如铁，而今迈步从头越。尽管田东农村金融体系的探索与创新之路注定会布满泥泞，但其为促进田东人民发展，和为广大贫困地区探索一条脱贫之路的创新实践，有着深刻的历史与现实意义，为田东农村扶贫金融体系的进一步完善和发展，奠定了坚实的基础。

第 7 章

农村金融综合改革为田东扶贫金融体系建设提供了坚实基础

田东农村金融综合改革，始终高度重视其扶贫功能，建档立卡贫困农户不但获得了小额信用贷款，还享受了贴息和保费补贴等领域的特惠支持政策，成为改革过程中最受益的群体。而这仅仅是其中一个缩影。田东农村金融综合改革体系与田东农村扶贫金融体系，在构建中存在多维相似之处，可以互为基础，互相衍生。但二者侧重点不同，农村金融综合改革的目的在于实现以金融支持农民增收致富，农村扶贫金融体系构建的目的在于建立金融反贫困治理的长效机制，其概念外延更大、功能作用更多，因此需要在农村金融综合改革成果基础上继续完善体系、优化结构。

7.1　农村金融综合改革对扶贫金融体系的贡献

7.1.1　建立了门类齐全的扶贫金融机构体系

田东县在农村金融综合改革中，引入各类金融服务主体，不断完善金融机构组织体系。截至2016年10月末，全县拥有9家银行金融机构，18家非银行金融机构，金融机构种类齐全度居广西县域首位，为建立扶贫金融机构体系打下了坚实基础。

田东农商行在提供扶贫金融服务方面发挥了直接、重要的作用。田东农商行共有20个营业网点，建成了覆盖所有行政村的金融服务网络，成为田东县服务网点最多、银行从业人员最多的金融机构，为提高农户，尤其是贫困户金融服务的可获得性提供了有力保障。2016年6月，田东农商行成为百色市第一个完成贫困户信用档案建立和评级授信两个“全覆盖”目标的县域金融机构，贫困户贷款签约占比、扶贫小额贷款增量和余额均为广西各县第一。截至2016年9月末，农商行累计为5 832户贫困户发放贷款2.85亿元，覆盖贫困户占比47.5%，贷款额在全县占比超过95%。

北部湾村镇银行和扶贫资金互助协会发挥了重要补充作用。截至2016年9月，北部湾村镇银行累计为221户贫困户发放小额扶贫贷款1 100万元，贷款额在全县占比3%左右；先后成立的29个“扶贫资金互助协会”，使银行信贷无法覆盖的贫困农户获得部分发展资金。

此外，农发行田东支行作为政策性金融机构在田东金融扶贫过程中也做出很大贡献。2016年5月6日，农发行田东县支行扶贫金融事业部正式挂牌成立，为支持田东县扶贫工作提供了坚实的平台基础。截至2016年末，累计投放贷款7.41亿元，支持田东县易地扶贫搬迁项目2个、水利项目1个、农村路网项目1个、农业产业化项目 1个，各项贷款余额11.26亿元，比年初增加2.69亿元，增长31%，为加快田东县基础设施建设和实施精准脱贫提供了强有力的政策性金融支持。

7.1.2 积极发展产权抵押贷款和信用贷款

1. 积极实践农村产权抵押贷款

田东县于2012年成立了广西首家农村产权交易中心，构建产权交易服务网络，旨在打通农村资产资源变现渠道，将广大农村沉睡的资源转化为发展的资本。产权交易中心为农村产权提供了抵押平台和流转平台，促进产权抵押贷款业务的发展。农村综合产权交易中心2012年到2016年9月各年（2016年为前9个月）发生的各项指标数据见表7-1，各项指标每年发生额度变化见图7-1。

表 7-1　田东县农村综合产权交易中心 2012—2016 年各项指标数据

指标/年份	农村产权交易		农村产权抵押贷款		农村资产评估		贫困村土地流转			贫困村产权抵押贷款	
	宗数	交易额（亿元）	宗数	贷款额（亿元）	宗数	评估价值（亿元）	宗数	亩数（万亩）	交易额（亿元）	宗数	贷款额（万元）
2012	0	0	4	0.02	4	0.07	0	0	0	1	20
2013	1 424	1.54	25	0.30	25	0.85	94	0.47	0.12	7	293
2014	3 900	3.61	43	2.21	43	4.94	1 145	2.53	2.25	11	1 945
2015	4 508	3.06	67	1.42	67	5.65	638	0.34	0.16	13	2 999
2016（9月末）	620	0.73	57	1.58	57	5.34	212	0.15	0.24	15	3 538
合计	10 452	8.94	196	5.53	196	16.85	2 089	3.49	2.77	47	8 795

数据来源.根据田东县金融工作办公室资料整理。

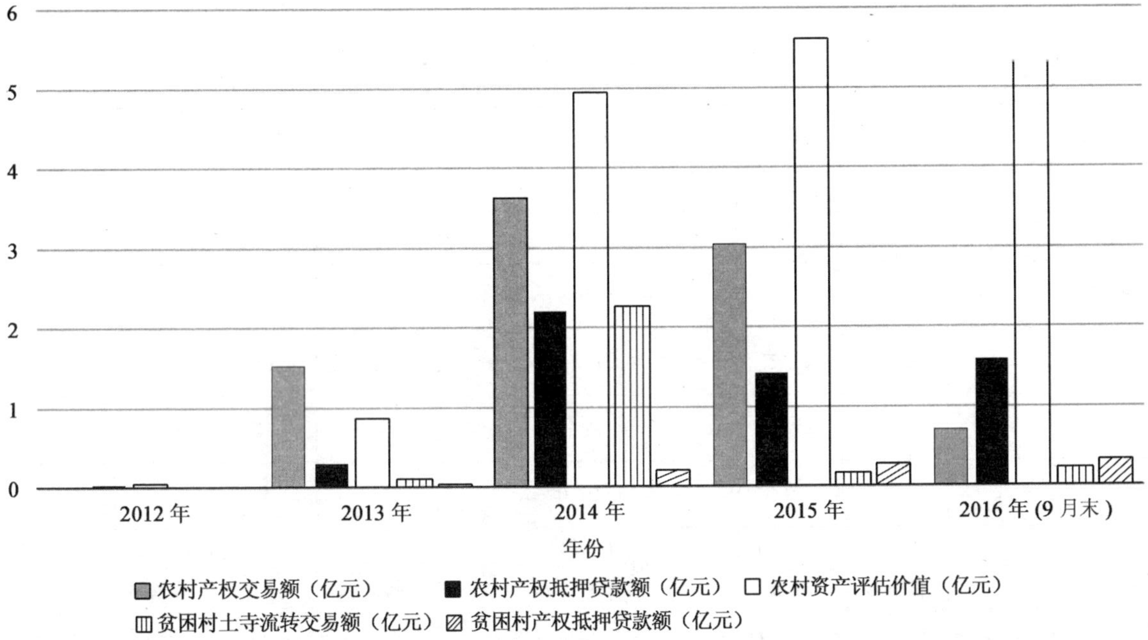

图 7-1　田东县农村综合产权交易中心 2012—2016 年各项指标每年发生额度数据变化

数据来源 根据田东县金融工作办公室资料整理。

由表 7-1 和图 7-1 可见，除却 2016 年前 9 个月的数据，产权交易中心 2012 年到 2015 年各年发生的农村资产评估价值、贫困村产权抵押贷款额逐年提升；农村产权交易额、农村产权抵押贷款额 2015 年总体比 2012 年上升较大，其中 2015 年比 2014 年有所下降；贫困村土地流转交易额 2013 年比 2012 年小幅上升，2014 年明显增多，2015 年又大幅回落，但仍高于 2012 年和 2013 年。产权交易中心各项指标发生额度总体上升，说明产权交易中心发挥了良好的作用。

截至 2016 年 6 月末，田东县农村土地承包经营权抵押贷款余额达 9 570 万元，比去年同期余额增加 4 725 万元，增长了 83. 16%；比年初增加 2 238 万元，增长了 30. 52%。

田东县农商行积极实践产权抵押贷款，截至 2016 年 9 月末，“土地经营权”抵押贷款余额为 8 542 万元，“林权”抵押贷款余额为 22 736 万元，创新发放首笔农房抵押贷款 10 万元，首笔农村自建房按揭贷款 15 万元；通过田东县农村产权交易中心平台办理农村产权抵押贷款 144 笔，金额 4. 06 亿元，其中贫困村产权抵押贷款 46 笔，金额 9 333 万元，笔均 203 万元，至今未发生一笔坏账。这些创新型贷款产品，有力支持了新型农业经营主体和涉农小微企业发展，对带动贫困农户就业起到了不可忽视的间接支持作用。

2. 大力发展信用贷款推进金融扶贫

在以农村信用体系建设为核心的农村金融体系建设中，田东县将信用评级与精准扶贫“联姻”，推进“贫困村转信用村”，让所有贫困户都平等地拥有通过信用获得贷款的权利和资格。“信用能换钱”成为田东县农民的共识。

7. 1. 3 相对较强的地方金融服务机构

田东金融办是一个独立的部门，共有 4 个事业编制，从百色市、广西壮族自治区乃至全国来看，人员配置数量都属于较高水平，且有长期志愿者协助工作，保证了金融扶贫工作人力充足，在农村金融综合改革中发挥了重要作用。

7. 1. 4 建立了扎实的农村信用体系和政策性担保体系

田东县 2009 年开始启动农村信用体系建设，2011 年 10 月被国家信用体系建设部际联席会议办公室认定为全国首个“信用县”。2014 年中国人民银行授予田东县“全国农村信用体系建设示范区”称号。扎实的农村信用体系，从根本上提高了农户，特别是贫困农户贷款的可获得性，成为金融扶贫的基石。在信用评级指标的选取上，专门针对贫困农户采取了更加科学合理的信用评级方式，降低“家庭收入”在信用评级中的影响，综合考虑道德品质、邻里关系、孝老敬亲、技术专长、履行社会责任、遵纪守法等信息，全面识别贫困户信用状况，为贫困户首贷难问题提供了有效的解决方案。截至 2016 年 9 月末，全县已发放扶贫小额信用贷款 3 163 户，贷款余额累计 1.44 亿元，占建档立卡贫困户的 23.82%。

针对农民缺乏有效担保物的问题，田东县开展多类政策性担保。2009 年县财政出资 3 000 万元建立了助农融资担保公司，截至 2016 年 6 月末，累计提供融资担保 275 笔，担保金额 1.7 亿元，担保金放大倍数接近 1∶5，逐渐成为小微经济体增信、风控的重要途径之一。其中种植户、养殖户、个体工商户、农村小微企业等小微经济体融资担保情况见表 7-2。

表 7-2　2016 年 6 月末各类小微经济体融资担保情况

小微经济体	担保笔数	担保金额（万元）
种植户	44	3 210
养殖户	53	3 338
个体工商户及其他	68	5 920

数据来源：根据田东县金融工作办公室资料整理。

2013 年 5 月，广西金融投资集团与田东县人民政府开展战略合作，在田东成立金融综合服务中心，截至 2016 年 6 月末累计为田东小微企业、个体工商户提供融资担保 8.39 亿元。

7.1.5　财政政策有利于降低贫困农户贷款成本

1. 扶贫贷款贴息政策

一是扶贫小额贷款贴息政策。对建档立卡贫困户申请 5 万元以下、3 年以内（含 3 年）的免抵押、免担保信用贷款，给予财政全额贴息；对建档立卡贫困户申请的 6 万～10 万元扶贫小额担保贷款，按基准利率给予连续不超过 3 年的财政全额贴息，每户扶贫小额贷款贴息最高不超过10万元。对已获扶贫小额贷款的贫困户，脱贫后在合同期限内依然享有财政贷款贴息补助。

二是对带动贫困农户经营主体的贴息政策。为引导金融机构重点支持覆盖带动贫困户数达到一定标准的农民专业合作社和专业大户，对其实行扶贫小额贷款贴息制度。贷款额度标准为每家农民专业合作社按每年最高贷款额度不超过100万元；专业大户视其带动贫困户数量，每带动一户，给予2万元的贷款额，每年最高贷款额度不超过20万元。扶贫贷款贴息期限为连续3年，不到3年的，依贷款时间据实贴息。对符合条件农民专业合作社、专业大户，在贴息期内按贷款合同确定的基准利率给予贴息。

财政贴息政策降低了农户、扶贫龙头企业、农民专业合作社及专业大户的还贷成本，有利于促进农户发展产业、增收脱贫。2011—2015年，全县共发放到户贷款41 568万元，发放小额担保贷款1 249笔，贷款金额6 402.78万元，支付贷款贴息749.43万元，项目覆盖10个乡镇，受益农户达5 835户2.65万人。其中，发放扶贫小额贷款17 513万元，支付贷款贴息120万元。受益在册建档立卡贫困农户3 950户16 218人。

2. 建立“三农”贷款风险补偿专项资金

田东县建立800万元风险补偿资金用于各类金融机构服务“三农”贷款的风险补偿，截至2016年6月末，已偿付金融机构农户小额贷款坏账219.8万元，有效地激发了金融机构支持三农贷款的内生动力。

7.1.6 发展了多种类政策性农业保险

田东县采取全县统保与局部试保相结合的方式开展政策性农业保险工作，共13个险种。针对不同的险种，实行不同的保费补贴政策，引导农户因地制宜、自主选择参加农业保险，降低自然灾害风险给广大农户带来的损失。

针对贫困户，田东县还开办了扶贫小额贷款保证保险、贫困户家庭财产保险和贫困人口小额人身意外伤害保险，防止因自然灾害或意外事故造成家庭财产损失或人员伤亡而返贫，同时也是给金融机构的一颗“定心丸”，有助于推动扶贫小额信贷工作开展，加强金融支持扶贫的作用。全县安排小额信贷风险补偿基金

1 000 万元，投入 578 万元为贫困户购买扶贫小额贷款保证保险、家庭财产险和人身意外伤害险，为银行等金融机构给贫困户发放小额贷款提供保障。

7.2 田东在金融扶贫领域尚存在的问题

7.2.1 金融机构总量不足

课题组成员在调查中发现，田东县信贷需求十分旺盛，截至 2016 年 10 月已存在的金融机构，除邮储银行外，存贷比均达到 70% 以上，其中农业发展银行、工商银行、建设银行、北部湾村镇银行超过 100%（表 7-3）。

表 7-3 2013—2015 年田东县各金融机构的存贷比

金融机构	2013 年	2014 年	2015 年
农业发展银行	778.62%	1174.58%	196.00%
工商银行	118.08%	130.06%	120.49%
建设银行	141.66%	133.01%	117.89%
农业银行	81.74%	78.00%	73.45%
北部湾村镇银行	114.89%	128.03%	111.75%
农村商业银行	78.56%	83.26%	84.41%
邮政储蓄银行	6.38%	7.65%	8.78%

数据来源：根据人民银行田东支行资料整理。

相比田东旺盛的信贷需求，在信贷供给方面，有能力的金融机构数量稍显不足。在国有四大行中，参与扶贫的仅有农业银行一家，其他都是本地的小型金融机构，提供借贷融资的能力较弱，有些甚至自身都面临生存问题；由于涉农业务风险大、成本高，即便是驻县的政策性银行，如农业发展银行，其审批权限十分有限；资金互助社等新型农村金融机构发展慢、规模小、压力大，为贫困地区农户提供金融服务的力量有限，可持续性比较差；村镇银行仅一家，即北部湾村镇银行，其存贷比已达到很高水平，超过 100%。总体来看，田东县依然缺乏在扶贫小额信贷和带动贫困的新型农业经营主体、涉农小微企业金融支持领域有较强能力的放贷机构。

7.2.2 技术产品改善空间较大

1. 产权抵押变现存在风险

田东农商行发放的产权抵押贷款目前未发生一笔坏账，农商行持有的产权抵押贷款从未在产权交易市场流转，缺乏流转测试，将来一旦发生坏账，如果产权不能及时以合理价格变现，将对金融机构带来损失。目前来看，农村产权交易中心对产权抵押贷款的实质支撑作用尚未发挥。

此外，农商行在给农户和新型农业经营主体提供贷款的过程中，还创新允许使用牛棚等价值不高的地上附着物作为抵押发放贷款，目前虽然违约率为零，但在真正发生违约的情况下，抵押物处置可能存在较大风险隐患。

2. 抵押探索不足

田东县金融机构创新贷款技术过程中，通过盘活农村产权，扩大抵押物范围，解决农民贷款难问题，但对抵押贷款的实践较少。课题组在调查过程中发现，有些农业基础设施（如火龙果支架等）价值较高，可以探索将其作为可抵押物，为农户发放质押贷款，增加贷款渠道。

3. 信用贷款额度和利率较低

在额度上，目前田东县针对贫困户的贷款授信额度上限为 5 万元，额度较低不利于贫困农户扩大再生产。在利率上，田东县各金融机构的对小额信用贷款如继续执行基准利率，将不利于发挥市场在资源配置中的决定性作用，不利于资金流向生产力水平高、发展意愿强的农户和各类小微经济体。

7.2.3 地方金融监管职能不清晰

田东县金融办主要承担地方金融发展任务，发挥了重要的议事协调作用。相比中央垂直金融监管机构，金融办在县域金融监管上有信息优势和人员优势，但却没有明确的监管职能。田东金融办的金融发展职能与监管职能不对等，不利于在县域金融发展和风险管控两者之间获得平衡。

7.2.4　缺乏批发转贷业务

田东县金融需求十分旺盛，对资金的需求持续不断，田东主要扶贫金融机构具有长期发放小额贷款的成熟经验，农发行、国开行等政策性金融机构提供的批发资金成本低，数量大，是填补当前县域信贷缺口、促进金融扶贫发挥作用的有效方法之一，目前却严重缺乏。

7.2.5　有待出台支持力度更大的财政政策和货币政策

1. 财政政策缺乏长效机制

作为“金融精准帮扶”的工作重点，田东县对发放给贫困户的基准利率小额信用贷款采取全额贴息政策。截至 2016 年 12 月，田东县财政出资 200 万元设立的贫困农户小额贷款利息奖补基金，累计为 3 950 户建档立卡贫困户提供了小额贷款利息补贴。

风险分担方面，田东县建立农业贷款风险补偿基金 800 万元，累计偿付金融机构农户小额贷款坏账 219.8 万元；设立扶贫贷款专项风险补偿基金 1 500 万元，投入 378 万元用于扶贫小额贷款的保证保险。

财政全额贴息、实施基准利率、建立风险补偿专项资金政策在精准扶贫过程中发挥了重要作用，但非市场化的利息和风险分担政策不利于全县金融市场的发展和经济环境建设，长期来看必然是不可持续的。非市场化利息政策一方面会降低金融机构发放支农贷款的意愿，不利于形成持续积极的县域金融生态；另一方面对贷款农户和小微经济体缺乏必要的激励，不利于培养自强自立、争当先进的氛围，不利于激发群众的内生动力。专项风险分担资金短期内解决了金融机构的“后顾之忧”，但会削弱银行甄别贷款质量的驱动力和风险控制的谨慎度，为不良贷款的发生埋下隐患。

2. 扶贫再贷款顶层设计需完善

田东县农商行向人民银行申请的2016年全年2.2亿元扶贫再贷款截至当年6月份已全部发放完毕，反映出田东县扶贫金融需求的旺盛和金融供给不足之间的矛盾。对于田东农商行这类县域主要扶贫金融机构，人民银行扶贫再贷款虽然基本可以满足其需求（2015年对农商行的支农再贷款发放最高达到3.9亿），但人民银行给金融机构的1年期贷款与金融机构给贫困户的3年期贷款，在期限上存在不对称，仍有待完善顶层设计。

7.2.6 政策性保险品种未完全满足需求

目前田东县政策农业保险政策是根据广西壮族自治区有关文件精神执行的，共13种政策性农业保险，保费补贴由自治区财政主要出资，田东县财政适量分担。但自治区规定的13种政策险，是根据自治区整体的情况而定，事实上自治区内各地环境差异明显，且农产品生产跟各地资源禀赋有很大关系，政策性保险种类如果采用统一标准，必然会与各地的实际需求产生错位，不能做到因地制宜，无法使各县的特色项目都得到保险覆盖。

7.2.7 区域性股权交易市场运用不足

2014年9月，广西北部湾股权交易所股份有限公司正式成立，注册资本1亿元，是遵循国务院对中国多层次资本市场体系建设的统一要求，经广西壮族自治区人民政府批准设立，国有企业控股、市场化运作的区域性股权交易市场。截至2016年10月，广西北部湾股权交易所服务企业1 034家，融资总数达4.68亿元。作为交易所市场的“预备市场”，广西北部湾股权交易所主要面向初创期和成长初期企业，帮助中小微企业解决股权交易和融资问题。充分运用区域性股权交易市场，推荐带动贫困农户作用明显的农业产业化龙头企业和涉农小微企业挂牌，可帮助其筹集大量资金、扩大经营规模、塑造企业品牌、降低经营风险，同时带动农户就业，有助于贫困县巩固脱贫成果。但目前田东县尚未采取有效措施推动县里的农业产业化龙头企业、涉农小微企业在这一市场挂牌，这是田东金融扶贫过程中缺失的一个重要环节。

第 8 章

国内县级农村信用体系建设典型案例比较研究

农村信用体系建设，是田东农村金融综合改革的核心内容，也是田东农村扶贫金融体系建设的核心内容。所以，坚持好农村信用体系建设的既有优势并进一步完善好这一体系，是田东农村扶贫金融体系建设的关键环节。基于此，本章将国内在县级农村信用体系建设领域相对成熟且具有典型代表性的浙江江山、贵州贞丰和广东郁南三地做法与田东金融比较研究，以发现共同性和差异性，分析优劣势，从中汲取智慧，以进一步完善好、发展好田东农村信用体系。

8.1 国内县级农村信用体系建设典型分析

农村信用体系建设是田东农村金融综合改革的中心，也是田东农村扶贫金融体系的中心。继续完善好、发展好农村信用体系建设，对田东扶贫金融体系建设具有举足轻重的意义。从全国层面来看，扶贫金融、农村金融发展得好的县域，几乎都是以农村信用体系建设为切入点。本研究选取浙江江山、贵州贞丰和广东郁南三个代表性案例与田东做比较分析，为田东农村信用体系建设提供借鉴。

8.1.1 广西壮族自治区田东县

1. 简介和主要成绩

田东县位于广西西部，地处右江盆地腹部，农业产业在全县经济中占比较大。2015 年末，全县第一产业增加值为 26.03 亿元，占全县生产总值的 20%。为了顺利完成脱贫摘帽任务，田东十分重视金融在扶贫脱贫和农业产业发展中的重要作用，积极建设农村信用体系，改善农村地区金融生态环境。

2011 年以来，为解决农户因缺抵押、担保而造成的信用缺失、贷款难等问题，田东金融办、扶贫办联合人民银行等金融机构建立了一套针对农户的户、村、乡（镇）三级信用评价体系，通过对农户信用信息的数据采集、差异化的信用评级、授信、贷款等过程，实现了农户在无抵押、无担保情况下也可获得田东农商行、北部湾村镇银行和农村资金互助社等金融机构信用贷款。截至 2015 年末，全县评定信用户 7.3 万户，占农户总数的 82%。各涉农金融机构向信用户发放小额信用贷款累计金额 22.8 亿元、5.9 万笔，笔均贷款 3.9 万元；信用村 139 个，占 162 个行政村总数的 86%；信用乡镇 7 个，占全县 10 个乡镇的 70%。

值得注意的是，全县 53 个贫困村均被评为信用村，贫困村贷款余额从 2008 年末的 5 938 万元增长到 2015 年末的 2.19 亿元，其中贫困村在县农商行的贷款余额为 1.5 亿元，占贷款余额总量的 68%。农村信用体系惠及贫困农户 9 145 户，累计贷款 4.6 亿元，户均 5 万元。

有劳动能力的贫困农户分为两种类型：一类是有能力自己发展生产项目的，另一类是没有能力自己发展项目的。针对后者，田东大力发展“农业产业化龙头企业 + 基地 + 农户”的模式，充分发挥经济组织和能人对市场价格和风险的敏锐性优势，立足新型农业经营主体的生产技术和经营能力优势，以新型农业经营主体为龙头发展特色产业带动贫困户脱贫。

2015 年以来，为进一步支持新型农业经营主体发展，在田东县县委、县政府的指导下，田东金融办和田东扶贫办等各部门的积极配合下，人民银行田东支行以建立信用信息档案为基础，以整合共享信用信息为平台，以完善信用信息为手段，科学合理地整合新型农业经营主体信用指标，将评级范围扩展至各类新型农业经营主体，建立了新型农业经营主体信用评级体系，为农民专业合作社等新型农业经营主体获得金融机构服务奠定了现实基础。

截至2016年9月末，全县农民专业合作社带动入社农户3.83万户，年人均增收比非社员高出600元以上。其中，田东53个贫困村中有50个贫困村成立了农民专业合作社，登记户数共435户，获得信用评级的共182户（AA级5户、A级11户、B级166户），获评市级以上示范合作社的共20家，其中64户信用农民专业合作社累计获得银行信用贷款6 215.5万元，户均97万元。田东农商行已累计向获得其授信的8户贫困村的农民专业合作社发放贷款3 085万元，户均386万元，给予其巨大的资金支持。

2. 农户评级做法和经验

一是搭建以信息采集、贷后监督为主的村级金融服务平台。充分发挥基层党组织作用，实行“农金村办”：以行政村为单位，设立“三农金融服务室”，该服务室由村“两委”、农商行信贷员、大学生村官、致富带头人等人员组成，协助金融机构进行金融知识宣传、信用信息采集、贷前调查、贷后监督、还款催收、保险业务办理等金融服务。实现了村基层组织和农商行等金融机构的有机结合，在为农户提供金融服务便利的同时，也为新时期基层组织建设搭建了新的平台。

二是建立动态、实时调整信用等级的信用信息系统。由田东县政府与人行百色中心支行联合开发了一套针对农户的信用信息采集与评级系统，对全县农户信用信息数据进行采集、入库、评级、授信。其运营和数据中心位于田东县政府，基层信贷员、服务站可随时将收集到的信息录入系统，并实时进行查询。数据采集包括农户家庭成员、生活条件、收入支出，林权、资产、通电、饮水、卫生保洁、借贷情况、扶贫信息、邻里关系、违纪违法、计划生育等具体指标。根据采集的信息和预先设定的评级规则，系统自动对农户进行信用等级评定，且能根据农户用款和还款情况，动态、实时调整信用等级。

三是对农户、行政村采用具体、可量化的信用等级评价方法。根据采集的农户信用信息情况，评级系统自动对农户信用进行评级，信用有A、AA、AAA共3个等级。信用村的评定，要在信用农户评定的基础上进行，信用户占全村农户数比例原则上要达到60%以上，且按期归还贷款的农户占本村贷款农户总数的80%（含）以上。信用村的评定采取百分制计分的方式进行，具体为资信状况

40分，资信等级15分，信用建设10分，村级班子10分，协作关系5分，村级财务状况15分，规划措施5分。经县各涉农金融机构和人民银行审核后，评选出信用村。

四是对贫困农户采用与普通农户不同的评级体系。在对农户信用信息采集的基础上，对贫困农户实行差别化信用评级标准，淡化了经济指标，突出了诚信指标。农户信用评级标准中家庭人均收入指标的权重最高，达30%。而在贫困农户信用评级标准中，扶贫产业的参与度、个人道德品质和社邻关系等指标，权重相对较高。如道德品质和社邻关系指标两项合计占贫困农户评级总指标权重的20%，在普通农户评级指标中权重只占10%。

五是贷款要素与农户、行政村信用等级联动挂钩。贷款额度、利率与农户、行政村信用等级高低挂钩。一是对A级信用户贷款额度最高提到5万元，对AA级信用户贷款额度最高提到8万元，对AAA级信用户贷款额度最高提到10万元。二是对A级以上农户信用户实行贷款利率上浮不超过30%，对信用村实行的贷款利率比非信用村的上浮利率低10%。

六是对贫困信用农户实施更优惠的信贷政策。首先，差异贷款期限。普通农户申请种植业、养殖业项目贷款，贷款期限通常为3～5年，贫困信用农户可不受此限制适当延长贷款期限，信用等级越高则贷款期限可越长。其次，差异贷款利率。对可以享受优惠利率政策的贫困农户实行名单制管理，对信用状况良好的贫困农户实行贷款基准利率。最后，抓大户，树典型。2015年11月以来，按照“精准扶贫”的要求，田东县在53个贫困村中，每村选取3～5户信用好、有技术、有实力的农户作为重点扶持对象，按照“贷款优先、额度优厚、利率优惠”的原则给予信贷支持，从而发挥产业带头人的作用，带动全村发展生产、增收致富。

七是建立针对农户还款情况的奖惩机制。为长效维护农户差异化的信用等级机制，田东县金融机构根据还款情况，对农户设立一致的守信贷款奖励和失信贷款制约惩罚机制。首先，诚信奖励通过诚信级别进行量化，分为3个级别。每提高一个诚信级别则授信额度在原来的农户小额信用等级授信额度上可最高提高10%、贷款利率在原基础上可最高下调5%。其次，失信制约亦通过失信级别进行量化。失信级别分为3级，每降低一个诚信级别，则在相应的农户小额信用授信等级级别的基础上下调一个信用等级，授信额度相应降低，利率上浮幅度相应提高。依据农户每次还款表现对农户信用增减级次，对于无挪用、按期、足额归还的农户则增级，信用较差的农户则减级，当增减级次积累到一定程度时，调整最初依据采集的信息评定的信用等级，升级或降级。奖惩机制更有效的督促贫困农户努力进行生产，增强还款能力，不断提高农户诚信度。

八是建立“农户-农民专业合作社-涉农企业”三级信用体系。为发展现代化农业，带动农户增收田东县逐步把信用体系建立到产业链上，对农民专业合作社、涉农中小微企业进行评级授信，建立起“农户-农民专业合作社-涉农企业”三级信用体系。以此为契机，田东县将信用评级与扶贫管理相结合，于 2015 年把全县 2 万户贫困户、182 家农民专业合作社、1 251 家中小微企业、创业农民工、妇女、青年全部纳入信用和体系建设；在贫困村中开展“非信用贫困村转信用村”创建活动，将贫困村评为信用村；推动创业农村青年、妇女、返乡农民工及农民专业合作社、中小微企业信用信息系统的完善升级，加快授信工作，实现对有需求信用农户、创业农村青年、妇女、返乡农民工和农民专业合作社贷款全覆盖。

3. 农民专业合作社信用评级的主要做法

一是对农民专业合作社采用具体、可量化的信用评级方法。根据采集的农民专业合作社相关信息，从基础测评（是否按照《农民专业合作社法》和《登记条例》依法登记成立）、信用积累测评（基础条件、经营实力、管理者素质和获得荣誉）和信用流失测评（管理不规范、失信行为和经营风险）三个方面对其开展信用等级评价，将其划分为 AAA（160 分以上且没有信用流失分）、AA（140～160 分且没有信用流失分）、A（120 分以上且没有信用流失分＜15 分）、B（信用波动，15≤信用流失分＜45）、C（信用低下，45≤信用流失分＜80）、D（信用丧失，信用流失分≥80 或一年以上未开展经营）6 个等级。其中，基础测评和信用累积测评的总分均为 100 分，信用流失测评的总扣分为 170 分，三项加总得出农民专业合作社最终得分。

二是对农民专业合作社实施“一放宽、一提高”的信贷优惠政策。“一放宽”，即田东农商行和北部湾村镇银行以农民专业合作社信用等级为基础，将农民专业合作社的信用贷款期限放宽至 3～5 年，以便更好地与农业生产周期相匹配。“一提高”，将农民专业合作社的授信额度上限提高至 100 万元。

8.1.2 浙江省江山市

1. 简介和主要成绩

江山市是浙江省衢州市西南部的县级市，地处浙江、江西和福建三省交界。市域山地丘陵占 88.8%，平坂和溪间谷地占 11.2%，是浙江省传统工业生产基地之一，同时也是传统农业大市，农产品资源丰富。全市特色农产品有蜂产品、食用菌和猕猴桃等。2015 年，全市农村户籍人口 32.33 万人，占全市人口总数的 53%，第一产业增加值为 21.36 亿元，占全市生产总值的 8%，高于全省 4% 的平均水平。农村人口多，农业比重大，是江山经济的一个重要特征。

1999 年 9 月，江山信用社（江山农商行前身）开始探索以信用户、信用村、信用乡镇为载体，贷款与信用挂钩的农村信用体系建设。随着三级信用评定方法的不断完善，2012 年，江山市政府将农商行建立的农村信用体系纳入到乡镇政府“经济发展与基层基础工作双争先”的考核中，并与衢州市农办联手成立江山市农村信用体系建设领导小组，农业、工商、粮食等多部门参与逐步形成了“政府牵头、银农合作、部门参与、农户为主、三级信用整体联动”的农村信用体系建设工作机制，有效提升了农村信用体系建设水平，进一步扩大了社会影响，解决了农户因信用缺失而导致的贷款难问题。

截至 2016 年 6 月末，江山农商行创评信用农户 9.3 万户，占全市农户总数的 61%，授信金额达 54.2 亿元，户均 5.8 万元；共发放农户小额信用贷款 20.8 亿元，覆盖信用农户 3.1 万户，占信用农户的 33%，户均贷款 6.7 万元；贷款余额 5.2 亿元，不良贷款率仅为 0.5%。见表 8-1。

表 8-1 2007—2016 年 6 月末江山信用体系建设成效

项目	2007 年末	2011 年末	2016 年 6 月末
评定信用户（万户）	7.6	8.3	9.3
授信额度（亿元）	9.5	15.6	54.2
户均贷款（万元）	1.3	1.9	5.8
累计放贷（亿元）	4	7.6	20.8

数据来源：通过调研江山农商行整理所得。

2. 主要做法和经验

江山农村信用体系自1999年建设以来，经历了三个阶段：

第一阶段为1999—2007的“信用体系主体建设”阶段，旨在解决贷款难与难贷款的矛盾。江山自2001年初进行信用村创建工作试点，同年6月，全市首个信用村在须江镇岩下村挂牌成立。2002年进行信用（乡）镇创建工作试点，年底全市首个信用乡——江郎信用乡正式挂牌运行。2005年江山开始推行小微金融。

第二阶段为2008—2011的“信用体系机制建设”阶段，建立并完善了信用体系机制的建设。2008年，江山农合行（农商行前身）积极拓展金融服务“三农”发展的方式和途径，出台《信用户、信用村（社区）、信用乡镇（街道）评定及信用户授信管理办法》，完善信用体系建设，提升信用户授信额度的同时，重点建立了客户主动还款激励机制。2009年推出了“惠农快车”贷款产品，实现农户小额信用贷款柜面直接发放，10分钟左右即可办结。

第三阶段为2012发展至今的“信用体系广深覆盖”阶段。2012年江山农合行（农商行前身）联合农办开展了首批信用村（社区）、信用乡（镇、街道）联评工作，除遵循“申请创评、调查建档、信用评定、公示定级”等常规做法外，还创新思路，形成了独特的信用评价体系。其主要做法包括以下几点：

一是对户、村、乡（镇）进行评级。第一，信用户的评定。采取百分制形式，对农户道德品质、信用记录、经营能力、偿债能力等四方面进行基础评定，再依据每笔贷款使用归还的守信、失信状况加分、扣分，根据分值，划分为5A、4A、3A、2A、A、B、C 7个等级。第二，信用村的评定。通过考察辖区农户贷款覆盖面、信用户占比、村级集体经济财务制度完善程度、村风文明、村两委建设等因素进行评级，将信用村划分为一星、二星、三星三个等级。截至2016年6月末，共评定信用村187个，占全市行政村总数的64%。第三，信用乡镇的评定。信用乡镇的评定是在信用村评定基础上进行的，所辖信用村占所辖自然村总数的50%、80%以上行政村在农商行及分支机构开立基本结算账户、乡镇贷款不良率低于1%、辖内不良贷款余额按五级分类占比不高于2%，近两年来新发放贷款不良率按五级分类控制在1%（含）以内；辖内守信用贷款户达95%（含）以上的乡镇可评为信用乡镇。截至2016年6月末，已评定县级信用乡镇6

个（其中省级信用乡 2 个），占江山市 19 个乡镇的 32%。

二是将三级信用等级与农户的授信额度、利率优惠幅度挂钩。第一，将农户的信用等级与农户贷款授信额度挂钩。农户的七个信用等级由高到低分别对应的授信额度为 10 万、8 万、6 万、4 万、3 万、2 万、1 万元。第二，给予信用村的信用户授信额度提升和利率优惠。对信用村的信用户普遍提升贷款额度，分别为：12 万、10 万、8 万、5 万、4 万、2.5 万、1.5 万元。同时，根据信用村等级实行利率优惠：在人民银行基准利率的基础上，非信用村利率上浮 50 个点，一星级信用村利率上浮 40 个点，二星级信用村利率上浮 30 个点，三星级信用村利率上浮 20 个点。信用村星级管理模式，有效地将农户的利益进行了整体“捆绑”，为了共同的信贷优惠，充分发挥了农户熟人圈之间互相监督、相互激励、互相促进的作用。第三，给予省级信用乡额外信贷优惠。省级信用乡的信用户获得的授信额度进一步提高，分别为 15 万、12 万、9 万、6 万、4.5 万、3 万、2 万元，并且信用户的贷款利率在原利率基础上统一下降 25%。

三是对三层次信用评价等级动态调整，动态激励。江山农商行对信用户、信用村（社区）、信用乡镇（街道）信用状况实行动态管理，采取信用年检复评制度。信用户一般每两年复评一次，信用村（社区）和信用乡镇（街道）则每年进行年检。根据复评年检结果，对户、村、乡的信用等级进行动态调整。通过利率优惠对守信农户进行动态激励。江山农商行对农户的信用状况每两年复评一次，复评后对已有贷款记录但无不良记录的信用户，可在上次优惠利率基础上再优惠 5 个百分点；四年无不良记录的，可优惠 10 个百分点。依次类推，但优惠利率最低不得低于人民银行规定的基准利率。

四是信用恢复机制。对信用缺失的信用户、信用村（社区）及信用乡镇（街道）在一定期限内主动实施整改、纠正失信行为，解封失信不良记录，并规定信用修复期限，对信用户、信用村（社区）、信用乡镇（街道）的修复期分别为从吊销或降级之日起的一年、半年、三个月，期限过后，重新评定，符合评定条件的，恢复相应信用等级。

五是风险防控机制。建立奖惩机制，防控风险。对信用良好的信用户等主体授予荣誉、给予资金额度倾斜、利率优惠、向社会公示等正向激励机制，激发农户等主体加强诚信、守信自律建设；对有失信行为的农户等主体根据程度不同采取防范、提示、降级、吊销、停止发放贷款、列入“信用黑名单”、撤销“信用村（乡）”等惩罚机制，制约督促信用主体。

8.1.3 贵州省贞丰县

1. 简介和主要成绩

贞丰县位于贵州省西南部、黔西南州东部，国土面积 1 511 平方千米，辖 9 镇 3 乡 2 街道，156 个行政村（居、社区），是 592 个国家级扶贫开发工作重点县和石漠化重点治理县之一。2015 年末，贞丰县总人口 42 万，其中农业人口 39 万，占总人口约 92.8%，城镇化率极低；第一产业增加值为 21.61 亿元，占全市生产总值的 24%，高于全省 15.6%的平均水平，农业产业是贞丰县的重要产业。

2015 年底，按照黔西南州委、州政府的要求，贞丰县通过精准识别工作，共识别出贫困农户 16 981 户 6.28 万人。其中，一般贫困农户 7 659 户 34 158 人，低保贫困农户 3 379 户 14 042 人，低保户 5 418 户 14 024 人，五保户 525 户 585 人，尚有鲁容乡未实现减贫摘帽，70 个贫困村未出列，贫困农户 16 981 户 62 812 人未脱贫。全县农村贫困人口较多、贫困面大、贫困程度深、贫困人口分布较为分散，少、边、穷集中连片。

金融是贞丰扶贫的重要切入点。为有效解决农户贷款难问题，贞丰农信社（农商行前身）自 2002 年起就已开启信用工程建设，通过“甄别—分类—评级—举措—回顾”模式进行“信用农户、信用村（组）、信用乡镇、信用县”的四级创建工作。贞丰农村信用体系建设不仅提高了群众的诚信意识，更使农村信用体系建设工作进入了以信促贷、以贷养信的上升螺旋阶段。截至 2015 年 8 月底，贞丰农商行共评定信用乡镇 12 个、信用村 126 个、信用组 1 206 个、评级户数 69 601 户，评级面 99.66%。其中评定为特优等级 3 145 户、优秀级 20 442 户、较好级 31 279 户、一般级 14 245 户、等外级 490 户，对已评定的信用农户发放贷款证 64 268 个，持证面达 94%。同时，贞丰农商行向全县范围内识别确定的建档立卡农村扶贫对象发放贷款金额 48 571.71 万元，涉及农户 11 774 户，户均 4 万元，占建档立卡贫困农户的 16.9%。

2. 主要做法和经验

从2002年开始，贞丰农信社以信用工程建设为抓手，围绕省联社及州办事处信用工程建设相关文件、会议精神，认真抓好信用农户、信用村（组）、信用乡镇、农村金融信用县的创建工作。2013年5月24日，贞丰县成为黔西南州首个创建成功的“农村金融信用县”。其主要做法如下：

一是成立“三级联创、四位一体”的信用工程创建组织。贞丰县政府成立以县长为组长，常务副县长为副组长，各有关部门主要负责人为成员的诚信体系建设领导小组，负责信用工程建设统筹安排；县、乡、村三级及信用社（农商行前身）内部各自成立创建工作评定领导小组。县评定领导小组负责对信用乡镇进行评定指导，各乡镇评定领导小组对信用村组进行审查，各村成立的农户信用等级评定小组负责对农户调查、建档和评级授信。

二是浮动利率，差异优惠。贞丰县农商行通过基层客户经理现场调查了解农户家庭基本状况，据之将农户划分为特优级、优秀级、较好级、一般级和等外级五个信用等级。同时，根据农户信用等级确定贷款利率，一般级在基准利率基础上上浮80%，较好级上浮70%，优秀级上浮60%，特优级上浮50%。浮动利率优惠政策可刺激金融市场，吸引更多的金融机构加入金融扶贫事业；同时，通过浮动空间制造竞争氛围，有利于农户得到最大限度的利率优惠，同时为农户面向市场化利率奠定基础。

三是户村挂钩的评定机制与利率优惠机制。信用村（组）的评定根据信用户占建档建卡农户的比例、信用户的贷款面、年检面等条件评定；信用乡（镇）的评定根据辖内信用村的占比、信用村的年检面等条件评定。此外，贞丰县对信用农户所在组为信用组、所在村为信用村的，贷款利率在原利率基础上分别再优惠10%，进一步激发农户的诚信意识。

四是对信用户实施三优政策。在支农信贷服务工作中，对信用村（组）的信用农户实行“资金优先安排使用、贷款优先办理、贷款利率优惠”等政策。仅2014年，贞丰农商行对农户优惠利息支出达1 600多万元，农民在方便、快捷获得信贷资金支持的同时又享受到了贞丰农商行的利率优惠政策，既解决信用村（组）农户发展资金的需求，同时减少农户的利息支出，真真正正地给农民实惠。

8.1.4 广东省郁南县

1. 简介和主要成绩

郁南县位于广东省西部，属云浮市管辖，是粤西重要的农林产区。全县总面积1 966平方千米，辖15个镇，177个村、23个社区。2015年，全县农村户籍人口30.4万人，占全县总人口的58.4%；第一产业增加值27.14亿元，占全县GDP的28.1%，是典型的农业大县。

2009年4月，郁南县正式启动农村金融改革，开始探索建立现代农村金融制度，将农村信用体系建设作为农村金融改革的核心，以县政府牵头、村委会配合、金融机构支持的形式开展农村金融服务平台建设和信用体系建设等一系列工作。县政府在广泛了解农户信贷需求的基础上，大力宣传信用知识，以政府为主要推动力量，大力推广并建立了政府主导、整村推进的"信用镇""信用村""信用户"三级信用体系建设。农村信用体系建设给郁南县的金融机构带来了发展契机，逐渐改善的社会信用环境亦为郁南农村金融发展注入了新的动力。截至2012年7月末，全县金融机构各项贷款余额36.2亿元，存贷比达到48.8%，较2008年末提高了12.1%。涉农贷款余额30.1亿元，较2008年末增长142.5%。

2. 主要做法和经验

一是建立户、村、镇三级联动的评定机制。农户信用等级评定采用"基准分（100分）+激励分（30分）+一票否决项"模式，基准评分项包括农户基本经营状况、银行信用记录、采取状况等；激励评分项包括思想道德情况等（表8-2）；"一票否决项"是指一旦在经济上有严重违约和社会生活中有违法乱纪行为（共7项），直接认定为"较差级别"。郁南县共设定5个农户信用等级，即优秀Ⅰ级信用户（≥105分）、优秀Ⅱ级信用户（≥90分）、较好信用等级户（≥80分）、一般信用等级户（≥70分）和较差信用等级户（不足70分）。其中，"优秀""较好"信用户可分别享受3万元、1万元的信用贷款，凭贷款证在授信期限内"一次核定、随用随贷、余额控制、周转使用"。

表 8-2 郁南县激励分评级指标表

激励项目	分值（30 分）	计分标准	加分
社会评价	7	家庭成员均遵纪守法，无赌博等不良行为	2
		尊老爱幼，家庭团结，邻里和睦	2
		公益事业关心支持程度很好	3
中共党员（本人及家庭主要成员）（此项分值不累加）	5	上年度被评为县级或以上优秀党员	5
		上年度被评为镇级优秀党员或担任县级党员代表、人大代表、政协委员	4
		普通党员	3
共青团员	1	申请人为共青团员	1
妇女	1	申请人为妇女	1
响应征兵	2	家庭成员应征当兵入伍	2
遵守计生政策	2	5 年内遵守计划生育政策（独生子女户、纯二女结扎户、按时查孕查环户）并出具证明者	2
农村合医	1	全家庭成员购买农村合作医疗保险	1
子女教育	2	子女为全日制大专及以上	2
家庭荣誉	9	被评为“五好”家庭户	2
		被评为文明户	2
		光荣军属	2
		家庭有成员获得县级或以上表彰奖励（优秀党员除外）	3

资料来源：郁南县农信社。

此外，信用村、信用镇的评定与信用户挂钩。将按期归还贷款的农户占本村已有贷款农户总数的 80%以上，不良贷款比率不超过 3%，信用户占已评定信用等级农户的 60%以上认定为信用村；辖区 50%的行政村评为信用村，较好等级以上农户占已评定信用等级农户的 50%以上，近两年新发放贷款的不良率控制在 1%以内的被认定为信用镇。表 8-2 为云浮市郁南县信用村信用评级指标表。

二是建立户村挂钩优惠利率机制与增信机制。信用村所辖信用户，贷款利率在定价利率的基础上至少下浮 10%。同时，信用村的优秀Ⅱ级信用户，如果 2 年内在金融机构的信贷业务没有不良记录、家庭净资产及生产经营规模均达到 20 万元以上，在下一次评定时可上调为优秀Ⅰ级信用户。

三是实施大评委制。评级既有权威性又有广泛代表性，农户信用评级并没有请（同时因成本高也请不起）相对独立的第三方中介机构来承担，而成立由镇村两级干部、本村老党员、村小组长、村民代表以及金融机构人员等组成的大评委，负责对农户进行评级。由于大评委的相关人员基本上知根知底，不仅信息准确，而且约束力强，充分体现了中国广大农村“熟人社会”信用评级的特色和优势。

大评委机制整合了多方资源，确保了信用评级等工作的客观真实性。第一，体现权威性。《郁南县农村信用等级评定暂行办法》规定农户信用等级评定小组由镇长任组长，镇金融机构负责人任副组长，镇相关干部、金融机构信贷员、村委干部、村民小组长以及有一定影响力或有威信、信用好、热心公益的农户代表、党员代表等为小组成员，在评级中体现各方利益与诉求。第二，体现广泛性。在小组成员中，有政府行政公职人员、村委干部、金融机构人员和村民或党员代表，充分考虑了小组成员的广泛性和代表性。第三，体现公正性。为充分体现评委（信用评级小组）的代表性和公信力，要求评委组成人员必须达 15 人以上，提名名单由镇政府协调各村委会商议提出，经镇信用体系建设工作小组审议，公示无异议后确定。

四是社会激励机制。第一，利益引导：“有信用就有钱”。金融机构对信用村、信用户进行整体授信，并对信用户按不同信用等级给予授信。第二，激励引导：“有信用就有优惠”。郁南县政府组织 17 个涵盖民生民情、社会公益和政治待遇的农村工作和服务部门，针对信用村、信用户出台与农民群众生产、生活息息相关的激励措施，激发农户参与信用村创建的热情，推进信用村创建工作的开展。第三，实施“以奖代补”项目进行村庄激励。在开展信用村创建工作中，整合资源，推行将“金融、扶贫、和谐宜居”三种特色的社会主义新农村建设融为一体的工作方式（“三村合一”），将郁南县的 1 628 个自然村划分为自强村、自助村和基础村三类，在实施“以奖代补”项目时，优先支持自强村、自助村。

五是多方互相监督机制。第一，集体评审，由多方人员构成的大评委在信用评级时评估流程环环相扣、对评级结论集中讨论，实现互相监督。第二，张榜公示，将评定结果在村庄显著位置张榜公示，利用熟人社会的特点，随时接受全体村民评议监督，并对信用等级评定建立动态管理机制。

多方监督机制确保了开展信用评级工作的公平公正。第一，熟人社会确保公平公正。大评委集中开会时依据农户的信用、生产经营能力、生产经营资产规模等指标要素，结合计生、党建、维稳等社会管理因素，对农户的整体信用状况（复评结果）进行综合分析判断，确定农户信用等级。第二，互相监督确保公平公正。评级结果出来后，还必须在村委会、村小组的显眼场所进行公示，务必将评级结果知会至每位参评农户，如有异议，及时核实纠正。这一做法充分体现了“政府统筹、共谋共建、共管共享”的原则，真正实现政府领导下的村民自治，通过机制创新保证评级结果的公正性。第三，回避制度确保公平公正。农户信用评级涉及评定小组成员或其亲属的，该评定小组成员必须回避，不得参与评定。第四，动态调整确保公平公正。在两年有效期内，若农户的信用情况发生重大变化，农户信用等级评定小组可根据信用户重大情况进行评级结果动态调整。

六是创立县级综合性征信中心平台。依托人民银行总行现有的企业和个人征信系统，由郁南县政府牵头，法院、工商、税务、供水、供电等14个单位参加，采集非银行信用信息数据，于2009年6月率先创办县级综合性征信中心。其中，农户的非银行信息主要依靠镇村干部走访入户调查收集；企业信息由公共部门对接征信中心报送。截至2015年底，农户非银行信用信息查询系统已100%采集全县农户的户籍、违法记录等信息；企业非银行信用信息查询系统已收集到8 000多家登记在册企业和个体工商户的各类非银行信用信息数据近3万条。

七是建设乡村金融（保险）服务站。按照“政府建设管理、金融机构挂点运作、共建共享”的原则，依托村委会建设乡村金融（保险）服务站。乡村金融（保险）服务站包括以下功能：第一，宣传、普及金融知识和政策，开展农村金融消费者权益保护工作。第二，提供信用评级结果查询、农户信用信息收集、金融业务代理等服务。第三，协助地方政府构建“政银企农”四方对接平台，提供产融对接等金融服务。第四，通过选聘乡镇农险协保员，协助办理政策性涉农保险宣传、承保、理赔等服务。

八是全面拓展信用成果应用。第一，营造浓厚氛围。开展“郁南社会信用体系建设在行动”活动，推行机关效能、建设、网上审批、行风热线优化政府服务，发挥示范作用；建设诚信文化长廊、主题壁画、诚信道，营造良好的社会氛围，提升全县干部群众的整体信用意识水平。第二，建设诚信政府。党员干部向社会做出“重诚信、守纪律”表率；县纪委牵头加强“公共服务监察”网管理，健全网上响应机制；设立机关效能投诉热线和投诉箱。出台“限时办结”制，树立“言出必行”的服务型政府形象。第三，全面拓展信用建设成果。把征信成果应用拓展到诉讼、工商管理、食品药品监管、征兵、计生、信访、干部管理等领域，形成了行政性、司法性、行业性的应用机制和“失信惩戒、守信奖励”的激励和约束机制。

8.2 田东农村信用体系建设的特色

8.2.1 对贫困农户实行差异化评级标准，并采用特惠利率

田东在对贫困农户评级时，设置了不同于普通农户的指标权重，适度降低家庭收入项权重，更为重视道德品质与社里关系等指标。这契合了贫困农户特点，一方面可提高贫困农户的贷款可得性；另一方面强化了贫困农户的诚信守法意识。而对贫困农户实行特惠（基准）利率，也体现了精准扶贫的原则。

8.2.2 将评级扩展到各类农业经营主体

截至2015年末，田东县将全县2万户贫困户、182家农民专业合作社、1 251家中小微农业企业以及众多的当地创业者纳入信用评价体系中，为金融支持有能力在本地吸纳贫困农户就业和带动贫困农户生产的新型农业经营主体奠定了基础。

8.3 三县市农村信用体系建设典型的启示

8.3.1 继续发挥政府部门的支持和引导作用

浙江江山和贵州贞丰的农村信用体系建设之所以可以持续领先全国，江山市

政府和贞丰县政府均发挥了积极的引领作用，在政策方针、组织建设和人力物力资源等方面给予了巨大支持。2012年前，在郁南县县委县政府的高度重视和大力支持下，该县亦形成了一套完整的农村信用体系，为金融改革工作奠定了良好的基础；但新一届县委县政府上任后，工作重心转移，曾经名著一时的郁南县农村信用体系建设发展停滞不前。可见，农村信用体系建设作为农村金融改革的基石离不开政府部门的持续支持与引导。

8.3.2 建设信用恢复机制

江山信用体系建设规定了信用户、信用村（社区）、信用乡镇（街道）的信用修复期分别为从吊销或降级之日起的一年、半年、三个月，期限过后，重新评定。对于符合评定条件的，恢复相应信用等级。这种容许犯错并限期给予主动纠错机会的做法，可促使三级信用体系自我强化、自我成长，增强了社会治理的韧性，值得借鉴。

8.3.3 积极推动制定自治区农村信用评级标准

贞丰农村信用体系建设的成功得益于贵州在省级层面制定了统一的农村信用评级标准，便利了县域农村信用体系建设层面的操作，使得整套信用评级标准的认可度和推广性很高。实现全自治区县域农村信用体系建设的标准化，是历史和现实赋予田东的历史使命。

8.3.4 重视非金融综合信息平台建设

郁南建立了较为完善的非金融综合信息平台。这一平台建设由法院、工商、税务、供水、供电等多单位参加，全方位、多层次的采集了农户和企业的非银行信用信息数据。拓展了信用建设成果，并把征信成果应用拓展到诉讼、工商管理、食品药品监管、征兵、计生、信访、干部管理等领域，形成了行政性、司法性、行业性的应用机制和“失信惩戒、守信奖励”的激励和约束机制。这是农村信用体系建设在找到金融抓手之后的继续拓展和深化，对于建设全面系统的农村信用体系具有重大意义。田东同样具有开展综合性信用体系建设的良好基础。

8.4 完善田东农村信用体系的重点

从当前田东农村信用体系来看，其建设成就已位于全国前列，与其他先进县域相比，也具有自己的优势和特色。下一步，需把握重点、取长补短，进一步完善好这一体系，使其在更宽领域、更广范围发挥带动和引领作用。

8.4.1 县委县政府继续高度重视和大力支持

比较四县市经验发现，农村信用体系建设的成功，都离不开县委县政府在组织制度、人力财力等方面的大力支持。特别值得注意的是，广东郁南的农村信用体系建设在 2012 年之后逐渐销声匿迹，正是因为县委县政府的支持减弱。田东农村信用体系建设，是历届县委县政府领导集体努力推动的成果，需要长期、持续的给予财力物力人力支持，保持其在自治区乃至国内的先进性，以更好地造福田东农民，并为百色市、广西壮族自治区乃至全国农村社会信用体系建设提供经验和范例。

8.4.2 增加信用恢复机制

田东整村推进的农村信用体系建设，已将“政府治理和社会自我调节、居民自治良性互动”的社会协同治理机制纳入其中。在农村信用体系建设中增加信用恢复机制，允许信用降级或吊销的信用户、信用村及信用乡镇在一定期限内（如信用户一年、信用村半年、信用镇三个月）主动实施整改。在期限过后，重新对其评定等级，符合评定条件的，恢复相应信用等级。这一做法通过增加容错功能和缩短重新评定周期，增强了信用体系的韧性，提高了信用体系的效率，是对田东农村信用体系社会协同治理机制的深化，是对社会、居民自我治理的强化，更加有利于诚信之风、守法之风形成。

8.4.3 推动建立农村信用体系的自治区标准

田东农村信用体系建设成果在自治区和全国都处于先进水平，具有很强的复制性和实用性。贵州全省农村信用体系的建设取得的巨大成就，在很大程度上取决于其农村信用体系建设省级标准的出台。田东农村信用体系的先进性，是中央和自治区都高度认可的，县委县政府可推动以田东经验为基础，出台自治区层面的农村信用体系建设标准，使每个县都有一本翔实、可操作的教科书，加快全自治区农村信用体系建设。

8.4.4 开展非金融信息采集，全面完善农村信用体系

社会信用体系是一个全面的系统，包括企业、个人、政府和社会组织等各类主体日常活动中的各方面信用。金融是社会信用体系的重要方面和率先突破口。田东在农村金融改革中已建立起了非常完善的、以金融为主的农村社会信用体系，具备了进一步向综合性信用体系扩展的基础。下一步可考虑统一部署、发动县属各主要部门全面收集脱贫农户、普通农户、新型农业经营主体和各类企业经营信息，建立非金融信息信用平台，并逐步与金融信息相融合，将信用信息在更广范围内应用，促进田东社会信用体系建设。此外，需要指出的是，在信用体系建设中，江山、贞丰和郁南三县市均未对贫困农户给予优惠利率支持。从助推脱贫的角度讲，这不如田东给予贫困农户贷款特惠（基准）利率的做法有效。2016年后，田东县将继续面临脱贫攻坚和巩固扶贫成果的双重任务，需要脱贫农户越来越独立适应市场规则。在贷款上，就是能够逐步接受市场利率。在这一过程中，需要政府以提高脱贫农户自我发展能力为出发点，以形成金融反贫困治理长效机制为落脚点，把握节奏，兼顾脱贫成果巩固任务和金融机构成本风险，逐步放开农商行和村镇银行对贫困农户的贷款利率上限，将脱贫农户培育为合格市场主体的同时，从保持到进一步激发金融机构服务农户等小微经济体的积极性。

第 9 章

孟加拉金融扶贫模式及其对田东的启示

孟加拉国是世界上最不发达的国家之一，同时也是一个传统农业国。大型贷款机构基于收益和风险的考虑，使得穷人通常无法正常获得贷款。1976 年，“穷人银行之父”尤努斯为了帮助本国妇女脱贫，创建了孟加拉乡村银行，并创新出小额贷款的孟加拉模式。

截至 2016 年 4 月底，孟加拉乡村银行已在全国的 81 392 个村庄中建立了 2 568 个分支机构，几乎覆盖了孟加拉有信贷需求的所有区域，村庄覆盖率达 97%；累计发放贷款 190.52 亿美元，贷款余额 16.54 亿美元，贷款回收率高达 98%。此外，孟加拉乡村银行发起的微型金融运动在全球每年的贷款总额达 600 亿美元，惠及 13 500 万人，这也正是尤努斯获得 2006 年诺贝尔和平奖的主要原因之一。目前，全球已有 100 多个国家，250 多个机构效仿孟加拉模式，该模式已成为国际普遍认可的金融扶贫模式。因此，对孟加拉模式的本质进行分析，对田东开展金融扶贫工作具有一定借鉴意义。

9.1 孟加拉模式简介

孟加拉模式的初始运作方式是选择当地信用良好的妇女组成互助信贷小组，采用联保替代传统抵押方式发放小额信贷，并定期收回贷款本息。小组内部一旦出现违约行为，则通过提高信贷利率或不再提供信贷支持的方式对整个小组进行处罚，这是第一代小组联保贷款技术。

从2001年开始，孟加拉乡村银行创始人、领导者尤努斯教授重新设计小组贷款规则，放宽了小组贷款条件，贷款者在彼此了解的基础上通过自愿组合形成5人贷款小组，共同申请贷款，信贷发放实行集体联保，形成了“以客户为中心，产品更灵活，服务更丰富”的第二代小组联保贷款技术。另外，孟加拉乡村银行优化了贷款奖惩规则，采取动态机制：若小组各成员按时还款，则提高小组贷款上限；若借款人未及时还款，则降低小组贷款限额。第一代、第二代小组联保贷款技术的比较详见表9-1。具体运作流程见图9-1。

表9-1 两代小组联保贷款方式的异同

项目	第一代小组联保贷款技术	第二代小组联保贷款技术
运行方法	采用“2+2+1”的贷款次序，优先贷给5人小组中最穷的2人，然后再贷给另外2人，最后再贷给组长	小组成员可以一起获得贷款，不用遵守“2+2+1”的顺序
奖惩机制	小组内有人违约，则限制小组其他成员贷款	改惩罚为激励，如果还款好，则增加额度
贷款额度	对小组成员统一贷款额度	对小组成员有统一贷款额度，然后根据个体成员的表现进行增减；不同表现的成员，个人贷款额度不同，优秀者额度上升，反之则下降
还款办法	严格每期等额还款	根据客户现金流设置不同的还款金额
组外贷款	只有基本小组贷款	在小组贷款之外，为有额外需求的个体提供其他贷款，不受小组额度制约
弹性机制	面对疾病和灾害，无弹性还款机制	设置弹性还款机制，一旦发现疾病或灾害因素，设置还款再安排，以助客户渡过难关，加强后续管理，以督促其还款

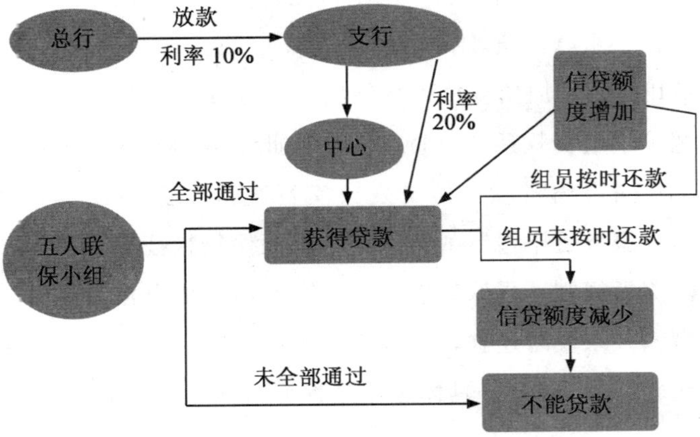

图 9-1　孟加拉乡村银行小额信贷模式流程图

其主要做法包括以下几点：

9.1.1　通过“小组＋中心＋银行工作人员”的信贷制度有效降低违约风险

孟加拉乡村银行工作人员通过上门服务了解农户信贷需求，在确定贷款对象后，由不互为直系亲属的贷款对象自愿组成 5 人（户）小组，通过小组内部评估、相互督促、相互激励，发挥联保作用，形成自身内部约束机制，降低违约风险。此外，由 6～8 个小组组成一个中心，向银行工作人员提供详细的借款人信息，可防止借款人道德风险。

9.1.2　整贷零还降低贷款者还款压力

由于农民贷款缺乏可用于抵押的物品，而商业性金融机构出于控制风险的考虑，对抵押、担保等条件要求很高。孟加拉乡村银行通过整贷零还、小组模式、随机回访等一系列风险防范措施，在无须抵押担保的情况下，保证了资金的安全，为盈利创造了条件。如信贷偿付采用每周还款方式：贷款期为 1 年，每周分期付款，从贷款一周后开始偿付。特别是乡村银行将 5 个贷款户划分为一个小组，小组成员之间对贷款进行内部评估、互相鼓励、互相监督，并承担一定的联保责任。正是这种内生性的激励机制替代了抵押担保制度，成为乡村银行取得成功的重要因素。对于小组成员的违约问题，通过道德约束进行互相监督，由借款小组组成的乡村中心定期召开会议，进行集中放款和还贷，集体进行培训，安排成员交流各自的还款计划和进程，使借款小组成员之间互相监督和激励。

孟加拉模式信贷偿付采用每周分期还款方式，从贷款一周后开始偿付。同时，由借款小组组成的乡村中心定期召开会议，进行集中还贷。这种整贷零还与集中计划的还款方式可在一定程度上缓解贷款者的还款压力与周转压力，同时可降低不良贷款发生率。

9.1.3 利率市场化

孟加拉乡村银行根据市场情况自行制定利率，利率水平较高，一般年复利在10%左右。孟加拉乡村银行的职员需走村串户、上门服务，因此薪酬较高，较高的利率水平与职员较高的薪酬水平是相对应的。一般认为，除了农业生产特点决定的农村信贷的高风险因素外，传统银行舍弃农村市场的一个重要原因是农村小额信贷的交易成本过高，银行的利润率过低，甚至难以抵补成本和费用。各国政府通常采取福利性政策，如发放低息贷款等，以支持农村经济的发展。但是，对贫困人群的低息贷款的福利主义政策，可能易使受惠人群产生依赖性，养成其惰性；而且，低利息还给予部分非贷款需求户以谋利的机会。即通过贿赂等手段获取贷款机会，再以更高利息转贷给资金真正的需求者。这个过程中，只要转贷利差高于贿赂成本就有利可图。这使得真正的贫困人群难以获取贷款。孟加拉乡村银行制定了较高的贷款利率。高利率的作用有两个：一是高利率有效地避免了非目标人群利用权限套取低息贷款的现象，增加了赤贫人群贷款的可得性；二是高利率带来的利润有效地填补了小额信贷的高交易成本，使银行的经营、发展能够得到正常维持。

9.1.4 贷款者教育促进借贷双赢

在孟加拉模式下，贷款者教育受到极大的重视。孟加拉乡村银行设有专门的教室供贷款小组交流或不定期组织专家讲座对贷款者进行教育。讲座内容不仅包括基础金融知识、种植养殖技术，还包括对农村妇女关爱等精神层面的讲座。小组交流形式让贷款者产生集体感与归属感，各类讲座不仅提高贷款者金融意识和生产技术能力，更重要的是培养贷款者自尊心和克服面对困境的自信心。孟加拉的教育模式不仅使贷款者产生强烈的脱贫愿望，还可保证其自发、积极的按期还款，最终实现借贷双赢。

9.1.5 提高乡村银行人员的整体素质

首先，考查应聘者的思想道德，是否具有敬业、吃苦耐劳的精神。其次，按照学历来安排所从事的工作。一般情况下，基层工作人员至少是高中学历；营业所的经理、主任必须是本科以上学历，但工作能力特别突出者，适当破格提拔任用；近年来，许多研究生也加入到乡村银行的队伍中，从而提高了职员的素质，也提升了银行的影响力。最后，公开招聘，以公开、透明的方式选拔优秀人才。提升乡村银行整体人力资本的质量，为乡村银行不断进行金融创新，保证其盈利水平创造了条件。

9.1.6 政府给予乡村银行极大支持

在资金方面，孟加拉政府为乡村银行提供利率为4%～5%的资金支持；在法律方面，认可乡村银行以非政府组织的形式从事金融活动；在政策方面，为乡村银行提供免税的优惠政策；在组织方面，孟加拉政府成立政府小额信贷组织、孟加拉农村发展委员会和农村就业支持基金会以及开展政府小额信贷项目、国有商业银行小额信贷项目，这些组织及项目可为乡村银行提供多重保险，有利于其发展壮大。

9.2 孟加拉模式的特点

孟加拉模式是以孟加拉乡村银行为核心的小额贷款模式，是小组联保贷款技术的创始者和运作典范，主要包括以下几个特点：

一是扶贫目标对象识别准确，覆盖面广。孟加拉模式以农村贫困户为贷款目标对象，贷款对象的确定仅以“穷”为标准，使信贷资金能够覆盖所有符合贫困标准的穷人，不会有穷人被遗漏，这与扶贫宗旨相吻合。

二是通过对扶贫目标对象的严密组织，降低违约风险。孟加拉模式的5人（户）小组组织形式，不仅有助于形成小组的同质性、内聚性和共同的目标、信心和纪律。而且，由于信贷发放实行集体担保、轮流放贷和小组储蓄等原则，形成小组成员之间的相互约束关系。

三是发挥市场机制作用，保证商业可持续。孟加拉模式仅为贫困农户提供生产性活动贷款，且生产经营活动的绩效好坏决定其是否能连续获贷。另外，这种贷款和任何信贷资金一样，具有付息性和按期归还性的特点，可保证商业可持续发展。

四是运用团体模式，加强贫困人群还贷信心。孟加拉乡村银行要求每个贷款申请人都加入一个由相同经济与社会背景、具有相似目的的人组成的支持小组，每组一般由5人构成，以团体模式来化解单个成员不稳定的行为方式，使每一个贷款人在贷款过程中更为可靠，降低违约风险。组内与组间的竞争意识也激励着每一个成员都要有所作为，使其准确高效的使用贷款。这种模式也将初始监管的任务移交给了支持小组，不仅减少了银行的工作，还增强了每个贷款人的自立能力。由于每一个组员的贷款请求都要由小组批准，小组就为每一笔贷款担负起了道义上的责任。

五是加强与贫困贷款户联系，确保还款及时。孟加拉模式成立的支持小组形成更大的联盟即“中心”。孟加拉有90.4%（2010年数据）的人都是穆斯林，伊斯兰教信奉“如果人今生欠了债没有还清，来世仍要欠债”的信仰。由于孟加拉乡村银行实行的是整贷零还的还款模式，在每周五穆斯林的祈祷仪式结束后，银行人员会在约定的地点与贷款人开会，用教义敦促影响其还贷行为。由于孟加拉人口密度大且贫困人口更加集中，这样的方式在降低风险的同时，也加强了银行和贷款者之间的沟通，各方面信息也可以得到有效及时的反馈。由于还款模式是其独创的每周分批偿还，还款信息也得到了及时的更新与反馈。截至 2016 年 4 月，联盟中心的数量是 142 586 个，这确保了乡村银行的贷款还款率高达 98.89%，其财务状况已经连续 31 年都是盈利。

六是员工上门服务，降低抵制心理。乡村银行的服务方式是令其员工走村串寨、挨家挨户上门服务，平均 1 名工作人员要负责 10 个中心约 400 名借款人的业务。这在一方面降低了银行风险、促进了借贷者按时还贷，另一方面解决了一个农村银行普遍存在的重要问题：穷人会对富丽堂皇的银行望而却步，不敢迈入银行的“高门槛”。

9.3 孟加拉模式对田东金融扶贫的启示

孟加拉是一个自然灾害频发的农业国，相对于我国而言，该国贫困程度深、执政能力弱、金融环境差。孟加拉模式正是在这样的背景下发展起来的金融扶贫模式，这一模式在孟加拉的成功，有其深刻的自然、经济、社会、政治和宗教等多方面的原因。应该说，孟加拉模式是一大创举，是在赤贫国家成功推行金融市场化扶贫的光辉典范，但并不适合直接复制到其他国家。

与田东金融扶贫相比，可以发现“农金村办”模式通过将正规银行的专业优势、党委政府的组织优势和农村社会的局部知识优势有效结合，实现了比“小组+中心+银行工作人员”的孟加拉模式更强有力的风险控制机制。而从贷款额度和还本付息方式来看，田东的贫困农户笔均贷款额度是孟加拉贫困农户的 100 倍甚至更高，也没有到需每周还本付息的程度。但孟加拉乡村银行模式的成功，从其大旨来看，也不乏有益的经验借鉴。

9.3.1 允许逐步放开小额信贷产品利率

农村小额信贷信用调查成本高、风险大，要保证小额信贷机构长期存续下去，就需要给予小额信贷机构足够的盈利空间，前提条件是收益能抵补成本，且与贷款风险匹配。同时，正如前述，高利率也可有效避免非目标人群利用权套取低息贷款的现象。事实上，这种超低利率贫困农户特惠贷款也在我国发生被收购的情况。

孟加拉模式市场化利率的成功，印证了其可行性。故而，田东可考虑逐步放开5万元下小额信用贷款的基准利率限制。

9.3.2 继续加强对贷款者的教育

服务的同时加强贷款者教育是孟加拉模式成功的一个关键因素。孟加拉农村文盲多、金融认识度极低，贷款者教育几乎是从零起步，但取得了显著成绩，实现了贷款与交易的互促发展。

农村金融综合改革以来，田东的金融教育加速，取得了丰硕成果。当前田东农村存贷两旺的大好局面，也是金融教育的重要成果。接下来应将对金融服务对象的教育推向深入，配合脱贫农户贷款利率逐步市场化、新型农业经营主体和小微企业带动脱贫农户贷款优惠和进一步完善社会信用体系展开更加深入的金融教育，巩固农村金融综合改革成果。

9.3.3 继续给予参与农村扶贫的主要金融机构大力支持

孟加拉乡村银行在组建以及发展过程中，政府不仅为孟加拉银行创造了一个宽松的政策环境，还给予了必要的财税优惠政策。

田东县委县政府长期支持农村金融改革和金融扶贫事业。下一步应继续加强对农村主要扶贫金融机构，特别是田东农商行和北部湾村镇银行的支持，包括：

进一步发展好农村产权交易中心，助推其业务增加和成熟，为产权抵押贷款铺平基础；推动助农融资担保有限公司发展壮大，为更多小微企业和新型农业经营主体服务，间接带动脱贫农户致富；加快健全农村信用体系，推动其向全面化和完善化发展；以稳定的财政性存款支持农商行和村镇银行；建立科学的脱贫农户巩固发展贷款风险分担机制等。

第 10 章

建设田东农村扶贫金融体系

10.1 县域农村扶贫金融体系的主要内容

县域农村扶贫金融体系可按照“金融机构、技术产品、监管措施、基础设施和政府政策”五位一体的建设框架建设。

10.1.1 建立多层次、多类型的扶贫金融机构体系

1. 约束与鼓励并重，引导农商行（农信社、农合行）服务下沉

在明确农商行（农信社、农合行）发展农村扶贫金融第一主力的基础上，要求贫困农户、普通农户和新型农业经营主体有效融资需求得到满足之前，在本县的吸存资金不得调出本县。同时，要根据农信社自身意愿和经营实况决定是否转为农商行，停止部门利益驱使下要求农信社在规定时间必须转为农商行的做法，防止农信系统脱离扶贫、支农主责。同时，积极对接国开行、农发行、农行等大型金融机构增加农村特别是贫困村基础设施建设资金的比重，引导农商行（农信社、农合行）降低基础设施建设资金的比重。

2. 建立和引入更多基层扶贫金融机构（组织）

为增强金融有效供给，拓宽农户贷款来源，应当引导更多创新型小微金融机构的设立，鼓励民间资本发起或参与设立村镇银行、小额贷款公司、担保公司，在金融需求长期旺盛的地区设立多个村镇银行，引入在小微贷款领域具有特色的城市商业银行和专门从事小额贷款的全国性社会企业等。

3. 学习江苏经验，推动村镇银行和小贷公司回归设立初衷

2007年，江苏就明确规定，小贷组织贷款支持“三农”的比例不得低于80%。经过10年实践，已基本探索出了一条政府组织引导、民资踊跃参与、市场接纳认可的政策可持续和商业可持续相统一的小额信贷“江苏模式”，实现了“引导工业资金支农、引导城市资金下乡、引导企业家履行社会责任”的效果。支农是小贷公司设立的初衷，也是村镇银行设立的初心。这就需要以“江苏模式”为榜样，明确改革到位截止日期，有计划、有步骤地推进已有村镇银行和小贷公司支农责任，并做到新设的两类机构支农责任一步到位。

4. 发展农村合作金融

推广“农村产业发展互助社”，完善“贫困村资金互助社”运作机制，发展内生于农村生产、生活的合作性金融机构，形成、完善基于农村熟人社会的互助性、低成本、风险自担的合作金融体系。引导农民专业合作社在生产合作的基础上规范有序开展信用合作。这些组织都要坚持封闭运行、不对外吸储放贷、不支付固定回报三原则。

5. 探索基于农民专业合作社联合社的农村资金互助合作升级版

农民专业合作社是带动贫困农户脱贫的重要主体之一。建立农民专业合作社联合社，实现生产、供销和信用合作三位一体，是新时期农民专业合作社参与全产业链经营和自我提供社会化服务的重要探索。在信用合作中，农合联可将农信机构纳为会员，允许有条件的成员合作社组建农民资金互助会，并与农信机构建立战略合作关系，农民资金互助会及农合联负责业务决策、账目管理，农信机构提供开户结算、资金托管等服务。同时，农信机构建立农合联成员合作社信用体系，为农合联成员合作社提供授信服务。

6. 鼓励互联网金融为新型农业经营主体服务

互联网金融可依托四类新型农业经营主体的线上交易数据，利用大数据和云计算技术实现部分风险控制，考虑同时与较为成熟的线下渠道相结合，利用线下充足的农村局部知识优势，实现线上线下相结合的互联网金融服务新型农业经营主体模式。

7. 新建服务贫困农户的新型乡村草根（小微）金融机构

一是鉴于现实中大量存在“村镇银行不村镇”“小贷公司不小额”“农商银行疏农民”的情况，应探索发展“扎根乡村、面向农户、扶助贫困、不离县城”的新型乡村草根金融机构，建设乡村扶贫银行。乡村扶贫银行定位在乡镇（含）以下、以村为主、以贫困农户为主要服务对象，（户均贷款 0.1 万～5 万元），吸存放贷范围限制在本县域内，在人民银行和银监会的指导、监督下，由地方政府（地方金融监管局等实施）负责监管。将现有的以农户为主要服务对象的优秀村镇银行、优秀农信社和优秀村级资金互助组织转为乡村扶贫银行，制定相应特惠政策予以支持。

二是建设乡村扶贫小贷公司。暂缓实施优秀小贷公司向村镇银行转化的规定，将现有向普通农户、贫困农户提供金融服务的较为优秀的小贷公司、融资租赁公司等小微型金融机构（如南充美兴小贷公司等），转型为以服务贫困和普通农户为主的乡村扶贫小额贷款公司，给予税收及外源融资等特惠政策，优秀者可向吸存的乡村扶贫银行发展。随着 2020 年扶贫攻坚任务的完成，乡村扶贫银行届时可转为乡村农民银行，户均贷款额度也可扩大到 1 万～10 万元，在巩固扶贫攻坚成果的同时，将服务重点转向中下层农户，继续完成扶助普通农户培育专业大户、家庭农场和助力农民专业合作社做大做强的历史使命，以此实现基层草根金融机构与底层农业经营主体相生相伴、互助共赢、携手共进的大格局。

8. 发展农业保险和融资担保公司

在各县设立不以盈利为目的的政策性农业保险公司，发挥公益性作用，主要为贫困农户、普通农户和新型农业经营主体服务，为其获得贷款增信。同时，在省级设立再保险公司分担风险，注册资金由财政全额出资或吸收部分金融资本，加强银保合作。做大做强省、市、县助农兴农融资担保公司，提高担保能力。

9. 充分利用区域性股权交易市场和新三板

对带动贫困农户较多、脱贫效果明显的新型农业经营主体和农村小微企业，应积极支持其到区域性股权交易市场和新三板挂牌交易，以开拓直接融资渠道、扩大经营规模、分散经营风险、完善治理结构和增强品牌竞争力。

10.1.2 大力创新扶贫金融技术和产品体系

传统银行放贷采用押房、押地和第三方担保的保证技术。大多数贫困农户因无法满足这些条件而被拒。金融扶贫必须创新传统抵制押技术、创造现场调查和社会调查相结合，免抵押、免担保的个人信用贷款技术，来识别农户的信用和能力，为他们提供贷款等金融服务。

1. 加快推进农村产权制度建设，发展“四权”抵质押贷款

加快推进农村林地经营权、农村土地承包经营权、集体建设用地使用权、农民住房财产权等权属的确权颁证工作，在切实保障农户财产权益的同时，加快建立省市县层次分明、功能完善的农村产权价值评估与流转交易市场体系，克服农村产权和农业资产流动性不足的问题，发挥“四权”抵押作用。试行“四权”抵押贷款业务。

2. 推广农业设施和财政补助期权质押经验

为缓解新型农业经营主体传统抵质押物不足和不符合金融机构要求的情况，可在充分论证、实践的基础上推广已有的农业设施和财政补助期权质押贷款经验。

3. 结合各地实际，运用小组联保贷款技术

小组联保小额信用贷款技术起源于孟加拉乡村银行，在全球农村贫困地区广泛应用，其核心要素有两方面：一是成员选择，主要是在同一村落或同一生产链、商圈、熟人圈内，具备较大共性的草根经济个体；二是互保互助机制，主要利用熟人圈的平辈压力和互助情怀，从互保、相约到互助三个层面，促进小组成员间的相互激励、帮助和监督制约，达到发展生产和约束信用的目的。

我国长期规模化运用小组联保贷款技术并取得较好绩效的是海南农信社。

2007年起，海南农信社将格莱珉小额信用贷款模式中国化、海南化为琼中小额信用贷款模式，并在实践中不断创新，逐步形成了适应海南实际情况的“一小通”信用贷款支农模式。截至2015年9月底，“一小通”信用贷款支农产品已累计放贷195亿元，占海南农户贷款的60%以上，惠及67.6万农户，占海南农户总数的56.7%，户均贷款2.9万元，不良率贷款率2%，采集农户信息占海南农户总数的95.3%。海南经验表明，小组联保小额信用贷款技术经改良改革后是适合我国多数贫困地区的，应当在不断改进完善的同时，有组织、大规模地进行推广。

4. 大力推广现场调查个人信用微贷技术

现场调查免抵押、免担保、免财表个人信用微贷技术的核心要素有三：一是信贷员现场调查，了解、掌握借款人信息，如借款人个人信用状况、家庭或作坊的生产水平、现金流量等；二是信贷员自编客户财务报表并对其进行个人信用和现金流分析评估；三是依据业绩状实况对信贷员实行的及时、有效的激励机制。

目前现场调查免押、免保、免表个人信用微贷技术运用较好的是中国扶贫基金会所属“中和农信”扶贫贷款公司旗下的小额贷款公司。自2004年起，至2016年3月底，中和农信扶贫贷款业务已覆盖10多个省150多个贫困县，主要运用个人信用微贷技术，已累计放贷138万笔、143亿元，贷款余额33.6亿元，有效客户33.4万户（其中农户占比95%），户均贷款余额1万元，不良贷款率仅为0.76%。

鉴于上述海南农信社和中和农信鼓舞人心的成功实践，建议由人民银行、银监会和国务院扶贫办联手，省级政府负主责，在全国贫困地区有组织地推广现场调查、免抵押、免担保、免财表的个人信用微贷技术和小组联保小额信用贷款技术。

5. 继续探索互联网金融线上、线下结合的放贷技术

互联网金融线上线下相结合模式是将线下信贷员天然的熟人圈信息优势与互联网大数据线上风控模型相结合，实现无押无保纯信用贷款的发放。这一技术在服务新型农业经营主体方面有较大市场空间，值得继续探索。

6. 引导金融机构开发符合农业生产特点的信贷产品

引导金融机构根据新型农业经营主体和贫困农户、普通农户的生产与融资特点，合理确定农业经营类贷款的单笔额度、还款期限和还款方式（如分次等额法与一次总还法）。

10.1.3　完善县级金融监管体系

1. 建立贴近支撑扶贫金融健康发展的金融监管体制、方式

扶贫金融主体活动场所在县域，属于基层、草根金融。应在中央政府的指导下，以地方政府为主承担监督和管理职能。将县金融办改组为县金融监督管理局作为县级政府组成部门，划拨央行县支行部分编制到地方金融管理局，负责本地域非存款类金融机构和存、贷业务均在贫困县域内的存款、保险类金融机构以及村级资金互助社、农业合作社内部资金互助等的监管工作，并引导民间金融发展。

2. 合理调整监管方式，实行差别化考核

县级金融监管部门牢固树立监管也是为了更好发展的理念，处理好监管与发展的关系，根据扶贫金融实际合理调整监管方式。建立符合扶贫金融业务特点的差别化考核评价体系，具体考核涉农贷款、贫困户贷款、农业基础设施贷款、新型农业经营主体贷款、扶贫搬迁贷款、农村助学贷款等的运行情况。

10.1.4　配套建设扶贫金融基础设施社会化服务体系

1. 建设广覆盖、动态化的农村信用体系

市县政府与人民银行联合支持建设农村信用信息共享平台。农村信用体系是金融可持续服务农户特别是贫困农户的制度性基础设施。只在单个金融机构内自建自用，效果有限，如果为所有金融机构共享，将发挥更大效用。建议采用县（或市）政府主导、人民银行指导、优选一家有实践有能力的金融机构运作的方式建设。前期系统开发、数据采集和录入、评级、授信等领域发生的费用，采用财政补贴方式分担。系统向本地参与扶贫、支农的各类金融机构（组织）开放，按“谁使用、谁付费”原则，收取一定费用，用于以信用体系的运营维护、信用更新和技术升级。

建立推广以农户为主的三级信用指标体系。农户是农村信用体系的最大受益对象，农户信用是农村信用体系建设的根基；村组信用则体现了农村熟人社会的群体关联，要发挥其成员间互帮、互促，共荣、共辱的内在关系，共同提升村组信用；乡镇信用是村组信用的发展，是扩大了的熟人圈效应，是县域和基层社会信用文化的结点。因此，应充分利用农村社会熟人圈文化特点，开展以农户为主的信用知识教育，普及守信有益的观念，整村整乡地推进建立“户、村（组）、乡（镇）”三级信用指标体系建设。

建立农户贷款金额、利率与三级信用等级挂钩机制。建立严格的农户授信金额、贷款利率与三级信用等级挂钩浮动机制，单个信用户根据信用等级的不同获得相应差异化的授信金额、贷款利率，而处于信用村（信用组）、信用乡的信用户，根据村（组）、乡（镇）信用等级的高低，又可获得授信额度更高、利率更低的差异化信贷服务。同时，农户和村组信用级别及其对应的授信金额、用款利率随实际借贷行为状况，随时调整：农户违约则信用级别降低、授信额度降低、村组利率升高；反之亦然，以此培养农户自身授信及集体授信意识，创造良好的农村信用环境。此外，在村组信用的基础上发展乡镇信用，可根据地区差异增加信用等级和细分信贷优惠政策。

对新型农业经营主体分类分层基础上建设差异化信用体系。四类新型农业经营主体可以分为三类：专业大户和家庭农场属于农户类；农民专业合作社属于人合组织；农业产业化龙头企业属于中小企业。可由地方政府负责，金融办牵头，人民银行指导，各部门参与配合加快建立新型农业经营体系：一是注重农户信用体系建设的层次性，参照浙江江山和广西田东等地对普通农户评级的成熟经验，重点抓紧落实专业大户和家庭农场信用评级工作；二是对农民专业合作社，可同时采集合作社的资产情况、经营状况、征信记录及其法人代表的资产情况和个人征信记录评定；三是对农业产业化龙头企业，可主要采集其法人代表个人资产情况、征信记录评定。

2. 推动建立融资性担保服务体系

由缺担保导致的各类农业经营主体融资难是个亟须破解的关键问题。在商业性融资担保普遍不景气的情况下，可推动建立政策性兴农助农融资性担保公司体系，并规定为各类农业经营主体拿出专项融资担保额度。

一是建立县级政策性农业担保机构和省级农业再担保机构。县级政策性农业担保机构主要为规模较大、信用较好、信息较全的新型农业经营主体提供服务。在省级层面，可通过与县农业担保机构双向参股的方式建立农业再担保机构，为县农业担保机构提供服务。同时，允许金融机构等战略合作者适当参股，但要求非财政资金占农业信贷担保结构资本股份不得超过20%。暂不具备条件的县也要依托市担保机构开展农业信贷业务，力争在3～5年内建立健全县级农业担保网络。

二是根据信用级次掌握担保条件的松紧。融资性担保公司在优先做好风控的基础上，在信用体系评级较完善的地区，可灵活运用信用评级结果，对信用等级高的小规模新型农业经营主体和普通农户予以担保支持。

3. 加强扶贫信息系统建设，实现与金融机构的实时共享

加强扶贫办建档立卡信息采集系统建设，完善信息采集、录入、审核等工作流程，确保信息的真实性和完整性，建立信息的定期采集、更新制度，保证系统信息能够及时、准确反映贫困农户的基本情况，实现扶贫办对贫困户脱贫进程的实时监测。

推动建档立卡信息系统和金融机构信息系统的互联互通，保证金融机构能够实时获取贫困农户的基本信息；金融机构可根据贫困农户建档立卡信息，实现系统自动评级授信，实现“一次授信，随贷随用，循环使用”，提高金融扶贫效率；其对贫困农户的评级、授信、放贷、收贷等信息同步进入建档立卡信息系统，实现扶贫办与金融机构信息的实时共享，提高金融扶贫工作的管理效率。

4. 积极寻求批发供资保证主要扶贫金融机构资金充足

县级政府可积极对接国开行、农发行、农行、邮储、工行、建行、中行，请求其每年安排一定比例的资金为贫困县和片区县内的各类直接服务贫困农户的小微金融机构提供批发性资金，保证它们有足够资金为贫困地区提供服务。

5. 完善扶贫金融统计制度，建立专项监督考核机制

地方政府和地方金融主管部门可将现有涉农贷款统计体系中的“三农贷款”指标进一步细化，在涉农贷款中细分出贫困农户、普通农户、专业大户、家庭农场、农民专业合作社、农业产业化龙头企业、农业基础设施贷款，其中贫困农户贷款按使用类别细化为生产经营性贷款、消费贷款、易地搬迁和农村助学贷款等四类；按贫困户自身类别细分为低保贫困户和一般贫困户贷款两类，以便于全面反映金融扶贫的整体情况。建立扶贫金融专项考评机制，并将考评结果与监管和优惠政策挂钩，实行精准奖惩。

10.1.5 构建梯次、规范、协调的扶贫金融政策支持体系

1. 准入政策

营造平等、宽松、开放的准入环境。首先，应允许贷款需求长期旺盛、资金供应不足的县域开设多家村镇银行；允许省级政府探索各类县域新型扶贫金融机构。其次，应允许民营、国有、国外资本发起设立以四类新型农业生产经营主体和农户特别是贫困农户为主要服务对象的新型金融机构，如农村小微企业银行、农民银行、乡村银行、微贷公司、扶贫小贷公司和微小保险公司等。

去除对县域特定金融机构的财政性存款开户歧视性制度障碍。取消以监管评级不达标为理由对县级层面住房公积金、社保基金等财政性资金存款在农村合作金融机构和村镇银行开户的限制和规定。

2. 监管政策

建立符合扶贫金融特点的差异化监管政策。考虑扶贫金融业务风险高、成本高的特点，应适当对贫困农户和其他相关新型农业经营主体的贷款业务提高不良贷款容忍度，建立符合扶贫金融业务特点的考核评价机制。

严格限制县域金融机构存款资金外流。存款是贫困地区十分宝贵的金融资源，“吸收存款”是国家给予银行类金融机构的特许权，“存款”资金应主要用于本县域是吸存机构的责任。为减少农商行（农信社、农合行）等农村吸存金融机构将存款用于买债、炒股、大项目等非本地、非农项目获益而造成存款流失，应通过法制化方式严格规定在本地区扶贫金融业务得到充分满足之前，贫困地区金融机构存款不得调出本县。

3. 财税政策

在金融机构已享受的财税优惠政策中，税收减免和风险分担能有效降低其成

本和风险，且不影响市场在资源配置中的决定性作用。相比之下，奖补政策因对金融机构发展阶段及其业务增长特点的把握粗放而精准度不足，贴息政策则是一种全世界公认的会扰乱市场机制的临时性政策。此外，当前优惠政策多以金融机构的“涉农”业务为主，难以引导其精准扶持农户（特别是贫困农户）和新型农业经营主体。

因此，财税政策的制定，应在总体支持力度只增不减的前提下，以税收减免和风险分担为主，逐步减少奖励、补贴和贴息等难以形成长效机制的政策。同时进一步将政策优惠范围明确在农户（特别是贫困农户）和新型农业经营主体金融业务上，摒弃“涉农”“三农”和“农村”等宽泛概念。

增加奖补对象，收缩奖补范围。一是建议将《普惠金融发展专项资金管理办法》第二章第八条中“县域金融机构当年涉农贷款平均余额同比增长超过13%的部分，财政部门可按照不超过2%的比例给予奖励”的政策扩展到小贷公司，“涉农贷款”收缩为“农户、新型农业经营主体和农村小微企业贷款”。二是建议将《普惠金融发展专项资金管理办法》第三章第十二条关于“财政部门可按照不超过其当年贷款平均余额的2%给予补贴”的范围从新型农村金融机构扩展到农商行（农信社、农合行）和小贷公司，并将第（三）点条件“当年涉农贷款和小微企业贷款平均余额占全部贷款平均余额的比例高于70%（含70%）”中的“涉农贷款”更改为“农户、新型农业经营主体贷款和小微企业贷款”。当然，第（二）点条件“年均存贷比高于50%（含50%）”要求的适用对象从村镇银行扩展为农商行、农信社和农合行。

实行扶贫贷款过渡性梯次贴息补助政策，提高政策资金效率。在依法推进农村贷款利率市场化①的同时，由政府对扶贫贷款的基准利率分档差异贴息：对低保贫困户全额贴息，对非低保贫困户贴息50%。这样，既能降低贫困户融资成本，也能提高财政贴息资金的使用效率。逐步减少财政资金用于新型农业经营主

① 《最高人民法院关于审理民间借贷案件适用法律若干问题的规定》第二十六条：借贷双方约定的利率未超过年利率24%，出借人请求借款人按照约定的利率支付利息的，人民法院应予支持。借贷双方约定的利率超过年利率36%，超过部分的利息约定无效。借款人请求出借人返还已支付的超过年利率36%部分的利息的，人民法院应予支持。最高人民法院审判委员会专职委员杜万华解释：24%与36%之间的这一段叫作自然债务区。如果当事人依据合同，向人民法院起诉要求保护这个区间的利息，人民法院是不予法律保护的。

体贷款的贴息额度。依据带动贫困农户脱贫成效和力度的不同，采取差异化的分级贴息机制。根据建档立卡贫困人口占农业产业化龙头企业员工数量的比例、建档立卡贫困农户占农民专业合作社社员总数的比例以及家庭农场、专业大户流转建档立卡贫困农户耕地占流转耕地总面积的比例梯次确定贴息比例。

建立稳定的政府扶贫贷款风险补偿梯次分担机制。由县财政出资，建立风险补偿基金，并主导建立稳定的扶贫贷款风险分担补偿基金和运行机制，对各类金融扶贫贷款的坏账核销损失，按照实体经济的实力层次和金融机构坏账回收情况，适度给予向下层经济体特别是贫困农户倾斜、与金融机构最终坏账损失成反比例关系的梯次性补偿分担政策支持。

引导担保公司向扶贫业务倾斜，适当新建担保机构。引导现有担保公司增加或拓展扶贫担保业务，对于担保公司不足的重点贫困地区以及担保资源特别缺乏的集中连片特困地区，鼓励适当新建县域扶贫担保机构。

实行存贷同比制度。地方政府在县域范围可试行“存贷同比”制度，根据当地各家金融机构贷款在总贷款中的占比，同比例分配财政性存款和政府可调控资金存放，引导金融机构有效增强服务“三农”和扶贫的资金实力。

鼓励国开行、农发行等大型金融机构提供批发性扶贫贷款。充分利用国开行、农发行等大型金融机构批发供资的技术和平台优势，由其批发性地将贷款资金供应给开展扶贫业务但可贷资金不足或不能获得央行再贷款的农信社、乡村银行、乡村扶贫小贷公司等小微金融机构（含小贷公司）和贫困村村级资金互助组织。同时，为鼓励国开行、农发行更多地提供批发性农户扶贫贷款和扶贫搬迁等资金，可通过国家债信支持的特别金融债和邮储行存款定向资金供应两种方式，保证其资金来源、补偿一定的风险。

对 5 万元以下小额贷款实行特惠税收政策。坚持财税支持政策总量上只增不减与结构上有增有减相结合的原则，建议：在对县域农村金融机构 10 万元以下农户小额贷款利息收入免征营业税、所得税减按 90%计算应税收入等优惠政策的基础上，对县域农村金融机构向贫困农户发放的 5 万元以下的小额贷款利息收入，进一步实行免征营业税、所得税的政策。

以简易征收增值税引导县域金融机构服务下沉。建议对《财政部国家税务总局关于进一步明确全面推开营改增试点金融业有关政策的通知》（财税〔2016〕

46号）中“三、农村信用社、村镇银行、农村资金互助社、由银行业机构全资发起设立的贷款公司、法人机构在县（县级市、区、旗）及县以下地区的农村合作银行和农村商业银行提供金融服务收入，可以选择适用简易计税方法按照3%的征收率计算缴纳增值税”这一规定，将政策优惠对象限定为“农户、新型农业经营主体贷款和农村小微企业贷款平均余额占全部贷款平均余额的比例高于70%（含70%）”的上述金融机构，达不到以上要求的金融机构，则适用6%的金融业增值税率。小贷公司参照执行。

小贷公司参照享受涉农贷款相关税前扣除政策。鉴于中和农信项目管理有限公司和很多小贷公司面向农户和新型农业经营主体金融需求，建议对中和农信公司举办的农户自立服务社（中心）以及包括中和农信项目管理有限公司独资成立的小额贷款公司在内的所有小贷公司发放的涉农贷款参照执行金融企业涉农贷款相关损失准备金和贷款损失的税前扣除政策。

4. 货币政策

加大对扶贫金融的货币政策支持力度。一是对县域扶贫贷款规模不设限。二是凡是符合审慎经营要求且扶贫到户贷款达到一定比例的金融机构，一律享受同样的存款准备金率下调政策和额外增加县域法人金融机构上交存款准备金同等数额的再贷款政策。三是根据各地扶贫信贷资金供求情况和脱贫任务轻重，实行梯次差异的扶贫再贷款供给办法，继续给予利率优惠。

5. 利率政策

取消已脱贫农户的基准利率上限控制，允许金融机构根据自身成本风险及享受的优惠政策，合理确定利率上浮水平。

10.2 田东农村扶贫金融体系建设的目标

10.2.1 短期目标：实现脱贫摘帽、巩固扶贫成果

近年来，在中央和地方各级政府的支持下，田东开展了一系列的农村金融综

合改革，有效助推了脱贫攻坚工作，建立了包括金融网点、支付系统、信用评价体系、惠农特色保险、抵押担保贷款、基础金融服务在内的六大体系。2016 年底，田东县顺利通过了自治区和百色市的合验，扶贫成果得到了国务院督查检查组和国务院委托的第三方评估小组的充分肯定，扶贫工作实践取得了在全国都瞩目的突出成绩。

2017 年，已建立的农村金融综合改革六大体系应逐步向更加完善、系统的农村扶贫金融体系发展，更强有力地巩固扶贫成果，防止出现较大规模返贫和暂时性脱贫的现象，实现脱贫摘帽。

10.2.2 中长期目标：形成金融反贫困治理的长效机制

脱贫仅是反贫困的阶段性胜利，实现脱贫后，田东县还需在进一步巩固扶贫脱贫成果的基础上，让脱贫农户走上致富道路，享受致富硕果。因此在巩固扶贫成果的同时，要高度重视并扎实推动扶贫金融根本制度的建设，形成健康、稳定、全面、可持续的金融扶贫长效机制。具体而言，到 2020 年，田东县应初步建立银行、证券、保险“三方业态”、机构、技术、监管、公共服务和政策“五位一体”的农村扶贫金融体系，从根本上形成金融反贫困治理的长效机制，从金融上保障田东全面小康稳步向前发展。

10.3 田东农村扶贫金融体系建设的重点任务

田东扶贫金融体系建设涉及银行、证券和保险三个行业，其中尤以银行业为重，兼顾保险和证券市场的完善、发展和运用。

10.3.1 完善金融机构体系

1. 增加一家村镇银行

村镇银行作为三类新型农村金融机构的成功代表，具有低门槛、资金来源多元化、股权与治理结构灵活多样等特点。村镇银行进入农村金融市场，不但为农村金融市场引入增量因素，增加了农村金融供给的新渠道，而且村镇银行从成立之始，就对其设立条件、股权设置、治理结构、经营管理、内控机制及监管方面都做出了严格的规定，对股东在财务状况、经营管理能力等方面的要求更形成了对机构经营者的优胜劣汰，这必将推动农村金融的不断发展，缓解农村金融的“贫血症”。

因此，在引导商业性金融机构重返农村的同时，大力发展和培育适合农户、新型农业经营主体融资需求特点的村镇银行，发挥其经营灵活、运营效率较高等优势，以有效增强农村地区金融服务的能力，切实提高农村金融服务水平，同时也为民间资金提供了一条正规化发展的合理渠道。

当前，田东只有一家村镇银行——北部湾村镇银行，目前已和田东农商行一道成为田东扶贫与支农的最重要力量，但目前二者仍不能满足田东农村金融综合改革开启的旺盛信贷需求。2016 年 2 月 26 日，中国银监会印发《关于做好 2016 年农村金融服务工作的通知》，针对村镇银行提出在经济欠发达的地区可实行“一行多县”和经济发达地区实行“一县多行”的政策，田东县可借此契机尝试增加一家村镇银行。方案有二：一是田东属于欠发达地区，可按照欠发达地区政策，在百色乃至广西范围内寻找有较强实力的村镇银行，引入田东。二是田东虽然不属于经济发达地区，但田东的扶贫和支农融资需求已经达到甚至超过一般意义上的经济发达县市，应积极与银监部门沟通，申请再设立一家村镇银行。

2. 鼓励城商行设置网点

2005 年以来，部分城市商业银行在国家开发银行的辅导下，将国际上成熟的微型金融技术与我国实际相结合，在技术本土化的基础上开发产品，开始涉足小企业和个体二商户业务，目前已出现许多在小微业务领域取得显著的城商行，如以小企业为主要服务对象的哈尔滨银行，擅长微企业和个体工商户业务的包商银行和小微业务均有较高水平的台州银行等。随着这些城商行带来的示范效应越来越强和金融机构对普惠金融的认识越来越深刻，越来越多的城商行在普惠金融业务领域实现了突破。

自 2008 年农村金融综合改革启动以来，田东逐渐开启了旺盛的金融需求，贫困农户、普通农户和四类新型农业经营主体成为改进金融服务的重点。相对而言，对农户就业同样具有较强带动作用的小微企业和个体工商户的融资服务改进则稍逊于农业经营主体。柳州银行于2012年提出并始终坚持“小微企业金融服务、小社区便民服务”的“两小”市场定位，截至2016年底，已在柳州、南宁、来宾、河池、桂林、梧州、贵港、百色等市设立105家分支机构，还设立了1家专营机构小企业金融服务中心。小企业金融服务中心开发的“微贷通”“税贷通”和“POS小微贷”等系列产品为小微企业和个体工商户提供了多种选择。

因此，田东可引进包括柳州银行在田东设立营业部或支行，鼓励其为辖区内小微企业和个体工商户提供信贷服务，帮助补齐小微企业和个体工商户金融服务短板，进而带动脱贫农户就业增收，促进县域经济发展。

3. 引入广西第一家中和农信分支机构

从全国来看，由于贫困农户贷款普遍存在额度小、缺乏抵质押物和担保等问题，目前的金融体系对扶贫贷款的资金供给仍严重不足。但从田东来看，贫困农户的融资需求不能得到有效满足，却不是因为金融机构不愿意提供服务，而是全力供给依然不能满足需求。截至2016年9月，田东各银行金融机构存贷比高达96%，其中农商行的存贷比为86%，北部湾村镇银行的存贷比为96%，信贷需求十分旺盛，而现有金融机构贷款资金尤其是扶贫贷款资金供给能力不足，亟须引进其他放贷机构开展农村贷款业务。

中和农信项目管理有限公司是由中国扶贫基金会和世界银行联合发起成立的专业小额信贷管理机构。公司成立于2008年11月18日，是由中国扶贫基金会小额信贷部改制而成，其主要职责是管理和实施扶贫基金会的小额信贷扶贫项目。扶贫基金会小额信贷项目最早源自于1996年启动的世界银行贷款秦巴山区扶贫项目，该项目旨在为贫困地区的中低收入农户提供可持续的小额信贷支持，并为解决农户贷款难的问题探索路子。2001年，国务院扶贫办批准中国扶贫基金会接管此项目，并同意基金会在更多地区开展小额信贷扶贫试点工作。20年来，该项目已经形成一套适合中国农村特点，专为中低收入农户服务（贷款最高不超过10万元），可推广、可复制、可持续的小额信贷运营模式。

截至2016年9月底，项目覆盖18个省（市、自治区）的218个贫困县，累计发放农户小额贷款155万笔，173亿元。当前贷款余额39.6亿元，存量贷款客户36余万户（其中农户占比94%、女性客户占比93%、初中以下学历占比

94%，直接用于种养殖业的贷款占比60%），户均贷款余额1.1万元，不良贷款率0.8%。

目前，中和农信在广西还没有设置分支机构。田东县政府可与其进行接洽，引入广西第一家中和农信分支机构，增加对新型农业经营主体和农户特别是脱贫农户的信贷供给，为田东县的百姓提供行之有效的金融及非金融服务。

4. 开展农村内置合作金融试点

"内置金融"是指在坚持土地集体所有制和承包经营制度的前提下，配套建立村社合作金融，其收入归农户分配。它是农民村社组织合作的内部金融，其实质是农民自己的金融机构。它具有信息对称、贷款方式灵活、风险相对可控、村社自我管理等特点，较好地弥补了农村商业银行长期难以解决小农户贷款的不足。从全国有关省份来看，河南信阳郝堂村，湖北鄂州梁子湖张远村、荆州监利王院村等地在信用合作、产业综合经营、土地流转、乡村治理与构建中起到了示范带动作用，充分体现了"内置金融"的资金互助功能、土地房屋抵押贷款功能、乡村治理功能等，促使小农从分散、造血不足向有组织、自我造血强转变，建成以金融改革推动农村现代化的典范。

田东也可考虑在社会信用氛围浓厚、金融认知度较高的已脱贫行政村开展内置金融试点，由村中经济能人、县政府、村委会、社会公益组织（人）发起，引导村民参与。发起人除村委会外，皆不参与利息分红；村委会利息分红用于五保户帮扶，合作社利息收入分别用于社员分红、滚动资金、风险金和管理费。贷款审批权掌握在社员组成的"10人小组"手中，理事会只拥有否决权；会员除享受分红权外，还有为村民担保一定额度贷款的权利。村民从合作社贷款的利率可确定为月息1%，村民可以用承包地、林地作为贷款抵押。合作社也可吸收社会成员的存款，上限为10万元。

5. 探索基于农民专业合作社联合社的农村资金互助合作升级版

建立农民专业合作社联合社，实现生产、供销和信用合作三位一体，是新时期农民专业合作社参与全产业链经营和自我提供社会化服务的重要探索。在信用合作中，农合联可将农信机构纳为会员，允许有条件的成员合作社组建农民资金互助会，并与农信机构建立战略合作关系，农民资金互助会及农合联负责业务决策、账目管理，农信机构提供开户结算、资金托管等服务。同时，农信机构建立农合联成员合作社信用体系，为农合联成员合作社提供授信服务。

6. 发展互联网金融为新型农业经营主体服务

互联网金融可依托四类新型农业经营主体的线上交易数据，利用大数据和云计算技术实现部分风险控制，考虑同时与较为成熟的线下渠道相结合，利用线下充足的农村局部知识优势，实现线上线下相结合的互联网金融服务新型农业经营主体模式。

具体操作上，可采用“金融 + 电商 + 农业生产”的闭环农产品供应链金融服务模式。该模式的运作方式为：蚂蚁金服所合作的农产品零售企业通过定点采购的方式收取农民专业合作社的农产品帮助其在线上销售，并为农民专业合作社出具订单，蚂蚁金服对该订单进行识别与确定后，通过蚂蚁金服主导的网商银行为农民专业合作社提供贷款。目前，蚂蚁金服设计的“金融 + 电商 + 农业生产”模式从生产资料购买、农产品生产到农产品销售，覆盖了农产品产、供、销整个生产经营过程中的各个环节，形成了完整的农产品供应链金融体系，通过支持农村特色农产品产业发展带动贫困农户，实现了产业扶贫的目标。

县金融、农业、商务和扶贫等部门，可积极组织县域内特色农产品专业合作社与蚂蚁金服等知名互联网金融企业对接，推动县域互联网金融扶贫、支农作用的发挥。

7. 试点村级担保基金

在福建沙县村级融资担保基金成功运行等有益探索的基础上，2014 年 4 月，在国务院办公厅颁布的《关于金融服务“三农”发展的若干意见》(国办发〔2014〕17 号)中提出：“有条件的地方，可探索建立合作性的村级融资担保基金。”田东县具有良好的农村信用体系基础，农户金融认知水平较高，具有建立村级担保基金的一般条件。

可选取已脱贫信用村为试点村，采取以农户自愿入股为主，县、乡、村财政出资为辅的筹资形式，为本村村民的贷款融资提供担保服务。入股该基金的农户到信用社提出借款申请后，信用社根据农户的信用等级评定资料和入股金额的多少，确定农户申请贷款额度，按入股金额 2～5 倍的额度为农户发放贷款，单户最大贷款担保金额可达10万元。通过村级担保基金的方式，为信用贷款不能满足生产经营需要的脱贫农户提供额外支持。

10.3.2 创新多样化技术产品

1. 开展抵押农村产权流转交易测试

十八届三中全会提出，要赋予农民更多财产权利，建立完善农村产权流转交易市场，这成为农村经济发展的新契机。抵押农村产权流转交易实行的前提条件是完善农村产权登记和流转机制。这就必须在坚持家庭承包经营制度的基础上，强化农地使用权、尽快推进确权、允许农地承包经营权抵押，加快完善土地承包经营权、林权、农村居民房屋产权等资产管理、评估和流转服务体系，为金融机构创新抵押贷款业务提供可行性。同时还要完善相关配套措施，建立和完善委托经营、抵押、作价出资或入股和出让抵押产权流转形式；建立健全农户产权流转价格形成机制，完善产权流转风险防范机制。

农村产权交易中心是田东农村金融综合改革的重要成果之一，但是并未发生过一宗抵押农村产权交易，风险可控程度尚不确定，急需对其进行测试来确定改进方案和风险控制机制。

截至2016年10月底，田东县涉农金融机构产权抵押贷款的坏账率为零，这使得抵押在银行的土地经营权等农村产权没有流转实践，一旦发生坏账，产权是否能够在预定期限内以合理价格顺利交易出去仍是未知之数。故应开展银行抵押农村产权的交易测试，在测试中发现各类问题，寻找解决方案，积累产权流转交易经验，有效降低银行潜在的坏账风险，减轻银行服务新型农业经营主体的后顾之忧，从而提高新型农业经营主体带动贫困农户脱贫的能力。

2. 探索农业设施和财政补贴资金质押贷款

2016年11月，田东农商行“精准扶贫行动”首笔活体畜禽质押贷款发放仪式在祥周镇联合村举行，该村联强种养农民专业合作社获得了农商行发放的首笔授信贷款，额度为100万元。联强种养农民专业合作社是祥周镇一家由贫困户组成，主要从事杧果、中草药种植及肉牛养殖的合作社。田东农商行积极发挥金融扶贫作用，为农业专业合作社的资金周转难题提供了帮助，进一步增强了合作社发展产业带动贫困户脱贫致富的信心。这是田东农商行在质押贷款领域的积极探索，但从活体畜禽疾病、价格和质量不确定性较强考虑，可能这并不是一个好的切入点。

随着农业产业化经营的快速发展，土地承包经营权、林权、农村居民房屋产权等抵押品已经不能满足新型农业经营主体的融资需求，所以需要结合农业产业化发展状况，扩大其可用于抵质押的财产范围，进一步发展农业设施和机械购置补贴资金质押贷款新模式，鼓励金融机构积极开展大型农机具抵押贷款、仓单、应收账款、补贴资金等质押贷款。

以农业设施为质押物进行贷款，不仅可以激活农业生产要素，推动现代设施农业的发展，而且还可以赋予农业设施以“合法身份”，缓解新型农业经营主体融资难问题。县政府可根据田东质押贷款发展的规模和成熟度，考虑协调县助农担保公司、主要金融机构为农业设施质押贷款提供担保，必要时可在助农担保公司设定动态调整的专门额度予以支持。

3. 逐步提高脱贫农户信用贷款额度和贷款利率

目前，田东主要金融机构为已脱贫的建档立卡贫困户提供的小额信用贷款额度最高为5万元，随着其从脱贫到巩固再到逐步走向致富，这一金额会显得越来越低，应在积极发展现场调查技术开发相关产品的同时，根据农户信用等级逐步提高无抵押无担保小额信用贷款额度。此外，贫困农户脱贫为普通农户后，就要培养其适应市场的能力，之前对其贷款实行基准利率的特惠政策，是在扶贫特殊阶段的临时性安排，未能充分反映贷款产品的成本和风险，不是市场配置的价格信号，也不是金融机构的主动选择。考虑到既要巩固脱贫成果，又要培育农户市场意识和兼顾金融机构利益，可考虑在提高小额信用贷款额度的同时适度放松利率管控。

10.3.3 增强县金融办编制、人员

县金融办代表县政府承担着全县金融监管的主要职责和相应的风险处置责任。具体包括：对批准设立的地方金融组织承担监管职责，并配合上级地方金融

监管部门做好本地小贷公司、民间融资登记服务机构、民间资本管理公司、地方资产管理公司和互联网金融企业等机构的金融监管工作；对本县发生的金融风险，承担风险处置主体责任；定期向市直有关部门通报所辖职责范围内的金融发展和管理情况。此外，还要负责本地区非法集资、非法金融高发易发行业进行监测、预警和处置，及时向市政府和有关部门报告金融风险突发事件，维护社会稳定。

可见，县金融办的日常工作任务艰巨。但反观各地县级金融办的设置和人员配备，则与胜任这些任务相去甚远。田东金融办目前有 4 个正式编制，并有若干志愿者支持，虽在县级金融办中已属于很强的配备，但工作强度依然很大。

金融是市场经济的核心，区域金融发展的好坏，很大程度上决定了该区域的经济活力。从全国来看，一行三会的金融监管架构，重监管而轻发展。地方金融办，应在这个框架下尽力平衡好本地区金融发展与风险的关系，这就需要更多明确地方金融办在本地区金融发展中的职责，与当前监管框架相匹配。

首先是明确职责。当前县级金融办的监管职责相对明晰，但金融发展职责明确不足。金融风险的降低，长期看是发展和改革的结果，而非监管的结果。需要金融办对负责的辖区内小贷公司、融资担保公司和资产管理公司等采取适度、恰当的监管制度。

其次是增加人员。发展职能的明确和增加，需要更多的工作人员承担相应任务。在编制紧缺的情况下，可以考虑增加编制、县域内调配编制、挂职、借调和招募志愿者多种方式。

再次是强化素质。金融业和金融监管都是专业性很强的领域，需要具备相关素质的人才充分掌握金融机构会计统计制度、征信系统、信息系统、资金流转、评级机构、批发资金和行业自律等方面的知识，这就需要引进和培养并重，一方面引进专业人才，另一方面在保障工作正常开展的情况下对现有人员进行系统性培训。

10.3.4 完善公共服务体系

1. 注重担保体系与信用体系的协调对接

农民由于抵押物不足，担保受限，导致贷款难。针对农民缺乏有效担保物的问题，田东县财政出资建立了政策性助农融资担保公司，为种植户、养殖户、个体工商户、农村小微企业等小微经济体提供融资担保。但政府融资担保公司的担保额度有限，不可能为所有小微经济体提供长期融资担保。为了建立政策性担保的长效机制，应主要为生产经营规模较大、财务状况良好、银行信用记录多且正常的四类新型农业经营主体提供融资担保，而减少或避免为财务信息不清晰、与银行合作较少甚至无合作的新型农业经营主体提供担保，有效降低政策性担保公司的担保风险。

普通农户和生产经营处于初期阶段、信用记录较少的新型农业经营主体，则主要依靠信用体系建设提供贷款支持。除此之外，还应充分发挥当地农业产业化龙头企业的带动作用，充分利用龙头企业对产业链下游农户的了解和农户之间知根知底的特点，推进公司为农户提供担保的“银行+公司+基地+农户”模式和公务员、医生、教师、律师担保等。

2. 争取国开行批发转贷资金

受农业经营主体抵押物不足、贫困地区金融生态不健全等因素制约，传统商业银行难以有效满足贫困地区的融资需求，而开发性金融在支持脱贫攻坚方面具有独特优势，不仅能够为脱贫攻坚提供集中、大额、长期的融资支持，而且还注重开展“规划、咨询、教育、培训”等方式开展融智服务，支持贫困地区科学发展，提升贫困地区自我发展能力，推动建立多元化、可持续的扶贫开发融资机制。

国开行始终坚定不移地贯彻党中央关于精准扶贫的战略部署，发挥开发性金融优势，在金融扶贫行动中争当主力银行。国开行在支持各地经济社会发展中发挥了重要作用。国开行按照保本微利原则，融资支持贫困地区基础设施、易地扶贫搬迁、特色产业发展、教育医疗等重点领域，努力破解贫困地区融资瓶颈。截至 2016 年 10 月末，国开行累计发放扶贫开发贷款 1.85 万亿元，其中本年发放 2 061 亿元。

未来扶贫仍然要依靠国开行的开发性金融来解决许多市场难以解决的问题，充分利用开发性金融的优势，加大对重点领域和薄弱环节的支持，尤其是商业银行不愿涉及的领域。

田东县政府可在充分摸清主要扶贫涉农金融机构资金缺口的前提下，主动与开展过批发转贷资金业务的国开行进行，争取国开行的批发转贷资金支持，以有效提高田东农村金融机构贷款规模和资金使用效率，加强对各类有助于巩固脱贫成果的农业经营主体的资金支持。

此外，田东地区还可以充分利用国开行开展的融智服务，谋求自我发展。例如，可以依靠国开行开展的规划、咨询等融智服务，厘清地方政府的发展思路；通过国开行的培训服务加强人员培训，提高贫困地区地方干部的工作水平；借助扶贫金融专员等人才帮扶机制，提高本地区的专业技术水平，增强地区发展能力。

3. 细化金融统计

清晰明确的金融统计，是地方政府和金融监管部门充分掌握本地区金融发展基本情况和有效防控金融风险的前提，也是进一步研判形势、制定实施政府支持政策的基础。从脱贫巩固和建立金融反贫困治理长效机制来看，从 2017 年开始，县域内各贷款机构，至少应逐月报送基本脱贫农户、普通农户、专业大户、家庭农场、农民专业合作社、农业产业化龙头企业、小微企业和个体工商户各类贷款指标，并形成制度。

10.3.5 改进政府政策

1. 逐步降低财政贴息比例

当前，田东县政府对已脱贫农户和带动贫困农户数量达到一定标准的新型农业经营主体的扶贫小额信用贷款采取全额贴息。作为一种临时性政策，当前可考虑进行调整：分 2～4 年逐步减少对脱贫农户和带动其脱贫的新型农业经营主体的贴息比例，直至不贴息。节约资金转入财政风险补偿基金，用于金融机构扶贫支农贷款的坏账损失补偿。

2. 推行更加科学的风险分担机制

田东县建立了涉农贷款风险补偿基金，该风险补偿基金按照“专款专用、结余留成、滚动使用、超支不补”的原则设立、使用、运作，主要用于田东县的涉农金融机构发放涉农贷款后，借款人由于自然风险和市场风险等原因无法偿还贷款后为金融机构带来的信贷损失。

该涉农贷款风险补偿基金的设立主要是为了减轻涉农金融机构的经营包袱，为金融机构的涉农贷款提供有力保障并防范田东地区金融风险的发生，更好地促进金融机构发挥其金融支农的扩大效益与作用。但目前设立的风险补偿机制存在一刀切问题和使用粗放问题，即进行风险补偿的依据是根据金融机构涉农贷款金额的一定比例进行风险补偿，没有考虑到其业务下沉引导功能和金融机构收回坏账的积极性和主动性问题。实际上，对坏账损失的全比例补偿是不利于调动金融机构回收坏账的积极性，也使风险补偿基金面临额度快速用完的困境，从而无法为更多的金融机构发放的支农贷款提供风险补偿保障。

因此，可一方面通过逐步减少财政贴息，进一步增加风险补偿基金的总额度，为向脱贫农户和新型农业经营主体提供涉农信贷服务的金融机构给予差异化、梯次性的风险补偿和补偿保证，建立市场化的风险补偿机制，为涉农金融机构支农进行引导和提供有力的保障。具体可遵循以下三原则：

一是业务下沉原则，即对脱贫农户贷款的坏账损失补偿标准高于普通农户，普通农户高于四类新型农业经营主体。

二是有效激励原则，即风险补偿要有利于激发金融机构风险识别的积极性并主动且不放弃收回坏账。一笔贷款的坏账损失越多，风险分担额度越少。坏账完全不能收回，则不补偿。

三是动态惩戒原则，即对坏账回收低于一定比率的金融机构，整体调低下一年度各档次坏账分担比率。

3. 提高财政性存款支持的精准性

按照金融机构上一年度对贫困农户、普通农户、四类新型农业经营主体、个体工商户和小微企业的贷款规模，按照服务对象越弱，贷款规模赋权越高的原则，对金融机构扶贫支农的贡献进行打分，并根据各金融机构所得分数分配财政性存款，以确保财政性资金存款对扶贫脱贫的精准作用。

10.4 支持脱贫带动作用强的中小企业在北部湾股权交易所挂牌

资金短缺、融资渠道狭窄、融资成本过高已成为制约新型农业经营主体发展的“瓶颈”问题。区域性股权交易市场是为区域内经营状况良好的中小企业特别是农业产业化龙头企业提供资金合理流动、资源优化配置的市场化平台，是区域资本市场建设的创新之举。2014 年 9 月，广西北部湾股权交易所股份有限公司成立。截至 2016 年 11 月，共有 370 家农业产业化龙头企业在股权交易所挂牌，其中农业企业 259 家，林业企业 87 家，畜牧业企业 24 家。

下一步，田东县政府可积极与其沟通协商建立战略合作关系，指导推动当地带动较大数量贫困农户、脱贫农户的农业产业化龙头企业和其他中小企业优先在区域性股权交易市场挂牌交易，以注入资金、扩大规模、降低风险，更多带动脱贫农户就业增收，更好发挥在田东脱贫成果巩固中的带动作用。

10.4.1 对农业产业化龙头企业挂牌交易予以奖励

为拓宽农业产业化龙头企业和其他中小企业融资渠道，田东县可与北部湾股权交易所进行战略合作，积极创造条件，引导农业产业化龙头企业和其他中小企业到北部湾股权交易所进行直接融资。为鼓励这些企业积极参与资本市场，田东县可对本县正式获准挂牌交易的企业一次性给予 30 万～50 万元的资金奖励，这些奖励可弥补企业挂牌过程中花费的中介机构辅导费和挂牌费，提高其挂牌交易的积极性。

10.4.2 对已挂牌中小企业进行信贷支持

为加大对已挂牌和拟挂牌的农业产业化龙头企业和其他中小的支持力度，田东可与主要农行、邮储行或建行百色分行合作，针对已在或拟在股权交易市场挂牌的中小企业推出“上市贷”，授信额度一般控制在企业上一年销售收入的30%。申请“上市贷”的贷款者可通过两种方式获得资金：

一种是由银行根据企业生产经营状况提供金额最高为500万元的无抵押信用贷款，贷款期限最长为3年。

另一种是田东县政府协调银行与股权投资机构合作建立“风险备偿资金池”或按照风险共担的方式提供最高金额为3 000万元、贷款期限为3年的贷款产品。同时，贷款期间未超过1年（含）的，企业可随借随还、循环使用，全面满足企业经营周转需求，切实发挥农业产业化龙头企业和其他中小企业带动农户脱贫的作用。

10.5 统筹各方有利因素，完善保险服务体系

10.5.1 探索农业保险“联办共保”模式

1.“联办共保”拟解决的问题

“联办共保”模式是针对农业保险风险高度集中、矛盾高度集中，保险公司处理大面积灾害和群体事件的能力不够，农业保险本身不具盈利能力等问题，通过既不离开政府有力支持，又不全部依赖政府；既不单独让农户承担保费，又不让农户不承担任何保险费用的方式，把政府、农户、保险公司三方的积极性调动起来的农险模式。

该模式在2004年在江苏淮安探索，并于2007年在江苏全省推开，通过了实践检验。2014年8月，阜平县政府与人保财险公司开始在阜平开展联办共保模式，也取得了丰硕成果。

2. 阜平的联办共保

合作模式。由县政府和人保财险公司按照5∶5比例进行联办共保，双方份

额可根据业务发展适时进行调整。双方均设立农业保险专用账户，接受上级和同级财政、审计和保险监管部门的监督检查。保费收入由县财政和人保财险公司分别按各自的比例入账，各自承担相应的风险；发生保险责任赔付，双方分别按相应比例分担赔款。

支持政策。对于中央和省财政补贴险种，农户自缴保费20%，中央、省级、县级财政补贴80%，阜平县政府确保县级财政补贴资金足额、及时到位；对于阜平县地方特色险种，由农户自缴保费20%～40%，县级财政补贴60%～80%。

农业保险险种。①政策性农业保险，包括玉米、马铃薯、花生、奶牛、能繁母猪、育肥猪、林木、设施农业品种，保险责任为自然灾害和疫病。②地方政策性农业保险，包括大枣、核桃、肉牛、肉羊、食用菌、中药材、蜂业、肉驴、果品、杂粮、皮毛动物等成本价格损失保险，保险责任为自然灾害、疫病及市场价格波动造成的成本损失；肉鸡、肉羊保险，保险责任为自然灾害和疫病；农户平安综合保险，包括人身意外险、家庭财产险。

3. 田东可探索联办共保

田东当前已经形成了较为完备的政策性农业保险体系，但相对于本县特色更多种类农产品的保险需求，依然不能完全满足。“联办共保”模式，将农业保险理论与我国实际相结合，已经被多地实践证明为成熟、可行的农业保险模式。田东县可与有人保财险、中华联合保险等有经验的保险公司接洽，以不断满足田东特色农产品发展需要、巩固脱贫成果为目标，改造提升现有政策性农业保险体系，探索开展具有田东特色的联办共保模式。

10.5.2 继续深化保险知识普及

以信贷知识为重点的上一轮金融教育，开启了田东农户对金融的新认识，在田东农村金融改革中发挥了解决认识问题的先锋作用，对田东当前旺盛的信贷需求功不可没。

下一步，田东可在此基础上继续针对脱贫农户、普通农户和新型农业经营主体深入开展保险常识、保险作用、保险产品、承保流程、理赔流程、享受政策、保险险种等方面的教育。要创新整合信息渠道，采取政策宣讲会、上门服务、企业现身说法等多种方式，综合利用传统媒体和互联网等新媒体，引导保险公司开展保险进企业、进农村的活动，增强脱贫农户、普通农户和新型农业经营主体对相关保险业务的认知，引导培育各类农业经营主体运用保险资源的意识和能力，促进保险供给与需求的有效对接，为新一轮“联办共保”改革解决观念问题。

参考文献

[1] 易德良．我国农村金融扶贫的困境及对策研究［J］．金融经济，2017（02）．

[2] 李佳，赵文丁．积极探索建立金融扶贫新机制［J］．领导之友，2014（06）．

[3] 杜晓山，宁爱照．对商业银行参与金融扶贫的思考［J］．农村金融研究，2013（05）．

[4] 洪凯，魏小燕．中国农业发展银行信贷业务的再思考［J］．银行家，2011（07）．

[5] 植凤寅．会融扶贫重在“造血”［J］．中国金融，2014（03）．

[6] 吴晓灵．发展小额信贷 促进普惠金融［J］．中国流通经济，2013（05）．

[7] 李明贤，叶慧敏．普惠金融与小额信贷的比较研究［J］．农业经济问题，2012（09）．

[8] 徐荟竹，车士义，罗惟丹，等．公共财政、农村金融改革和可持续金融扶贫研究——基于连片特困区 375 个贫困县的调研分析［J］．金融发展评论，2012（01）．

[9] 钱建英．中国农村金融发展与农民收入增长［J］．财经界（学术版），2014（18）．

[10] 帅传敏．中国农村扶贫开发模式与效率研究［M］．北京：人民出版社，2010．

[11] 殷茜．农信社推进金融扶贫工作的困难与对策［J］．科技经济导刊，2017（02）．

[12] 杨阿麟．以创新思维做好新时期金融扶贫工作［J］．中国农村金融，2014（21）．

[13] 王山松，齐录明，梁立铭，等．对当前金融精准扶贫工作的思考及建议［J］．华北金融，2016（10）．

[14] 王红敏．经济新常态下开展金融扶贫工作的思考［J］．产业与科技论坛，

2016 (19).
[15] 杨上仲. 多维发力 探索金融精准扶贫新路径 [J]. 中国农村金融，2016 (21).
[16] 王晓展. 我国农村小额信贷模式研究 [J]. 农村经济与科技，2014 (05).
[17] 郑周胜. 开创金融扶贫开发新局面 [J]. 甘肃金融，2014 (04).
[18] 王宁，王丽娜，赵建玲. 普惠金融发展与贫困减缓的内在逻辑 [J]. 河北大学学报（哲学社会科学版），2014 (02).
[19] 马海涛，王晨. 基于供给侧的精准扶贫财政政策研究 [J]. 当代农村财经，2016 (06).
[20] 杜晓山. 对当前小额信贷及相关热点问题的思辨 [J]. 科学决策，2013 (11).
[21] 杜晓山，宁爱照. 对商业银行参与金融扶贫的思考 [J]. 农村金融研究，2013 (05).
[22] 杜晓山. 孟加拉国的乡村银行及对我国的启示 [J]. 中国农村经济，1994 (02).
[23] 苏志鑫. 我国农村扶贫性金融的构建策略 [J]. 农村经济，2008 (12).
[24] 张文菊，陈继萍. 金融扶贫创新：农户资金互助合作社初探 [J]. 新疆财经，2006 (03).
[25] 刘献良，李彦赤. 商业银行精准扶贫模式研究及相关建议 [J]. 农村金融研究，2016 (09).
[26] 闫世达，钟成春. 互联网金融支持精准扶贫的可行性分析及路径探讨 [J]. 黑龙江金融，2016 (07).
[27] 黄承伟，覃志敏. 论精准扶贫与国家扶贫治理体系建构 [J]. 中国延安干部学院学报，2015 (01).
[28] 王鸾凤，朱小梅，吴秋实. 农村金融扶贫的困境与对策——以湖北省为例 [J]. 国家行政学院学报，2012 (06).
[29] 林志炼. 拓展金融扶贫空间的途径思考 [J]. 时代金融，2016 (26).
[30] 刘张发. 可持续金融扶贫模式分类、差异和适用范围 [J]. 金融发展研究，2016 (07).
[31] 刘洋. 农村金融机构扶贫的作用、成效及机制研究 [J]. 南方农村，2014

（11）.
[32] 易德良. 我国农村金融扶贫的困境及对策研究 [J]. 金融经济，2017（02）.
[33] 张羽. 我国农村金融扶贫体系问题探讨 [D]. 东北财经大学，2010.
[34] 黄惠春. 我国农村金融市场改革路径选择——基于“机构”和“功能”的综合视角 [J]. 经济体制改革，2012（05）.
[35] 张维康. 商业银行助推金融精准扶贫 [J]. 银行家，2017（03）.
[36] 张璇，韩保聪. 新疆农村地区扶贫资金减贫效果的实证分析 [J]. 现代企业，2015（06）.
[37] 胡文莲. 新型扶贫融资模式的实践 [J]. 中国金融，2012（14）.
[38] 周孟亮，彭雅婷. 我国贫困地区金融扶贫研究——基于 M 县模式的思考 [J]. 农村金融研究，2015（12）.
[39] 涂强. 金融扶贫的具体实践及优化措施 [J]. 时代金融，2016（17）.
[40] 鄢红兵. 创新“金融＋”实施精准扶贫——当前我国金融扶贫的难点及对策 [J]. 武汉金融，2015（09）.
[41] 宁爱照，杜晓山. 新时期的中国金融扶贫 [J]. 中国金融，2013（16）.
[42] 马继峰. 淮安市政协积极建言农村金融改革 [J]. 江苏政协，2010（09）.
[43] 刘玉. 李惠荣：让农村金融普惠“三农”[J]. 乡音，2014（05）.
[44] 曲鸥. 农村金融与农村经济发展探析 [J]. 对外经贸，2017（02）.
[45] 郭威. 农村金融扶贫的经验、困境与对策——以广西富川县为例 [J]. 理论探索，2013（05）.
[46] 田莹莹，王宁. 小额信贷的国际经验对中国农村金融扶贫的启示 [J]. 世界农业，2014（08）.
[47] 王维民，王文平，于凤，等. 金融精准扶贫效果评估指标体系建设的思考——基于银行业金融机构视角 [J]. 华北金融，2017（01）.
[48] 郭锦洲. 关于河北银行业金融扶贫的调研报告 [J]. 经济论坛，2014（04）.
[49] 汪婵，黄余送. 普惠金融与金融扶贫 [J]. 黑龙江金融，2017（02）.
[50] 孟凡训. 贫困地区构建普惠金融体系推进精准扶贫面临的障碍与政策建议 [J]. 金融经济，2016（06）.

附录

中国农业大学中国县域经济研究中心近10年来主要科研项目汇总表

1	北京大兴区村改居社会保障体系规划	北京市发改委	2003—2004年
2	浙江省西部山区农业发展研究	国家发改委宏观经济研究院	2003—2004年
3	战略管理案例研究	中国农业大学	2003—2004年
4	北京郊区乡镇企业发展支持系统研究	北京市发改委	2004—2005年
5	全国农垦产业化发展规划	农业部	2004—2005年
6	食品工业免除税收与农民增收关系研究	农业部	2004—2005年
7	全国农场扶贫"十一五"规划	农业部	2004—2005年
8	农产品贸易与农民增收问题	农业部	2004—2005年
9	中国涉农企业标准化战略	国家标准化委员会	2004—2005年
10	中国农业品牌化战略	农业部	2005年
11	砀山产业发展规划	安徽省	2006—2007年
12	农产品市场流通过程中的安全标准体系	国家商务部	2007年
13	包头新农村建设中的产业聚集研究	内蒙古自治区	2007—2008年
14	农产品进超市经营指南研究	商务部流通促进中心	2007年
15	中国农村科技创新：企业创新研究	科技部国家科技支撑项目	2008—2009年

续表

16	新农村建设及产业园区研究	承德县人民政府	2008—2009 年
17	河南食品产业聚集区研究	安阳市人民政府	2008—2009 年
18	安阳市新农村建设战略	安阳市人民政府	2008—2009 年
19	国家科技特派员制度研究	科技部及 UNDP	2008—2009 年
20	中国农民科技素质提高的因素分析	科技部	2008—2009 年
21	中国乡镇企业产业集群研究	农业部	2009—2010 年
22	中国农业科技创新体系研究	科技部	2009—2010 年
23	延庆县域经济发展研究	延庆县委	2010 年
24	产业集群与小城镇建设	农业部	2010—2011 年
25	涉农企业标准化研究	中国标准化研究院	2010—2011 年
26	长吉图农产品加工业发展战略	吉林省工信厅	2010 年
27	农业行业信用评级	国家开发银行	2010 年
28	农业行业信用评级	国家开发银行	2011 年
29	国家社会科学重大项目 11&ZD009：同步推进工业化、城镇化和农业现代化战略研究	全国社科规划办	2011—2014 年
30	国家草原承包经营制度专题研究	农业部	2012 年
31	农业行业信用评级	国家开发银行	2012 年
32	高标准农业建设标准体系	国家标准研究院	2012 年
33	中国区域节能减排能力测度与政策推进	山东省软科学优秀成果二等奖	2012 年
34	协调与融合：黄淮区域工农业协调发展战略研究	省级社科优秀成果奖三等奖	2012 年
35	国家扶贫开发典型教学案例项目	国务院扶贫办	2013 年
36	国家草原承包经营制度创新研究	农业部	2013 年
37	安徽省阜阳扶贫规划	安徽阜阳	2013 年
38	国家重大公益项目农业社会服务标准研究	国家标准委 西北农林科技大学	2013—2014 年